아트설교연구원 교회시리즈 1

세상이 원하는 교회, 교회가 그리는 교회

- 한국교회 추락을 막아야 한다 -

김도인 박윤성 권오국 이재영 석근대 하상훈 손병세 허진곤 공저

글과길

추천사

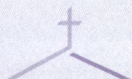

《세상이 원하는 교회, 교회가 그리는 교회》는 오늘날 한국교회가 직면한 위기와 그 원인을 예리하게 분석하면서, 동시에 대안을 제시하는 보기 드문 교회론적 성찰서이다. 이 책은 단순한 현실 비판에 머무르지 않고, '세상이 원하는 교회'와 '하나님이 원하시는 교회' 사이에서 교회가 어떤 정체성을 회복해야 하는지를 묻고 또 답한다.

특히 주목할 점은 이 책이 이론보다 실천에 무게를 두고 있다는 점이다. 실제 목회 현장에서 나온 치열한 고민과 통찰, 그리고 교회가 세상 속에서 어떤 역할을 감당해야 하는지를 보여주는 구체적인 사례들은 오늘의 독자들에게 생생한 울림을 준다.

이 책은 교회가 더는 자기 울타리 안에 머무르지 않고, 상상력과 책임감을 가지고 세상을 향해 열려야 함을 강하게 역설한다. 동시에, 교회가 본질을 회복하지 않는다면 고립과 몰락은 피할 수 없다는 날카로운 경고도 잊지 않는다.

교회가 왜 외면받고 있으며, 어떻게 다시 세상의 희망이 될 수 있는지를 고민하는 이들에게 이 책은 매우 중요한 이정표가 될 것이다. 무너져가는 교회의 신뢰를 다시 세우고자 하는 모든 목회자와 신학생, 그리고 진지하게 교회를 사랑하는 평신도들에게 일독을 권한다.

최동규 교수 | 서울신학대학교 신학대학원장

꽃이 피어도 벌이 보이지 않는다. 산과 들판, 도심공원과 과수원, 비닐하우스 농원, 친환경 농장에도 벌이 줄고 있다. '꿀이 줄어든다'는 문제만이 아니다. 벌이 보이지 않는다는 것은 식량, 생태계 균형, 인류의 생존까지 위협받는다는 말이다.

벌만 사라지는 게 아니다. 교회가 사라진다. 다음 세대가 줄어든다. 30·40이 보이지 않는다. 벌이 사라지고 있다는 것은 꿀과 열매가 사라진다는 말이다. 농약이 많이 살포되고 있다는 증거다. 교회가 사라진다는 것은 구약과 신약, 복음이 사라지고 있다는 말이다.

부귀영화만 꽃피우는 시대가 되었다. 경제성장만 앞세우는 살벌한 세상이 되었다. 그 화려했던 중세시대, 그 향기롭던 한국교회가 시들어가고 있다. 교회 추락을 멈춰 세워야 한다. 교회를 세상에서 살려내야 한다.

벌이 살아야 농촌이 산다. 벌이 날아야 열매가 맺힌다. 벌이 날개짓 해야 꿀맛을 본다. 한국교회를 살리는 꽃향기, 성령의 열매를 맺게 하는 책, 꿀맛을 되살리는 책이 나왔다.

8인의 목회자가 쓴 《세상이 원하는 교회, 교회가 그리는 교회》라는 책은 꽃과 벌, 향기와 꿀, 열매가 되살아나는 책이기에 적극 추천한다.

이 책은 한 마디로, "금 곧 많은 순금보다 더 사모할 것이며 꿀과 송이 꿀보다 더 달도다(시편 19:10)." 와 같은 책이다.

조석원 | 대구내당교회 원로목사

교회가 무너져 가고 있다. 젊은이로부터 외면 받더니 코로나를 거치면서 크게 휘청거렸다. 엎친데 덮쳐서 탄핵 정국에 교회의 호감도 추락으로 바닥을 치고 있다.

일부 교회들의 극단적인 보수화로 밀미암아 교회의 위성은 땅에 떨어졌다. 이러한 현실 속에서 "교회란 무엇인가?"라는 생각을 가다

듬게 하는 책이 나왔다.

한스큉은 교회의 근원은 예수 그리스도 자신이며 예수를 그리스도로 고백하는 신앙 공동체라고 정의한다. 지금은 교회의 주인이 예수 그리스도가 아니라 사람이 주인이 된 것 같다. 이것은 사람이 만들어 낸 하나님을 섬기는 우상일 뿐이다. 진정한 교회가 아니다.

금번 8인의 목회자가 쓴 《세상이 원하는 교회, 교회가 그리는 무늬》는 현장에서 목회하며 가감 없는 솔직한 교회에 대한 진단으로 가슴에 속속히 파고든다.

세상이 외면하는 교회는 하나님이 원하시는 교회가 아니다. 교회가 하나님 안에서 어떻게 서야 하고, 세상에서 어떻게 그려져야 하는가 등의 교회의 현실에 대한 정확한 판단뿐 아니라 교회가 나아갈 방향을 잘 제시한다.

이 책은 목회자에게는 필독서이다. 동시에 쉽게 설명되어 평신도 지도자들과 성도들도 반드시 읽어야 할 책이라 생각되어 적극 추천한다.

조인희 목사 | 무주 진도교회, 전북동노회장

프롤로그

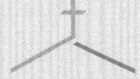

한국교회는 뇌가 있는가?

"저 사람이 뇌가 있는가?" 즉 '무뇌인'이냐는 물음이다. 무뇌인이란 육체적으로 뇌가 없는 것이 아니라, 생각이 없다는 의미이다. 무뇌인은 한쪽의 의견만이 맞다고 조건도 달지 않고 동조한다. 이런 사람의 특징은 자기 생각만 옳다고 주장하는 경향이 깊다. 심리학의 확증편향(確證偏向)과 맥을 같이 하는 것 같다.

확증편향이란 자신의 가치관이나 기존의 신념 혹은 판단 따위와 부합하는 정보에만 주목하고 그 외의 정보는 무시하는 사고방식과 태도이다. 쉽게 말해, 보고 싶은 것만 보고, 듣고 싶은 것만 듣는 심리로 자기 생각과 일치하는 정보만 받아들여 원래 가지고 있는 생각이나 신념을 확인하려는 경향성이다.

무뇌의 사람은 자신이 믿고 있는 사상과 철학이 옳은지 그른지 확인하지 않는다. 무뇌인은 다른 사람의 주장을 거르지 않고 그대로 받아들인다. 동조하는 것은 검토나 확인 없이 모조리 고개를 끄덕이며 동의한다.

세상은 무뇌인을 한국교회에 적용하려 든다. 특히 목회자들이 그런 부류라는 주장을 펼치기까지 한다. 한국교회, 목회자 그리고 교인이 무뇌인과 같다면 실례일까? 교회가 상식이 통하지 않는 곳이라 여겨 무뇌인이라고 한다고 생각된다.

최근 교회는 자기 정체성을 놓친 것 같다. 특히 교회로서의 역할을 하는 교회다움을 버린 것 같아 안타깝다. 교회는 2024년 12월 3일 대통령의 반국가세력 척결을 내세운 '계엄령'을 '계몽령'으로 받아들인 것으로 이를 증명했다. 세상은 대통령의 계엄령을 반대하며 대통령을 탄핵해야 한다고 하는데, 많은 교회는 탄핵을 반대함은 물론, 법원을 점령하고 국민저항권을 발동하는 것을 정당하게 받아들였다. 국민저항권은 계엄령을 발포한 윤석열 전 대통령에게 해야 하는데 국회에서 계엄령을 무효화시킨 민주당에 해야 한다고 말하나. 극우의 사람들이 남부지방법원을 점령하는 것을 당연하게 받아들이는 것은 상식선에서 생각할 능력이 없다고 볼 수 있다. 이런 행동은 전광훈을 위시한 극우 기독교가 앞장서고 있다. 이런 많은 교회의 행태는 무뇌인이라는 소리를 들을 수밖에 없는 행동이다.

하나님의 통치를 말하는 교회가 헌법 질서를 무시하는 사람의 통치를 받아들이겠다고 하는가? 무뇌인이 아니면 받아들이지 못한다. 선진국에서 계엄령이란 것은 들을 수 없는 단어이다. 선진국 대한민국에서 계엄령이란 단어가 등장했다. 계엄령을 찬성하는 부류로 국민의힘과 교회가 맨 앞에 서 있으니 무뇌인이란 말이 적절하다고 생각한다.

무뇌인이 되면 교회가 세상에서 그 역할을 감당할 수 없다. 교회는 나라와 사회가 위기에 빠졌을 때 갈 길을 제시하는 곳이다. 과거에 교회는 그런 역할을 감당했다. 지금은 교회가 사회분열과 사람들 마음 갈라치기에 앞장서고 있다. 하나님 나라는 무력으로 세워지는 나라가 아니다. 사람의 마음을 얻으므로 세워진다. 이런 일련의 행동을 통해 교회는 세상에서 교회로서의 역할을 잃어버렸다.

교회는 인간의 교회이기에 앞서 하나님의 교회이다. 하나님의 통치가 이루어져야 한다. 하나님의 통치는 평화를 근간으로 한다. 삶이 어려운 자의 편에 서는 것을 기본으로 한다. 정권을 잡은 자의 편에서는 것, 불의를 자행하는 편에 서는 것, 가진 자의 편에 서는 것은 교회가 보여줄 모습이 아니다.

교회는 세상과 함께해야 한다. 그러려면 세상이 가진 생각과 격차가 크지 않아야 한다. 도리어 더 높은 의미와 가치를 추구하는 곳이어야 한다. 하지만 지금의 교회 모습은 전혀 교회의 역할을 보여주고 있다고 할 수 없다.

하나님 나라를 세우려 하는 교회, 삶이 어려운 사람을 먼저 생각하는 교회라면 국민을 옭아매려는 윤석열 전 대통령의 시도에 동조하면 안 된다. 이는 예수님의 말씀과 배치된다. 무뇌인이 아니라 상식적인 생각을 가진 목회자와 교인이라면 군사 독재를 시도하는 사람을 옹호할 수 없다. 교회는 권력을 가진 자를 비판하는 기능이 앞서는 곳이다. 그곳은 불의가 가득하기 때문이다. 권력을 가진 자가 더 많은 권력을 휘두르려는 것은 정의를 세우려는 것이 아니다. 자기의 이익만 추구하려는 행태일 뿐이다.

한국교회는 뇌가 있는가? 라는 질문이 교회는 불편할 수 있다. 불편하다고 느낀다면 한국교회에 희망이 있다. 그 질문이 불편하지 않다면 한국교회가 세상에 희망을 줄 수 있는 기능은 더 이상 없다고 볼 수 있다.

한국교회가 무너지고 있다

무뇌인 사람은 창조 기능이 상실되었다고 볼 수 있다. 한국교회가 무뇌의 교회라면 이제 내리막길만 기다리고 있다. 한국교회는 생각하며 세상에 존재해야 한다. 생각하는 교회여야 하는 이유는 단순하다. 생각할 때 창조, 변화, 의미 추구가 가능하다.

생각하지 않는 사람은 시간이 흐르면 내리막길만 걷는 것이 그다음 순서다. 생각을 하면 몸부림으로 발전과 성장을 가져오는 것이 그다음 순서다. 교회는 창조적이어야 한다. 교회가 창조적으로 되려면 조건이 있다. 하나님의 형상을 가져야 한다. 하나님은 창조의 하나님이다. 즉 생각하신다는 것이다. 우주가 정밀하게 움직이는 것은 하나님은 생각의 하나님이시라는 반증이기도 하다.

무뇌로 장착된 한국교회, 조건 없이 받아들이기만 하고 생각하고 고민하지 않으니 한국교회가 무너지고 있다. 지금 이를 뒤바꾸어야 한다. 지금이 중요한 시점이다. 이 시점을 놓치면 한국교회는 삼류 종교로 전락할 수 있다.

지금 시점으로 목회자, 교인은 무너진 한국교회를 일으켜 세워야 한다. 한국교회를 일으켜 세우려면 무뇌의 교회가 아니라 활발하게 생각함으로 창조력이 있는 하나님의 교회가 돼야 한다.

교회는 이런 질문을 해야 한다. "무너지지 않고 세우려면 어떻게 해야 하는가?" 질문을 하나 더 해야 한다. "교회는 하나님의 뜻을 제대로 받드는 뇌가 있는가?"

뇌가 있는가라는 질문에 우리가 할 말이 있다. 교회를 정확하게 알아야 한다. 그럴 때 교회는 무너지지 않는다. 교회가 새로워진다. 우리는 질문해야 한다. '하나님께서 세우신 교회가 어떤 곳인가?', '교회가 세상에 존재하는 이유가 무엇인가?', '하나님의 교회는 세상에서 어떤 모습을 보여주어야 하는가?'라는 질문을 통해 교회를 명확하게 알아야 한다.

교회는 무뇌라는 말이 회자되지 않아야 한다. 교회가 무뇌이면 그저 했던 말만 반복할 것이다. 교회는 이제 확실하게 바뀌어야 한다. 지금까지 해 왔던 것처럼 교회의 메시지만 내뱉으면 안 된다. 세상이 무엇을 원하는가를 무시하지 말아야 한다. 교회가 무엇을 그릴지를 직시하고 제대로 그려내야 한다. 어떤 일이 있어도 교회는 뇌가 없는 것처럼 세상에 보이면 안 된다.

교회는 사명이 있다. 한국 땅에 다시 교회의 역할을 회복해야 한다. 할 수만 있다면 부흥의 역사를 되살려야 한다. 그러려면 세상을 제대로 읽고, 정확하게 읽고 주어진 역할을 감당해야 한다. 그럴 때 주어지는 것은 세상의 하나님 찬양이다. 그렇지 않다면 한국교회가 무너져 끝없이 추락한다.

한국교회가 무너지지 않고 세상을 이끌려면 생각하는 교회여야 한다. 세상보다 더 나은 생각을 해야 한다. 세상이 엉뚱한 길을 갈 때 바른길로 인도할 수 있는 생각을 지녀야 한다. 한국교회가 무너지고 있다는 것은 교회 숫자나 교인들의 수가 줄어드는 것으로 평가하지 않아야 한다. 교회가 할 일이 무엇인지 제대로 아는 것으로 평가받아야 한다. 세상보다 생각이 깊고 바르다고 평가받아야 한다.

교회의 능력을 상실하자 전광훈 같은 사람을 낳았다

한국교회가 세상에 희망을 줄 수 없음은 물론 추락하게 만든 대표적인 사람이 있다. 극우 보수주의를 대표하는 전광훈이다. 그는 목사의 탈을 쓴 이리가 아니면 무엇일까? 그저 자기의 사상과 욕심을 순박한 사람에게 주입함으로 사회적 물의를 일으키고 있다고 생각한다. 그는 2025년도에 극단적 보수 우파를 대변하는 사람일 뿐이다.

2023년도 일반 언론에 나타난 한국교회의 이슈 TOP5는 'JMS 정명석 성범죄', '전광훈 목사 관련 정치 갈등', '목사 성폭행', '동성애', '베이비박스 유기죄 논란' 등 모두 부정적 이슈다. 이런 이슈가 전광훈 개인에게는 자랑이고 영광일지 모르겠다. 교회적으로는 세상이 교회를 부정적으로 바라보게 하는 대표 격이 되었다.

그가 입만 열면 세상이 교회를 처량하게 본다. 그가 어떤 행동만 하면 주위에서는 그런 교회는 다니면 안 된다고 떠들 뿐이다. 그의 삶은 복음의 문을 여는 것이 아니라 복음의 문을 닫게 한다. 하나님 나라가 세워지지 않는다. 그의 사람 선동, 정치적인 언행은 교회가 나쁜 곳이라는 인식만 심어준다.

심지어는 그는 자신을 하나님과 동격으로 보거나 하나님도 자기보다 아래로 본다. 교인의 모습이 결코 아니다. 기독교인으로서는 도저히 해서는 안 되는 말을 서슴지 않는다. "하나님 까불면 나한테 죽어." 기독교인은 도저히 입 밖에 낼 수 없는 말이다. "하나님 꼼짝 마"라는 망발을 쉽게 한다.

그는 사회적 물의를 일으키는 것에도 과감하다. 그는 사랑제일교회 재개발 과정에서 건설사에 500억 원 이상의 보상금을 요구하며 퇴거를 거부하기도 했다. 이제는 하나님도 아닌데 하나님처럼 찬양하는 노래까지 등장했다. 노래 제목이 〈애국자 전광훈〉이다.

> "어둠 속에서 빛을 찾은 자여
> 전광훈, 당신의 이름을 외친다
> 강한 의지 불길 같은 열정
> 조국을 위해서라면 나는 일어선다
> 오, 애국자여
> 당신의 길을 가리라
> 빛나는 태극기 아래 모두가 하나

전진하라! 전광훈의 이름으로!
자유와 정의를 위해 싸우리라!
폭풍 속에서도 흔들리지 않는
신념의 쇠사슬을 끊어내는 자
역사를 새롭게 쓴 우리의 영웅
진정한 사랑으로 나라를 지킨다
오, 애국자여 당신의 길을 가리라
빛나는 태극기 아래 모두가 하나
전진하라! 전광훈의 이름으로!
자유와 정의를 위해 싸우리라!
희망의 노래가 하늘을 찌르며
우리의 소망을 담아내고
애국자의 길을 함께 걸어가리
영광의 순간 우리에게 다가오리
오, 애국자여 당신의 길을 가리라
빛나는 태극기 아래 모두가 하나
전진하라! 전광훈의 이름으로!
자유와 정의를 위해 싸우리라!
영원히 기억될 그 이름 전광훈
애국자의 자부심

우리는 하나 그 길을 함께 가리
영광의 노래 지금 불러보자!"

한 사람을 이렇게까지 찬양한다는 것이 황당할 뿐이다. 그가 목회자라는 것을 인지만 했다면, 그가 기독교인이라는 생각만 했다면 태어나지 않을 찬양이다.

한국교회가 낳은 것이 전광훈이다. 전광훈을 낳은 것은 한국교회이다. 그는 교회의 있는 모습을 그대로 보여주는 대변자일 뿐이다. 정치권에 등판한 그의 모습은 한국교회 수준이 밑바닥임을 보여주는 것이다.

교회는 교회다워야 한다. 하나님 자체를 비추는 거울이어야 한다. 그렇지 못한 교회에 사람들로부터 신뢰를 기대할 수 없다. 교회의 능력을 상실하는 것은 그저 당연하다.

한국교회가 세상의 해처럼 빛날 날을 기대하며…

〈아트설교연구원〉에서 《교회론 시리즈》를 시작한다. 설교를 가르치는 곳에서 무슨 교회론이냐고 할 수 있다. 설교는 교회에서 이루어지므로 교회와 설교는 깊이 연결되어 있어서 '교회론 시리즈'를 책으로 출간한다.

〈아트설교연구원〉이 먼저 시작한 것은 《목회트렌드》 시리즈이다. 《목회트렌드 2023》, 《목회트렌드 2024》, 《목회트렌드 2025》를 출간했다. 2025년에 《목회트렌드 2026》을 출간한다. 그 다음 출간한 시리즈는 《설교트렌드 2025》이다. 2025년에 《설교트렌드 2026》을 출간한다.

〈아트설교연구원〉에서는 《목회트렌드 시리즈》를 시작하면서 《교회론 시리즈》를 이어서 하고자 결단했었다. 그 결심이 이제야 빛을 보게 되었다. 《교회론 시리즈》를 하게 된 동기는 단순하다. 교회를 새롭게 하기 위해서이다. 교회가 새롭게 하려는 시도조차 하지 않으면 세상의 정치 프레임에 갇혀 교회다운 모습을 실종하게 된다. 이후에 세상은 교회를 하나의 이익집단으로 간주할 것이 염려된다. 호감도와 신뢰도가 추락하면 교회는 세상으로부터 외면당한다. 현재 교회의 모습이 앞으로 5년까지 지속되면 안 된다.

교회는 하나님의 교회로서 세상에 당당하게 존재해야 한다. 세상에 선한 영향력을 주어야 한다. 정치나 사회가 불안할 때 대안을 주는 곳이어야 한다. 이 책을 기획하게 된 것은 세상으로부터 더 고립되어 가는 교회가 아닌 세상이 인정하고 신뢰할 수 있는 교회가 되길 바라기 때문이다. 교회는 하나님으로부터 인정받아야 한다. 동시에 세상에서도 인정받아야 한다. 교회는 하나님께서 기뻐하시는 곳만 되면 안 된다. 세상이 반겨줄 수 있는 곳이이아 힌다.

(사)민족복음화운동본부 2025년 1월 24일 여의도순복음안산교회

에서 열린 신년감사예배에서 교회 회복과 부흥을 선포했다. 회복과 부흥이란 조금 나아짐이 아니다. 세상으로부터 '교회의 해'라는 말을 지속적으로 들을 수 있어야 하는 것이다.

2024년 클래식계를 세 글자로 요약하면 '임윤찬'이란다. 그는 2023년 4월 선보인 스튜디오 데뷔 앨범 '쇼팽 에튀드(연습곡)'로 연주자가 한 해에 받을 수 있는 거의 모든 상을 싹쓸이했다. 그는 '클래식계의 노벨상'으로 불리는 영국 그라모폰 클래식 뮤직 어워즈에서 2관왕(피아노 부문, 특별상 젊은 예술가 부문)을 차지했다. 이 상은 한국 피아니스트가 단 한 명도 수상하지 못했다. 그해 피아노 음반 중 가장 뛰어난 작품을 뽑는 피아노 부문에서 최종 후보 3개 중 2개가 임윤찬의 작품이다. 이 곡은 그가 12살 때부터 꿈꾼 비장의 연주곡이다.

교회론 시리즈를 시작함에 우리는 한 가지 꿈을 꾼다. 2025년 이후 5년 안에 한국 사회를 요약했을 때 '교회의 해'라는 말을 듣기를 소망하며 이 책을 세상에 내놓는다.

세상이 원하는 교회, 교회가 그리는 교회

김도인 목사

〈아트설교연구원〉 대표이자 출판사 〈글과길〉 대표이다.
저서로 《설교는 글쓰기다3》, 《목회트렌드 2026》 등이 있다.

목차

추천사 2

프롤로그 6

Chapter 1. 세상이 생각하는 교회 21

1. 교회가 없어도 상관없다 23
2. 교회의 기능을 상실했다 34
3. 세상과 담을 높이 쌓았다 45
4. 교회다운 모습을 찾기 어렵다 57
5. 교회는 세상보다 더 세상적이다 67
6. 현실과 동떨어져 있다 83
7. 과거의 전통과 권위를 내세우려 든다 95

Chapter 2. 교회가 보여주고 있는 교회 111

1. 세상에 본이 되지 못한다 113
2. 진리를 겉으로만 외친다 126
3. 타락을 지나 답까지 없다 139
4. 세상으로부터 외면받는다 154
5. 정치와 결탁해 극우의 앞잡이가 되었다 165
6. 하나님을 빙자해 사익을 채우다 176
7. 분쟁을 해결할 능력이 없다 189

Chapter 3. 성경이 보여주라는 교회 203

1. 하나님 나라를 세워야 한다 205
2. 하나님 나라가 교회를 통해 구현되어야 한다 217
3. 하나님 말씀의 역사를 이루어야 한다 230
4. 하나 됨을 추구해야 한다 242
5. 이웃과 함께해야 한다 252
6. 희생, 헌신, 감사가 넘쳐야 한다 264
7. 공익 추구가 교회의 살 길이다 275

Chapter 4. 세상에 보여주어야 할 교회 287

1. 세상 안의 교회임을 보여주어야 한다 289
2. 세상에 유일한 대안이어야 한다 299
3. 하나님의 사랑으로 세상에 덕을 끼쳐야 한다 310
4. 세상이 전적으로 신뢰해야 한다 322
5. 세상에 희망을 주어야 한다 335
6. 타락한 세상을 덜 타락하게 만들 수 있어야 한다 348
7. 교회다움을 보여주어야 한다 362

에필로그 374

저자 프로필 384

참고 자료 388

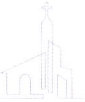

Chapter 1.
세상이 생각하는
교회

세상이 원하는 교회,
교회가 그리는 교회

1. 교회가 없어도 상관없다

한국교회는 한때 위대했다

기독교는 세상에서 가장 위대한 종교이다. 하나님께서 만드신 종교이기 때문이다. 하나님께 속한 교회는 위대하다. 그러나 세상에 속한 교회는 위대하지 않다. 세상에서 목회자는 위대하지 않다. 수많은 사람 중 한 사람일 뿐이다.

교회와 목회자가 하나님께서 위대하다고 한다면 위대한 것이다. 하지만 세상에서 보는 위대함과 거리가 있다. 위대하지 않게 된 것은 교회 스스로 하나님의 교회를 버리고 기득권층의 교회를 택했기 때문이다.

목회자는 과거 세상에서 인정받았다. 지금은 그렇지 않다. 인정받지 못하는 것은 예수님처럼 낮아짐의 자세를 버렸기 때문은 아닐까?

많은 목회자가 신학을 공부하면 자신이 하나님의 위치에 올라섰다고 생각하는 경향이 강하다.

세상은 청유, 권유로 그리고 논리적으로 설득해야 하는 시대이다. 교회는 군대보다 심하게 명령형의 구조를 띠고 있다. 설교도 논리적으로 스스로 설득하도록 하지 않고 당위성으로 선포한다. 때로는 수직적 구조인 군대보다도 더 수직적인 구조인 교회가 많다.

과거에 한국교회는 위대했다. 한국교회가 위대할 수 있었던 것은 하나님의 말씀을 삶에 그리고 세상에 실현했기 때문이다. 교회에 하나님이 숨 쉬고 계시는가? 묻는다면 그렇다고 대답하기 어렵다.

교회가 위대할 수 있었던 것은 과거 교회는 인간과 세상을 품었다. 세상을 하나님 나라 복음과 사랑으로 품었다. 세상이 싸우면 좋은 중재자가 되어주었다. 사람의 삶이 힘들면 아픔을 함께했다.

교회가 위대함을 보여주자 사람들은 교회에 다니길 원했다. 교회에 다니지 않던 분이 종교를 선택하려 하면 주위에서 교회로 가라고 강력하게 권했다. 필자가 고등학교 다닐 때만 해도 교회 다니는 것은 다닐 수 없는 친구들의 부러움의 대상이었다.

교회의 위대함이 사라지자 해당 지역에 교회가 세워지는 것을 열렬하게 반대한다. 교인들이 직장에서 교회 다닌다는 말을 못 한다. 직장은 직장 내에서 교인들만의 성경공부 모임을 달가워하지 않는다. 중고등학생들은 베스트프렌드에게 교회 다니는 것에 신중하라고 충고한다. 교회는 위대함을 다시 보여줘 초라한 교회의 모습을 뒤엎어야 한다.

교회는 과거의 한국교회 모습을 회복하기 위해 노력해야 한다. 김형석 교수는 《기독교, (아직) 희망이 있는가?》의 '책머리'에서 이렇게 말한다. "100년 전에는 기독교가 국가의 희망과 미래를 위해 존재했다." 교회는 세상의 희망이었고, 개인의 미래에 소망이었다.

교회는 다시 위대함을 보여 주어야 한다. 위대함의 여부 평가는 교회가 내리면 안 된다. 하나님은 물론 사회와 다른 종교인 그리고 무교인의 평가를 받아야 한다. 그들의 눈에 교회가 보여주는 가치, 교회의 하나님 사랑력, 세상 포용력, 제대로 된 복음의 전달력을 통해 평가받아야 한다.

교회가 사회에서 인정을 받을 때 교회는 한국 사회에서 위대하게 비쳤다. 그러자 교회의 지성, 교양, 리더십 그리고 교회의 역할 등을 인정해주었다. 교회가 인정을 받을 수 있었던 것은 교회는 교회로서의 책임을 감당했기 때문이다. 당시 목회자는 머리로의 목회와 몸으로의 목회의 균형을 이루었다. 지금은 그렇지 않다. 지성을 추구하는 중년들과 젊은 사람들이 떠난다. 교회가 다시 위대함을 회복하려면 먼저 할 것은 머리로의 목회와 몸으로의 목회의 균형을 되찾는 것이다.

필자는 목회자에게 종종 이런 말을 한다. "몸으로 목회하지 말고 머리로 목회하라." 세상이 목회자가 몸으로 하는 목회에 한계를 느낀다. 교회는 머리로 세상을 이해하고 공감해야 한다. 그리고 몸으로 세상을 사랑해야 한다.

세상은 교회를 수준 낮다고 말한다

세상이 교회를 바라보는 수준이 어떠할 것 같은가? 수준 낮게 본다. 교회가 추구하는 것과 일을 실행하는 태도가 세상보다 높지 않다. 세상은 수준이 낮으면 어울리려 하지 않는다. 대화하는 것도 꺼린다.

교회는 수준이 세상보다 높아야 한다. 교회가 수준 높다는 것은 감동과 위로를 줄 수 있는 위치에 있음을 말한다. 세상에서 수준 높게 산 사람이 있다. 마더 테레사이다. 북마케도니아 스코페에 〈마더 테레사 박물관〉이 있다. 수준 높게 산 그녀가 자기 나라에서 태어났다는 것을 보여주기 위해, 기리기 위해 세웠다. 그녀는 알바니아계 사람이다. 북마케도니아에서 태어났다. 그녀를 기념하는 곳이 또 있는데 알바니아 수도인 티라나의 공항이다. 알바니아 사람인 것을 자랑스럽게 내세우기 위해 테레사 이름을 따와 '너너테레사(Nene Tereza) 티라나 국제공항'으로 바꿨다. 그녀는 인도에서 사랑을 펼쳤고 세상으로부터 존경 받았다. 그 박물관에 가면 그녀가 쓴 글을 많이 볼 수 있다.

수준 높은 교회가 되어야 한다. 유럽에 가면 수준 높은 그리스도인들을 많이 볼 수 있다. 영국 문학지 탐방을 갔을 때 《폭풍의 언덕》의

에밀리 브론테, 《실낙원》의 존 밀턴, 《나니아 연대기》의 C.S. 루이스 등의 박물관, 공원 등을 만났다. 후대 사람들이 수준 높은 삶을 산 작가들을 기리기 위해 만든 장소이다.

한국교회는 세상에서 수준이 낮다고 말한다. 교회가 보여주는 것 중에 세상이 닮고 싶은 것이 거의 없다. 교회가 가장 낮은 것은 지적 수준이다. 필자는 목회할 때 목회자와 교인들이 지적 성장을 꺼려하는 모습을 여러 차례 경험했다. 지적 성장을 거부한 결과가 작금의 교회의 천박스러움(?)을 보여주게 되었다는 생각을 떨칠 수 없다.

중세시대에는 교인이 지적으로 성장하는 것을 무척 싫어해 성직자가 성경을 읽게 했다. 한 교회는 교인들이 삼삼오오 모여서 교회를 좋지 않게 여긴다고 강제로(?) 성경 공부를 만들었다. 한국교회는 교인의 머리가 커지면 목회가 불편하다고 지적 성장을 싫어했다.

코로나 기간에 목회자 독서 모임이 꽤 활성화되었다. 코로나가 끝난 후 꽤 하던 독서 모임은 어느새 많이 사라졌다. 목회자 독서 모임이 있다 해도 제대로 된 독서 모임이 되지 않는다. 책을 읽어오지 않아 시간이 조금 흐르면 책과는 전혀 상관없는 대화로 이어진다.

교회는 지성을 외면하면 안 된다. 지성을 외면한 순간 수준 낮은 교회로 전락한다. 김형석 교수는 《기독교, (아직) 희망이 있는가?》의 '책머리'에서 이렇게 말한다. "교육수준과 문화의식이 높은 기독교 선진국의 경우를 보면 짐작할 수 있다. 미국이나 유럽 국가들에는 교회의 수가 줄어들 뿐 아니라 사회 지성인들은 교회를 외면한지 오래다. 신학대학들이 대우를 받지 못하고, 사명의식으로 무장한 성직자들도 찾아보기 어려워지고 있다. 우리도 그 뒤를 따를 가능성이 크다. 기독교의 지도자들이 사회를 위한 사명의식을 상실했기 때문이다." 사회 지성인들이 교회를 외면하게 된다. 의식 있는 사람들이 교회에 남아있지 않는다. 결국 세상이 교회의 수준을 낮게 보게 된다.

교회는 세상이 싫어할 행동을 한다

교회는 세상에서 교회로서의 기능을 잃었다. 세상이 교회에 아픔과 괴로움을 의논하지 않는다. 예전에는 교인이나 사람들이 목회자에게 삶에서 발생하는 문제를 의논했다. 세상은 갈등으로 치달을 때 교회를 찾았다. 지금은 찾지 않는다. 교회가 세상의 문제를 중재할 수 있다는 신뢰를 잃었기 때문이다.

'아덴만 영웅'으로 불리우는 국군대전병원장 이국종 교수는 2025년 4월 15일자의 글에 그가 충북 괴산에서 군의관을 대상으로 진행한 강연에서 이런 말을 했다. 자기 인생이 망했다고 고백한다. "한평생을 외상외과에서 X 빠지게 일했는데 바뀌는 건 하나도 없더라. 내 인생 망했다." 헌국이 자기 인생에 도움되지 않았단다. "조선 민도는 임민 터는 문과 놈들이 해 먹는 나라다."라며 "이게 수천 년간 이어진 조선

반도의 DNA고 이건 바뀌지 않는다. 절이 싫으면 중이 떠나야 한다."라고 덧붙인다.

국민은 국가에 기댈 수 있기를 바란다. 사람들은 교회에도 동일하게 기대한다. 하지만 기댈 수 없다. 교회의 기능을 상실했기 때문이다. 교회가 입만 열면 하나님을 믿고 나가자, 본질로 돌아가자, 개혁하지 않으면 죽는다고 외친다. 오랫동안 했던 외침은 허공에 외친 격일 뿐이다. 교회는 본질로 가거나, 하나님을 전적으로 신뢰하거나, 개혁되지 않았다. 시간이 흐를수록 더 나빠지고 있다. 도리어 교회는 바뀌려하지 않고 교인만 바뀌어야 한다고 외친다.

교회는 사람의 교회이지 하나님의 교회가 아닌 것처럼 보인다. 교회는 자체적으로 하나님의 교회답게 만들 수 있는 능력이 없다. 교회 자체가 자정 능력이 없다.

교회의 큰 문제는 교회의 기능을 상실했다는 것이다. 원인은 교회가 이권(이익을 얻을 수 있는 권리)중심으로 돌아가고 있기에 그렇다. 한국 교회 곳곳에서 발생하는 것들은 이권과 관련이 깊다. 이권 중심이란 것은 하나님보다 돈을 더 중요하게 여긴다는 것이다.

몇 백 명이 모이는 교회에서도 담임 목사는 몇 억 원 이상을 활동비로 사용하기도 한다. 교회의 많은 재정을 하나님께서 기뻐하시지 않는 곳에 사용한다. 심각한 것은 목회자가 교회를 통해 재정을 확보하기 위해 교인을 교회 밖으로 내쫓기도 한다.

은퇴 시점이 다가오거나 교회가 부동산 가격이 오르면 목사 혼자만 남고 교인들을 교회에 나오지 못하게 하는 경우가 왕왕 발생한다. "목사가 교인을 갈라치기 한다고", "목사가, 교인을 쫓아낸다고?"라는 말도 안 되는 일이 벌어지고 있다. 지금까지 목회한 교회 건물이 있다면 교회를 정리해야 교회 재산이 목회자의 재산이 된다. 그런 일은 말이 안 되므로 교인들을 충격에 빠뜨린다. 하는 수 없이 오랫동안 섬겼던 교회를 눈물을 삼키며 떠난다. 교인이 목회자에게 등을 돌리게 해야 교회 재산이 자신의 것이 되기 때문이다.

대형교회는 이권을 먼저 생각한다. 정치와 밀착하는 것도 이권과 관련 있기에 그렇다. 전광훈이 실체를 적나라하게 보여줬다. 교회는 교단의 유지재단에 등기를 해 놓아야 한다. 개척한 목회자들 중 소수는 유지재단에 등기 설정을 하지 않는다. 어떤 목회자는 교회 재산을 자신의 소유로 만들기 위해 유지재단에서 탈퇴하는 방법을 모색하기도 한다. 이런 일을 당당하다고 여기며 자행한다.

세상은 이런 교회는 없어도 된다고 생각한다. 많은 교회가 교회로서의 모습이 아니다. 사회에 암적 존재가 되고 있다. 더 심각한 것이 2024년 12월 3일 계엄 이후로 극우가 되어 사회를 잘못된 방향으로 선동하고 있다. 교회는 세상을 품는 곳이지 선동하는 곳이 아니다. 교회는 사회를 통합하는 곳이지 분열을 획책하는 곳이 아니다. 교회는 세상이 교회를 버릴 행동을 하면 안 된다. 이익공동체가 되는 것이 아니라 오히려 손해를 보고, 세상에 도움을 주는 공동체가 되어야 한다.

세상이 교회를 버렸다

세상이 교회를 버렸다는 것은 말이 되지 않는다. 이 말은 세상이 교회에 큰 관심을 갖지 않는다는 말이다. 구약에 보면 하나님께서 이스라엘을 죄악 가운데 버려두신다. 세상도 교회에 관심을 두지 않고 교회가 저기 있다고만 생각한다. 마땅히 관심을 가져야 하는 데 관심을 기울이지 않는다. 교회에 관심을 기울이지 않는다는 말은 교회를 방치한다는 말과 다를 바가 없다.

우리는 한 번 질문해 봐야 한다. 교회가 하나님을 버린 것은 아닌가? 하나님의 뜻대로 향하지 않는 것은 하나님을 버렸다고 말해도 과하지 않다. 교회가 하나님을 버릴 수 없다. 하지만 교회가 하는 것이 하나님과 배치된다면 하나님을 버린 것이라 할 수 있다. 한국교회가 보여주는 모습은 하나님과 상관없는 교회가 많다는 말로 대신할 수 있다.

세상이 교회를 버린 것은 교회가 하나님을 먼저 버린 것에서 그 원인을 찾아야 한다. 교회가 하나님의 영광을 드러내야 하는데, 하나님을 이용해 세상에서 힘을 과시하려 한다. 교회는 세상에서 권력 기관이 되었다. 교회는 세상에서 하나님이 싫어하시는 죄악 속에 빠져 있다.

박양규는 《다니엘 수업》에서 교회가 수많은 가나안 교인을 양산한 것이 한 이유라고 말한다. "'숫자'가 권력이 된 현대 기독교도 마찬가지입니다. 1백 명의 교인에 비해서 1만 명은 축복과 부흥의 상징으로 작동하기 때문입니다. 그 결과로 오늘날 수많은 '가나안 성도들'이 양산되는 것은 현대판 '사자 사냥'의 부작용이 아닐까요?"[1]

교회가 하나님의 교회일 때는 세상이 반가워하는 교회였다. 세상이 반가워하자 교회는 큰 부흥이 일어났다. 부흥이 일어나자 교회는 교만하기 시작한다. 부흥이 더 겸손한 모습을 가져야 하는데 그렇지 못하였다.

교회가 '상한선 문제(The upper limit problem)'에 빠진 것이다. 장 지오노의 《폴란드의 풍자》에서 성공은 잘 관리하기 어렵다고 말한다.[2] 사람들은 대부분 상황이 좋아지기 시작하면 자멸의 길로 간다고 한다. 게이 헨드릭스는 성공이 어떻게 역효과를 낳는지 설명하기 위해 '상한선 문제(The upper limit problem)'라는 개념을 만들었다. 헨드릭스의 설명에 따르면, 우리는 모두 편안함을 느끼는 잠재적인 기준선을 가지고 있다. 그래서 그 기준선을 넘어가는 성공을 거두면 무의식적으로 기준선으로 되돌아가려고 자기 파괴적인 행위를 한다. 그는 이렇게 말한다. '우리는 자신에게 어느 정도의 사랑과 성공, 창의성을 허용할지 설정해놓은 내적인 조절 장치를 지니고 있다. 자신이 설정해 놓은 기준을 넘어가면 자기 파괴적인 행동을 해 스스로 안전하다고 느끼는 해묵은 안전지대로 돌아간다.'

몇 년 전부터 삼성전자가 어려움을 겪고 있다. 세계 최고 메모리 반도체의 자리를 대만의 TSMC에 넘겨주었다. 그 이유는 너무 잘 나가고 있다가 빚어진 결과이다. 삼성전자가 호황 시기에는 공과대학을 전공한 사람들이 주도했다고 한다. 지금은 반도체는 전혀 모르는 인문, 상경 계열 사람들이 임원을 하자 삼성이 큰 어려움을 겪는다고 한다. 삼성전자도 상한선 문제에 빠진 것이다.

교회가 하나님의 뜻을 버리니 세상이 교회를 버리게 되었다. 교회는 교회로서의 역할에 충실해야 한다. 교회가 부흥으로 나타난 결과는 세상의 기득권층으로의 격상이다. 특히 초대형교회는 세상의 기득권이 돼 버렸다. 사람들은 교회가 어려울 때 교회의 가치를 생각한다. 교회가 기득권층이 되자 교회의 타락을 생각한다. 그러자 세상은 교회를 외면하고 있다.

교회는 세상으로부터 버림받지 않아야 한다. 교회는 하나님으로부터 외면받은 것이 무엇인지 고민해야 한다. 하나님으로부터 칭찬받기 위해 하나님의 교회로 거듭나야 한다.

― 세상이 원하는 교회, 교회가 그리는 교회

김도인 목사

〈아트설교연구원〉 대표이자 출판사 〈글과길〉 대표이다.
저서로 《설교는 글쓰기다3》, 《목회트렌드 2026》 등이 있다.

2. 교회의 기능을 상실했다

상상력을 잃은 교회, 길을 잃다

상상력(Imagination)은 인간은 "태생적 본능이며 본질"[3]이다. 인간은 생각하는 존재다. 인간은 생각을 통해 과거의 기억을 되살려 현재의 시간으로 재생할 수 있다. 경험적 지식을 토대로 아직 다가오지 않는 미래를 상상하고 기획해 낼 수 있다. 상상력은 회화, 음악, 문화, 영화, 건축 등 예술의 기반이 된다. 상상력은 신화, 전통, 상상, 의례 등 문화 형성의 핵심 동력이 된다. 상상력은 가설을 세우고, 실험을 설계하며, 미래를 예측하는 과학과 기술의 힘이다. 상상력은 정의롭고 평등한 사회, 새로운 질서, 유토피아 등의 정치와 사회 운동의 기반이 된다. 상상력은 기업의 필요를 예견하고, 제품과 서비스를 창출하며 경제 외 기업 활동에 영향을 준다. 상상력은 교육과 인간 발달 즉 문제

해결력, 창의성, 공감 능력, 비판적 사고의 뿌리가 된다.

상상력은 신앙의 본질이다. 상상력은 신앙의 주변부가 아니라 중심부에 속한다. 상상력은 진리를 운반하는 가장 고귀한 수단이다. 진리는 그 자체로 완전하고 위대하다. 하지만 그 진리가 인간 마음에 깊이 스며들어 삶을 변화시키려면 이성(Reason)과 함께 상상력(Imagination)이 만나야 한다. C.S 루이스는 말한다. "저에게 이성은 진리의 자연적인 기관이지만, 상상력은 의미의 기관입니다. 새로운 은유를 만들어내거나 옛 은유를 되살리는 상상력은 진리의 원인이 아니라 진리의 조건입니다. 저는 그러한 관점이 상상력 자체에 일종의 진리나 정당성을 간접적으로 함축한다는 것을 부인할 수 없다고 고백합니다."[4] 진리를 온전히 받아들이려면 머리만이 아닌 상상력이 그 다리를 놓아 주어야 한다. 신앙에서 상상력이 본질에 속하기 때문이다.

상상력은 믿음이다. 상상력은 보이지 않는 것을 바라보는 믿음의 행위다. 노아는 아직 보이지 않는 일에 대하여 믿음으로 배를 만들었고 홍수 때 가족을 구원했다(히 11:6). 아브라함은 믿음으로 하나님이 주시겠다는 약속의 땅으로 순종의 걸음을 내디뎠다(창 12:4). 믿음의 사람들은 약속된 것을 받지 못했지만, 그것을 멀리서 바라보고 기뻐했다(히 11:13). 상상력은 진리를 마음에 새긴다. 상상력은 진리를 그림처럼 보여준다. 상상력은 진리를 인간 삶의 이야기 속으로 데려온다. 진리를 인간 삶의 이야기 속으로 들어올 때 상상력은 믿음이 된다.

현대 교회는 상상력이 메말랐다. 생존을 최우선 목표로 삼는다. 유지와 확장에만 몰두하고 있다. '어떻게 하면 성도를 유지할까?', '어떻게 헌금을 유지할까?', '어떻게 건물을 유지할까?' 이 질문이 핵심이 되었다. 교회의 가장 큰 위기는 상상력을 상실하고 현상 유지만을 꿈꾸는 것이다. 교회의 가장 큰 위기는 유지에 급급한 것, 새로운 세상에 대한 꿈을 상실한 것이다. 변화를 두려워한 교회는 점점 과거의 형태를 고수한다. 미래를 상상하지 못하는 공동체는 제자리에 머물고 있다. 이것은 단순한 퇴보가 아니다. 세상을 향한 하나님 나라의 증거로서 교회의 정체성 자체가 흔들리고 있다는 신호다.

상상력을 잠식한 네 가지 그림자

왜 상상력을 잃었는가? 네 가지 이유가 있다. 첫째, 두려움 때문이다. 교회는 세상이 빠르게 변하는 것을 두려워하고, 스스로 방어하려 든다. 새로운 사회적 변화(젠더, 기후, 노동, 다문화 등)에 대해 신학적으로 고민, 응답 그리고 대안을 제시하지 않는다. 방어적인 자세로 침묵과 반대만 한다. 둘째, 편안함 때문이다. 기존 체제 아래서 얻은 안정과 득권을 놓치기 싫어한다. 대형교회를 중심으로 이미 구축된 재성, 소직, 정치적 영향력이 위험에 노출될 것을 우려하여 사회적 변화에 침묵하거나 타협한다. 예를 든다면 일부 대형교회의 부동산 소유권, 교회 세습, 비자금 문제들이 이에 해당한다. 셋째, 성공 신화 때문이다. 교회는 영적 성숙이나 사회적 변혁보다는, 건물 크기와 등록 교인 수 같은 가시적 성공 지표에 집착한다. '성장'을 넘어 '경쟁'의 프레임에 갇혀 상상력은 경영전략으로 대체 되었다. 넷째, 영적 빈곤 때문이다. 하나님 나라를 상상하는 기도, 묵상, 예언자적 말씀 선포가 사라지고, 행정과 운영 중심의 교회로 변했다. 이것이 예언자적 상상력을 잃어버린 이유다. 하나님 나라에 대한 비전을 잃은 교회는 결국 세상의 가치와 문화를 모방하게 된다.

예언자적 교회로의 회복: 해체하고, 선포하고, 형성하라

세상은 기존질서를 해체하는 교회를 기대한다. 월터 브루그만은 그의 책 《예언자적 상상력》에서 세 가지를 말한다. "첫째, 예언자는 기존질서를 해체한다. 둘째, 예언자는 대안적 미래를 상상하고 선포한다. 셋째, 예언자는 공동체 안에 새로운 정체성을 형성한다." 구체적으로 살펴보자.

첫째, 예언자는 기존질서를 해체한다. 그는 고대 이스라엘과 현대 사회는 모두 지배체제를 맹목적으로 받아들였다고 말한다. 여기서 말하는 지배체제란 불의가 정상처럼 굳어진 세상이다. 억압이 당연한 세상을 맹목적으로 받아들이는 것이다. 예언자는 "세상이 이렇다"라고 주입된 현실을 해체하며, 사람들이 숨겨왔던 아픔, 상처, 불의를 드러내어 현실을 다시 보게 한다.[5] 이것이 세상이 생각하는 교회의 기능이다.

예언자로서의 교회는 '축적'이 아니라 나눔을 외쳐야 한다. 교회 재정은 하나님 나라 확장을 위해 존재해야 함을 상기시켜야 한다. 자산을 공유하고 지역 사회를 섬기는 방향으로 전환해야 한다. 많은 교회가 대형화되고, 부동산을 축적하고 있다. 심지어 일부 교회는 재정 투명성 없이 운영한다. 또한, 서울 핵심 지역에 수천억 원대의 부동산을 소유하고 있으면서도, 지역 사회 환원이나 약자 돌봄에는 미온적이다. 오늘날 교회는 자본주의 논리, 성공신화, 교권주의, 성과주의와 같은 지배체제에 쉽게 편입되고 있다.

하지만 기존의 질서를 해체하는 일에 앞장서는 교회가 있다. 분당우리교회는 드림센터 매입 가격에 해당하는 금액을 사회에 환원하는 계획을 세우는 등 사회적 책임을 강조해왔다. 최근 분당우리교회가 설립한 '가평우리마을'은 지친 이들(장애인과 그 가족, 사회적 약자, 개척교회 목회자 부부)에게 쉼과 회복을 누구에게나 제공하는 공간을 만들었다. 마을 내에는 묵상을 위한 채플, 그림책 특화 도서관, 침묵 티하우스, 산책로 등 다양한 시설이 마련되어 있으며, 장애인 작품 전시, 청소년 프로그램 등 공익적 활동도 함께 진행되고 있다. 소모임과 다

락방은 당일 세미나를 하는 이들에게 무료로 제공한다. 하지만 이곳은 일반적인 수련원이나 기도원보다 숙박 요금이 높다. 모든 이들에게 열린 공간이어야 함에도, 높은 비용은 일부 계층만을 위한 공간으로 비칠 수 있다. 이러한 운영방식은 원래의 취지와 상충 된다. 이 점만 보완한다면 기존질서를 해체하는 사명을 온전히 감당하는 교회로 자리매김 할 것이다.

둘째, 예언자는 대안적 미래를 상상하고 선포한다. 예언자는 단순히 현실을 비판하는 데서 멈추지 않는다. 하나님이 약속하신 대안적 미래 - 자유, 정의, 회복의 나라 - 를 상상하고 공동체에 선포한다. 이 사상은 단순한 공상이 아니라, 하나님의 성품에 뿌리를 둔 실질적 대안이 있어야 한다.[6] 예언자로서의 교회는 단지 비판에 멈추지 않고, 새로운 미래의 가능성을 선포해야 한다. 오늘의 교회에는 좀처럼 미래를 상상하지 않는다. 교회는 건물, 프로그램, 헌금, 숫자의 프레임에서 벗어나지 못하고 이를 유지하는 것에 갇혀 있다. 단순히 현 체재를 보존하는데 급급한 종교가 되었다. 설교는 세상을 향한 대안적 언어를 만들지 않는다. 사역은 고통받는 이들과 연대하기보다는 '행사'와 '조직 운영'에 머문다.

예언자로서 교회는 미래를 상상에서 실험적인 대안 공동체로 전환해야 한다. 교회는 성도들의 시선이 교회 내부가 아닌 밖을 향하게 해야 한다. 특별히 사회적 아픔을 겪고 있는 이들을 위한 대안을 마련해야 한다. 장애인, 난민, 노동자, 이주민이 살아갈 수 있는 길을 제시해야 한다. 또한, 갑질, 실직, 이혼, 폭력을 위한 회복의 장을 열어야 한다. 교회 부지를 활용한 마을 도서관, 공유 카페, 무료급식소, 로컬 푸드 나눔을 실현해야 한다.

고무적인 것은 한국교회 안에 이것을 실천하는 교회들이 많이 있다는 것이다. 파주 은혜와평강교회는 이주민과 다문화 가정을 위한 다양한 프로그램을 운영하고 있다. 한국어 교육, 법률 상담, 의료 지원 등을 제공하고 있다. 난민과 이주민이 한국 사회에 정착할 수 있도록 돕고 있다. 또한, 이들과 함께하는 예배와 문화 교류 행사를 통해 상호 이해와 존중의 문화를 형성하고 있다.[7] 서울 양천구에 있는 새물결교회는 장애인과 비장애인이 함께 예배하는 공동체로 주목받고 있다. 이정철 목사 부임 이후 장애인을 위한 경사로 설치, 장애인 주일의 본 예배 통합, 지역 장애인 가정에 생활비 전달 등 포용적 사역을 실천하고 있다.[8] 이 외에도 남가주 사랑의 교회 사랑부, 나성영락교회 YES 센터, ANC 온누리교회가 동일한 사역을 하고 있다. 서울 도림교회는 1981년부터 지역사회개발교육원을 운영하며 노인학교, 장애인 주간 보호시설인 '모랫말꿈터' 등을 통해 지적·발달장애인을 지원하고 있다. 또한, '사랑의 천사' 기금을 통해 난치병 어린이의 수술비를 지원하며, '사랑의 집수리' 봉사를 통해 주거 환경 개선에도 힘쓰고 있다.[9] 서울 마포구 대흥동의 8개 교회(뉴라이프교회, 대흥교회, 신생명나무교회, 신촌예배당, 신촌은혜로운교회, 새롬교회, 우리교회, 이음교회)는 대흥동주민센터와 함께 '고독사 제로'를 목표로 통합 돌봄 프로젝트를 진행하고 있다. 이들은 엘드림 대흥마을 배움터, 엘드림 노인대학, 사랑의 밥퍼(무료급식), 무료 진료 등을 통해 소외된 어르신들의 우울증 및 치매를 예방하고 있다.[10] 이들 모두는 대안적 미래 교회를 구현하고 있는 예언자적 교회들이다.

셋째, 예언자는 공동체 안에 새로운 정체성을 형성한다. 예언자는 공동체를 '비판'하고 '상상'할 뿐 아니라, 새로운 정체성을 형성하도록 부른다고 강조한다. 사람들은 더 이상 지배체제의 가치(탐욕, 폭력, 경쟁)에 사로잡히지 않고, 하나님의 가치(공의, 자비, 샬롬)에 기반한 새로운 정체성을 가지도록 초대된다.[11]

교회는 단지 성경적 지식을 전수하는 곳이 아니다. 새로운 정체성을 몸으로 살아내는 훈련소가 되어야 한다. 이를 위해서 교회는 성도들이 새로운 정체성을 형성하도록 훈련하고 형성해야 한다. 첫 번째, 교회는 '정의(Justice)'의 정체성을 훈련해야 한다. 재정운영공개, 리더십 선출 절차의 공정성 강화, 교회 내 성범죄, 불법 세습, 재산 집중 등의 부정의로운 구조를 해체해야 한다. 또한, 사회적 약자와 연대하는 공동체를 훈련해야 한다. 이주민, 장애인, 미혼모, 빈곤 계층과 예배 및 나눔 사역을 강화해야 한다.

두 번째, '자비(Mercy)'의 정체성으로 훈련해야 한다. 돌봄 중심의 교회 구조로 전환해야 한다. 교구 중심 운영이 아닌 '관계 중심 공동체'로 훈련하고 전환해야 한다. 또한, 병든 자, 이혼 가정, 실직자, 중독자들을 위한 회복 소그룹을 운영해야 한다. 이를 위해 돌봄의 리더십 훈련을 통한 사역자들을 훈련하고 양성해야 한다.

세 번째, '샬롬(Peace)'의 정체성으로 문화를 전환하는 훈련을 해야 한다. 서열이 아닌 리더십을 공유해야 한다. 목회자 중심 구조에서 평신도와 함께 하는 리더십을 훈련, 양성해야 한다. 지금 한국교회에 필요한 것은 더 많은 건물도, 프로그램도 아니다. 필요한 것은, 하나님 나라에 합당한 새로운 정체성의 회복이다. 교회가 더는 탐욕, 폭력, 경쟁의 구조 안에 머물지 않고, 공의, 자비, 샬롬이라는 복음의 가치를 공동체 삶으로 드러낼 때, 세상은 다시 교회를 '희망의 공동체'로 보기 시작할 것이다.

상상하는 교회는 변화를 노래한다

상상하는 교회는 모든 시대의 변화를 노래한다. 초대 교회의 예언자적 상상력은 세상을 뒤흔들었다. 로마제국 안에서, 사회적 질서는 무너졌다. 인종, 계급 그리고 성별이 차별을 받았다. 하지만 초대 교회는 이 모든 것을 넘어 하나 되는 공동체를 상상했다(갈 3:28). 사도들의 가르침은 성령의 임재를 통해 예언자적 상상력을 가졌다(행 2:1-41). 이 상상은 현실로 이어졌다. 노예와 귀족이 한 식탁에 앉고, 여성이 예배와 사역에 동참하게 되었다(행 2:42). 그들은 자신의 소유를 모든 사람과 함께 나누는 지상천국을 상상했다. 그 상상도 현실이 되었다. 믿는 사람들이 모든 물건을 통용하고, 재산을 각 사람의 필요를 따라 나눴다. 그 결과 세상 사람들에게 칭찬을 받으며 날마다 구원받는 사람들이 늘어났다(행 2:43-47). 그들은 하나님 나라가 예루살렘, 온 유대, 사마리아와 땅끝까지 확장되는 것을 상상했고 실행했다. 그들의 상상력은 박해를 받아 흩어진 디아스포라와 회심한 사도 바울을 통해 온 땅에 교회가 세워졌다. 그렇게 교회를 통해 하나님 나라가 구현되고 확장되었다. 역사 속 교회는 늘 지배 질서를 해체하고, 대안적 미래를 선포하며, 새로운 정체성을 형성해왔다. 초대 교회는 로마를, 수도자들은 중세를, 선교사들은 조선을, 그리고 한국교회는 전쟁 이후의 폐허를 흔들었다. 상상력이 메마른 교회는 매몰된다. 교회가 상상력 없이 현상을 유지하려 할 때 지배체제에 편입될 수밖에 없다.

지금 교회가 해야 할 일은 무엇인가? 교회는 다시 예언자적 상상력을 회복해야 한다. '보이지 않는 하나님의 나라'를 현재를 넘어 미래를 향하는 공동체로 이끌어야 한다. 예언자처럼 다시 상상하고, 다시 하나님 나라를 노래하고, 다시 시대를 향해 새로운 공동체를 살아내야 한다. 세상은 이 땅의 모든 교회가 예언적 상상력을 가지고, 교회의 참된 기능을 회복하기를 고대하고 있다.

하상훈 목사

부천하나교회 담임이자 영적습관 디자이너이다.
저서로 《ALL-IN-ONE-NOTE》가 있다.

3_세상과 담을 높이 쌓았다

교회는 복음의 길이 아닌 세상과 담을 쌓는다

한국교회를 바라보는 세상의 차가운 시선 앞에서 부끄러움을 느낀 적이 있었다. 2017년 11월 14일 MBC '앵커브리핑'에서 손석희 앵커가 한국교회를 비판하며 던진 말 때문이다. 그 말은 다음과 같다. "교회는 그리스로 이동해 철학이 되었고 로마로 옮겨가서는 제도가 되었다. 그 후에 유럽으로 가서는 문화가 되었다. 마침내 미국으로 왔을 때 교회는 기업이 되었고 한국으로 와서 대기업이 되었다."[12]

교회가 한국에 와서 대기업이 되었다는 말은 무슨 뜻일까? 이 말은 단순한 풍자가 아니라 교회가 본래의 길을 잃고 기업처럼 기능하고 있다는 사회적 인식 반영이다. 대기업의 존재 목적은 경제적 이익 창출이다. 이윤 추구라는 목적 아래서 시스템을 구축하고, 조직의 효율을 극대화한다.

교회는 그 반대의 길을 가는 공동체가 아닌가? 기업처럼 이윤추구가 아닌 욕망을 십자가에 못 박고 타인을 위해 자기를 내어준다. 그럼에도 불구하고 교회가 세상으로부터 대기업의 이미지를 갖게 된 이유가 무엇일까? 그것은 교회가 세상과 연결되는 길을 닦는 대신 '담'을 쌓았기 때문이다.

목회자라면 누구나 '교회의 본질은 건물이 아니라 사람'이라는 신학적 명제에 동의한다. 하지만 현장 목회에 투입되는 순간, 신학적 이상보다 욕망이라는 현실적 동력이 더 강하게 작동한다. 신학교에서 배운 교회론은 현장의 거대한 성장 이데올로기 앞에 밀려난다. 그 결과 교회는 사람을 세우기보다 외형적 성장에 매달린다. 영적 성장이 아니라 양적 팽창에 집중한다. 그 결과 교회는 '자신들만의 세계'를 위해 담을 쌓는 이기적인 집단으로 이미지화된다.

송인규는 《예배당 중심의 기독교를 탈피하라》에서 교회의 본질에 대해 이렇게 말했다. "성경은 단 한 번도 교회를 장소나 건물로 묘사하지 않았습니다. 교회라는 단어의 헬라어 '에클레시아'는 원래 모인 무리를 의미하며, 기독교적인 용법에서는 '믿는 자들의 공동체'를 지칭합니다. 즉 교회의 핵심은 사람들입니다."[13] 교회를 건물 중심으로 이해하면 교회는 모든 억압을 넘어선 남을 만나는데 부자하고 결국 남 안에 갇혀 버린다. 반면 교회를 '사람'으로 이해하면 담을 쌓을 비용으로 세상을 섬길 사람을 양성하고 세상과 연결되는 복음의 길을 구축한다.

송인규는 성전을 건물로 이해하면, 신앙 활동이란 교회의 담 안에서 이루어지는 종교 활동들로 고착된다고 지적한다. 그 결과 교회가 쌓은 담은 '거룩과 세속'이라는 이원론적 삶의 패턴을 형성하여, 그리스도인을 위선과 불통의 담 안에 고립시킨다.

한국교회는 스스로를 고립시키는 담은 무엇인지 진단해야 한다. 세상과 높이 쌓은 담을 허물어야 한다. 담을 허물 때 비로소 세상 속에서 하나님 나라를 실현하는 교회가 될 수 있다.

교회는 종교적 담을 쌓는다

한국 교회가 쌓는 첫 번째 담은 '종교적 담'이다. 하나님은 교회를 세상으로부터 '구별'하시려고 부르셨다. 그러나 그 구별은 세상을 섬기기 위한 성별이지, 세상과의 분리를 위한 장벽이 아니다. 한국교회는 '구별됨'을 '단절됨'으로 오해했고 복음의 경계선에 담장을 높였다.

하나님께서 교회를 세상으로부터 부르신 이유는 세상으로 보내시기 위함이다. '에클레시아'의 교회는 예배를 통해 하나님의 임재를 경험하고, 구별된 성도 간의 교제 안에서 강력한 공동체를 형성하고, 섬김과 사랑 안에서 그리스도를 닮아간다. 모든 과정이 세상으로 보내심을 받기 위한 훈련이다. 복음의 씨를 갖고 세상 안으로 침투하는 '디아스포라' 교회가 되기 위함이다.

교회가 종교의 담 안에 감금되면 세상을 변혁하는 교회의 침투성이 약화된다. 예수님께서는 하나님 나라가 땅에 심어진 겨자씨와 서 말 가루 속에 들어간 누룩과 같다고 하셨다. 교회는 세상의 한 가운데서 성장과 변혁을 일으키는 겨자씨와 누룩이어야 한다.

예수님께서 세상 안으로 성육신하신 것처럼 교회도 성육신으로 세상 안에 존재해야 한다. 성육신적 교회란 이 세상 안으로 침투해서 내부로부터 변혁을 일으키는 교회다. 교회가 본래의 사명을 놓치면 종교적 담에 갇힌다. 교회가 세운 담에 갇히면 그 변혁의 힘은 약화된다.

교회가 종교의 담을 쌓으면 스스로 고립된다. 교회가 고립되면 오히려 세상의 영향력이 교회의 담을 쉽게 넘나든다. 종교의 담 안에서 이루어지는 신앙 활동이 종교 활동에 그치기 때문이다. 종교의 담을 쌓으면 삶 전체에서 그리스도의 제자됨이 작동하지 않는다. 곧바로 세상의 가치, 문화 등이 종교의 옷을 입고 교회 안으로 쉽게 스며든다. 종교의 담을 높이 쌓을수록, 오히려 세속의 그림자는 교회 안으로 깊이 드리워진다.

《처치 시프트》의 저자 이상훈 교수는 종교의 담을 쌓는 교회를 이렇게 말한다. "오늘날 우리는 세상석 가치에 부합하는 복음, 부와 선상과 평안과 번영을 최고의 축복으로 숭배하는 복음, 자기중심적이며 자아도취와 자기몰입을 선으로 여기는 복음, 하나님 앞에서 자신이 자율적인 존재임을 주장하며 스스로를 세우기에 몰입하는 복음, 그리스도의 자기희생 대신 자아성취와 자기실현, 자기 강화를 위해 형성된 복음을 너무나 자연스럽게 소비하고 있다."[14] 이러한 교회의 모습에 대해 라센은 일침을 날린다. "오늘날 교회가 직면한 가장 큰 위기는 교회가 세상 속에 있다는 것이 아니라 교회 안에 세상이 있다는 것이다."[15]

세상 사람들이 볼 때 그리스도인들의 가치관과 삶의 방식이 자신들과 다를 바가 없고 종교적 무늬만 화려하다면, 그리스도인에게 어떤 매력을 느끼겠는가?

교회는 도덕의 담을 쌓는다

한국교회가 쌓은 두 번째 담은 '도덕의 담'이다. 교회가 복음의 능력을 상실하면 필연적으로 도덕적 우월감으로 무장한다. 복음의 능력은 우월감이 아니라 죄의 자각으로부터 나타난다. 죄를 자각하면 회개가 뒤따른다. 회개는 자신의 절망을 직면하는 것이고 복음은 그런 죄인들을 위한 유일한 소망이다. 따라서 복음으로 무장된 교회에는 도덕이 들어설 자리가 없다. 하지만 한국교회는 너무나 도덕적이다.

교회가 도덕적이면 세상에 대한 긍휼보다 정죄와 심판의 시선으로 우월감을 드러낸다. 교회가 자신을 스스로 도덕적 우위에 있는 공동체로 상정하면 세상의 고통과 죄악에 대해서 긍휼이 아닌 심판의 태도를 취한다. 세상의 타락을 비난하면서도, 내부의 부패에는 눈 감는 이중성이 교회가 된다. 동시에 세상과 단절하는 철벽을 친다.

오늘날은 '진정성'이 통하는 시대다. 유튜브의 콘텐츠는 서툴러도 날 것 그대로의 모습을 보여줄 때 조회 수가 급등한다. '주작'이라는 사실이 발견되면 구독자들이 등을 돌린다. 세상의 시선으로 교회는 위선의 극치다. 문제없는 척, 잘 사는 척하며 도덕적 포즈를 취한다. 위선을 취하면 존재에서 풍기는 악취를 숨기지 못한다. 진정성의 시대에 위선은 가장 치명적인 소통 불능을 야기시킨다.

교회는 도덕의 담을 쌓기보다는 복음으로 돌아가야 한다. 교회가 복음으로 돌아간다는 것은 도덕적 위선의 담을 허무는 것이다. 교회는 윤리적 탁월함이나 도덕적 우월성을 보여주는 공동체가 아니다. 위선의 담을 허물고 죄인들이 모인 공동체라는 사실과 그 연약함을 덮으시는 십자가의 무한한 은혜를 드러내는 공동체가 되어야 한다. 세상은 우리의 화려한 종교 언어보다 우리의 초라함 위에 빛나는 주님의 자비를 보기 원한다.

교회는 정치적 담을 쌓는다

현시대 한국교회가 세상으로부터 자신을 고립시키는 가장 높은 담은

'정치적 담'이다. 한국교회는 복음이 갖는 하나님 나라의 정치성을 잃어버린 채 '정치 무관심'이라는 담을 쌓고 있다. 그리스도인들이 정치 무관심에 빠지는 이유는 기독교 신앙이 역사 현실과 구분된 영적 세계에 대한 몰입이라는 편견 때문이다. 현실 세계는 영적 세계보다 열등하기 때문에 그리스도인은 현실 세계에 관심을 가져서는 안 된다는 오해에서 비롯된다.

교회는 정치에 이중적인 태도를 보인다. 교회의 정치적 담쌓기는 정권에 따라 달라진다. 독재정권 아래에서는 정교분리를 외치고 위에 있는 권세에 순종하라는 성경 구절[16]로 침묵을 강요한다. 이 땅의 시민들이 민주주의와 정의로운 사회를 위해 피를 흘리며 투쟁할 때 교회는 원론적인 정교분리의 원칙을 앞세우며 방관했다. 그런데 정권이 바뀌면 광적인 정치집단으로 돌변한다.

오늘날 '정치 무관심'보다 더 위험한 것이 '정치 과몰입'이라는 담이다. 애국이라는 명분으로 모인 광장의 기도회가 그 어떤 정치집회보다 과격하고 폭력적인 정치 언어를 쏟아낸다. 정치신념이 신앙의식을 삼켜 버린다. 기독교인들의 신앙의식 속에 성경적 정치관이 결여되어 있다 보니 그 빈 공간을 세상의 정치신념으로 채운다. 하나님께서 세우시려는 하나님 나라 운동보다 세상의 정치 운동에 더 열광적이다.

기독교인은 정파적으로 되어서는 안 되고 정치적이어야 한다. 필자가 정치적이라고 말하는 것은 역사 참여적, 현실 변혁적 시각과 태도를 견지하며 살라는 뜻이다.

기독교는 모든 것을 선하게 만드신 창조주 하나님을 믿는다. 우리는 만물 위에서 만물을 충만케 하시는 예수 그리스도를 왕으로 섬기는 백성이다. 따라서 건강한 기독교는 영적이면서도 동시에 현실적이고 역사적이어야 한다.

그리스도인이 소망하는 하나님 나라는 좌파와 우파의 정치 운동이 지향하는 나라가 아니다. 정치 무관심이나 정치 과몰입이 아니다. 복음으로 세워질 예수 그리스도의 왕국 건설이다.

교회는 복음의 시각에서 모든 정치 운동들을 비판적으로 수용해 나가야 한다. 세상의 정치 운동들을 성경적 관점으로 개혁해 나가야 한다.

위에서 제시한 3가지 담 외에도 교회가 쌓아온 경제적 담, 소통의 담도 심각하다. 교회의 자산과 재정 규모가 커지면서 가난한 이들의 울타리가 되기보다는 소수의 엘리트를 위한 공간이 되는 경우가 많다. 대형교회의 비대화, 헌금 문화의 왜곡, 건축 중심의 사역이 '밖'의 사람들에게는 거부감을 주고 있다. 교회는 '성공'과 '축복'을 동일시하면서 예수의 가난과 고난의 메시지를 잃어가고 있다.

무엇보다 교회가 세상과 소통하는 방식에 있어서 일방통행이다. 여전히 설교하고 있고 끊임없이 말을 쏟아내지만, 세상은 듣지 않는다. 이런 현상이 빚어진 것은 교회는 세상의 질문을 회피하고 교리로만 응답하기 때문이다. 세상이 교회에 던지는 질문들 - 정의, 평등, 환경 등 - 에 대해 귀를 막고 자기 언어로만 응답하기 때문이다. 교회가 쌓는 종교적 담, 도덕적 담, 정치적 담으로 세상과의 불통은 점점 심해지고 있다.

담을 쌓은 결과: 교회가 죽어간다

교회가 위에서 제시한 담들을 허물어야 한다. 허물지 않으면 가장 큰 문제가 발생한다. 교회가 죽어간다. 톰 레이너는 《죽은 교회를 부검하다》에서 죽어가는 교회의 특징을 '요새화'라는 말로 설명한다. 요새화의 가장 큰 특징은 지역 사회의 변화와 흐름을 읽어내지 않고 전통만을 고집한다. "교인들은 지역 주민들에게 다가가는 것보다 기존의 교회 방식을 보호하는 데 더 신경을 쓴다."[17]

 죽은 교회란 담 안에 모인 사람들을 위해서만 모든 에너지와 자원을 쏟아붓는 교회다. 담 밖에 있는 사람들에 관한 관심이 없다. 담 밖의 사람들에 관심이 줄어드는 것은 교회가 죽어가는 전조증상이다.

 교회란 '다가가는 공동체'이지 '기다리는 공동체'가 아니다. 사람들은 담 너머의 교회 안으로 스스로 들어오지 않는다. 톰 레이너는 14개의 죽어가는 교회를 분석한 결과, 이 교회들의 가장 중요한 특징은 지

상명령에 대한 순종이 사라졌다는 점을 지적한다.[18]

교회가 담을 쌓는 순간 나타나는 가장 치명적인 문제는 교회의 선교적 역량의 붕괴이다. 이상훈 교수는 《처치 시프트》에서 말한다. "선교적 교회의 원리 중 하나인 '세상을 향해 나아가는(go-to-them)' 사역 방식이 요구된다. 근사하고 편리하며 필요에 민감한 종교적 조직을 세워 사람들이 원하는 종교적 상품을 구입하고 소비하게 하는 '우리에게 오라(come-to-us)'는 형식은 전형적인 크리스텐돔 유형이다. 예수님의 방식은 철저한 성육신을 통해 세상을 향해 찾아가는 모습이었다."[19]

교회가 쌓은 여러 유형의 담은 교회가 세상과 연결되는 모든 지점을 차단하고 성육신적인 선교방식을 상실시키고 기업형 비즈니스로 교회의 선교 방향을 왜곡시킨다.

본회퍼의 통찰로 본 '담을 허무는 교회'가 되어야 한다

한국교회는 번영신학과 정치 논리에 굴복하여 세속화되었다. 동시에 종교와 도덕의 담을 쌓아 세상과는 철저하게 단절되었다. 한국교회의 현 상황은 히틀러 시대의 독일교회와 닮아 있다. 독일의 기독교가 꽃을 피웠던 20세기 초에 독일교회는 유대 정치사상과 신보신학에 정복을 당하였고, 그 결과 나치 정권에 부역하는 교회로 전락했다.

그때 나치 정권에 맞서 고백교회를 이끌었던 지도자가 디트리히 본 회퍼다. 감옥에서 저술한 옥중서신에서 본회퍼는 '그리스도의 비종교화'를 역설했다.

친구에게 보낸 《옥중서신-저항과 복종》에서 본 회퍼는 교회가 어떻게 세상과 소통해야 하는가에 대해 고민했다. 그의 말을 들어보자. "사람들에게 말로 기독교를 알리는 시대는 지나갔네. 내면성의 시대와 양심의 시대도 지나갔네. 이를테면 종교 일반의 시대가 지나간 것이네. 우리는 완전히 종교 없는 시대를 맞이하고 있네."[20] 종교 없는 시대란 더 이상 종교적 방식으로 세상에 접근할 수 없는 시대를 말한다. 본회퍼에게 종교란 시대와 상황에 따라 자유롭게 바꿔 입는 옷에 불과하다고 보았다.

종교의 시대에는 종교적 옷을 입고 세상과 소통할 수 있지만, 현시대는 비종교의 시대이다. 이런 시대에 교회는 종교의 옷을 입고 세상에 그리스도를 전하면 안 된다. 교회가 세상에 보여주어야 할 모습에 대해 본회퍼는 질문한다. "어떻게 우리는 '비종교적-세상적으로' 그리스도인 될 수 있는가? 어떻게 우리는 자신을 종교적 특권을 지닌 자로 여기지 않고 완전히 세상에 속한 자로 여기면서 에클레시아 곧 부름 받은 자가 되는가?"[21]라고 묻는다. 본회퍼의 고민이 지금 한국교회가 진지하게 물어야 할 질문이다.

비종교화 된 사회에서 교회가 종교적 언어가 아니라 그들의 언어로 그리스도를 전하려면 어떻게 해야 할까? 종교와 도덕의 담을 허물고 그들의 세계 안으로 들어가야 한다.

본 회퍼는 예수는 비종교적인 방식으로 오셨다고 주장한다. 그는 '종교적 인간'을 위한 복음이 아닌, 하나님 없는 세상 속에서 고통받는 이들을 향한 복음, 즉 비종교적 그리스도를 말한다.

오늘날 한국교회가 회복해야 할 것은 바로 '비종교적인 예수'이다. 교회는 종교의 언어로, 도덕의 잣대로, 정치의 이념으로 세상과 거리를 만들 것이 아니라 비종교적인 방식으로 복음의 다리를 놓아야 한다.

비종교적 예수로 사는 교회는 죄인들과 함께 울고, 억눌린 자들의 질문에 귀를 기울이며, 정의와 공공선을 향해 예언자적 목소리를 내야 한다. 담을 헐고 길을 만드는 교회, 그것이 예수께서 보여주신 교회의 참모습이다. 복음은 말이 아니라 움직임이다. 교회는 이제 담을 헐고 세상을 향해 예수님처럼 종교, 도덕, 정치의 담을 하나씩 허무는 움직임을 보여주어야 한다.

권오국 목사

이리신광교회 담임목사이다.
《행복, 다시 정의하다》,《목회트렌드 2026》 등이 있다.

4. 교회다운 모습을 찾기 어렵다

거룩성이 모래성이 되어간다

교회는 거룩한 무리가 모인 공동체다. 거룩함을 추구하는 것이 교회의 방향이다. 세상도 교회의 거룩한 공동체를 원한다. 하지만 오늘날은 거룩성이 아니라 모래성이 되어가고 있다. 모래성은 아무리 높게 쌓여도 시간이 지나면 무너지게 되어 있다.

거룩성이 단단한 반석 위에 지은 집이라면, 모래성은 말 그대로 모래 위에 지은 성이다. 외형은 웅장하나, 내면은 세속적 가치에 침식되어 있다. 성처럼 크고 거대해도 모래 위에서는 오래 견디지 못한다.[22] 지반이 약해 높이 올라갈수록 빨리 무너진다.

교회의 거룩성이 모래성이 되어가고 있다. 모래성이란 세상이 원하는 기준에 우선순위를 두는 것이다. 거룩함이 있어야 할 공간에 세상을 올려놓으면서 모래성으로 변해간다. 마치 눈썹을 눈 아래에 그려놓는 것과 같다. 눈썹은 빗물이나 먼지로부터 눈을 보호한다. 그 반대가 되면 눈이 제 기능을 할 수 없다.

교회는 외부의 핍박이나 억압이 오면 거룩성으로 뭉친다. 초대교회 시절 역사상 가장 박해가 심하다는 로마의 압제에도 거룩성으로 살아남았다. 거룩성이 문제가 되는 것은 외부가 아닌 내부의 문제로 인함이다. 교회 안에 매몰되면 문제를 직감하는 능력이 떨어지고 무감각해진다. 청중은 제대로 안을 살필 수 없다. 특별한 증상이 없다며 둘러보려고 하지 않는다. 하지만 외부에 있는 사람은 바로 인지한다. 밖에서 전체를 바라보기 때문이다.

모래성은 세속화다. '세속적(secular)'이라는 영어는 라틴어 '새쿨룸(saeculum)'에서 유래한 것으로 '현시대'를 의미한다. 지금 '세속적'이란 용어는 종교적으로부터 벗어 난 상태를 가리키는 용어다.[23] 세속화는 교회가 신앙에서 거룩성을 찾지 않고, 세상에서 거룩한 것을 찾고 있는 상태다.

교회가 거룩성을 추구하지 않으니 모래성이 되어가고 있다. 주기도문 가운데 "아버지의 뜻이 하늘에서 같이 땅에서 이루어지게 하옵소서"라고 간구한다. 이 간구가 효력을 상실할 때가 있다. 교회 내의 파벌싸움이다. 목사와 장로가 서로 편을 나누어 권력을 나눈다. 이들은 교회의 거룩성을 지키기 위해 어쩔 수 없었다고 한다. 안으로 들어가 보면 거룩과 무관한 욕심과 탐욕이 꽈리를 틀고 있다.

  욕심과 탐욕은 돈으로 연결된다. 교회가 재물과 거룩한 모습 앞에서 거룩을 선택하지 않고 저울질하는 것을 세상은 보고 있다. 세상은 탐욕이 가득한 교회를 거룩하다고 보지 않는다. 교회가 거룩성을 잃으면 없던 문제가 발생한다. "주변 사회가 세속화되어 가고 있을 때 문제가 발생한다."[24] 사회학자 스티브 브루스는 주장한다. 교회가 세속화에 발을 담그고 목적 없이 걸어가고 방황할 때 일어나는 문제다. 이런 문제는 거룩한 사람을 세우는 임직식에서 발생한다.

  교회는 장로, 권사 등 직분자를 선출한다. 선거로 몇 분의 장로가 선출되었다. 그들은 큰 부자는 아니지만, 재정적으로 안정적이다. 선거가 끝난 뒤 중등부 학생들 사이에는 '환풍기 장로'라는 말이 나돌았다. 장로로 선출된 집사 한 분은 신앙 경력이 짧고 교인들의 지지도 적었다. 교회 본당에 대형 환풍기를 설치해 준 덕분에 목사의 지지를 등에 업고 장로가 되었다. 거룩한 교회에서 사람을 뽑을 때 돈이 나름의 기능을 할 수 있다는 사실이 어린 중학생에게 큰 충격과 슬픔을 남겼다.[25]

  교회의 가십거리는 지역 사회에 그대로 투영된다. 교회에서도 돈이 있어야 큰 소리를 낼 수 있다고 세상은 거침없이 말한다. 권력이 있어야 교회에 가서 좋은 자리에 앉을 수 있다. 교회에서 능력이 없으면 대접받지 못한다고 거침없이 쏟아낸다. 교회의 거룩성이 학력, 권력, 금력에 모래성처럼 흔들리고 있다.

거룩성은 교회 밖에서는 제대로 힘을 쓰지 못한다. 거룩한 힘이 정치, 사업, 법률적 과정, 교육, 예술의 담을 넘지 못한다.[26] 교회의 거룩함은 교회 울타리 밖으로 흘러가지 못한다. 심지어 거룩하지 못하다고 사회로부터 외면받는다. 세상은 교회다운 모습이 보이지 않는다고 고개를 절레절레 흔든다.

교회다운 모습을 다시 일으켜야 한다. 거룩성이 무너지면 상처받는 사람은 교회 울타리 안의 사람이다. 교회는 더 늦기 전에 허물어진 곳을 보수하려 해야 한다. 교회의 거룩성을 회복하는 데 힘을 모아야 한다.

이기적인 교회가 난무한다

예수님께서 말씀하신다. "새 계명을 너희에게 주노니 서로 사랑하라 내가 너희를 사랑한 것 같이 너희도 서로 사랑하라. 너희가 서로 사랑하면 이로써 모든 사람이 너희가 내 제자인 줄 알리라."[27] 오늘 이 말씀을 읽는 청중에게도 동일하게 말씀하신다. '서로 사랑하라'고 하신다. 교회는 '서로'라는 말 대신 '나', '우리 가족', '이익'을 삽입한다. 나를 사랑하리, 우리 가족을 사랑하리, 이익을 사랑하리고 고쳐서 읽는다. 결국, 사랑 없는 교회가 되고, 신앙 위에 먼지만 쌓인다. 교회의 사랑은 점차 형식화된다. 세상은 먼지로 얼룩진 교회를 외면한다. 외면받으면 교회는 '교회가 사회를 위해 얼마나 많은 사랑을 베풀고 있는가'라고 항변한다.

교회는 세상에 하나님의 사랑을 진실하게 나누어야 한다. 사회복지시설 설립 비율은 개신교가 59.5%, 천주교가 19.9%, 불교가 6.6%이다. 빈곤층의 청소년들을 위한 보완적 보상시간인 지역 아동 정보센터의 경우 개신교가 72.3%, 천주교가 7.5%, 불교 1.3%이다.[28] 다른 종교를 합한 것보다 기독교가 행하는 사회복지시설이 월등하게 많다. 사회복지시설을 통해 사회에 사랑을 실천하고 있는 듯 보이지만 기관 안에서 발생하는 성범죄나 공금 횡령 등도 만만치 않다.

교회는 말도 사랑의 말을 해야 한다. "신앙인이 정치적 견해가 다르다고 상대를 악마화해서야 되겠습니까?"[29]라는 말은 신앙인이 상대방 입장을 무시해서 나온 발언이다. 어떤 말을 무시하는 것은 서로 사랑이 아니라 나만 사랑하고 상대는 배척하겠다는 의미다. 교회는 이기적이거나 사랑 없는 말을 하지 않아야 한다. 사랑 없는 말은 이기심에서 나오기 때문이다.

세상은 이기주의일 수밖에 없다. 생존경쟁이 치열한 자본주의 사회에서는 이기주의가 더욱 기승을 부린다. 많은 사람이 개인이 누릴 이익만 추구한다. 전체의 이익을 고려하지 않는다. 나 중심으로, 우리 가족 중심이 되어 더 많은 이익을 얻으려 한다. 사람을 사랑해야 할 교회가 상대를 경쟁상대로 여긴다.

이기주의가 뿌리내린 교회가 많다. 성도가 담임목사를 한번 뵈려면 비서를 통해 따로 약속을 잡아야 한다. 대부분의 성도는 한 달에 한 번 담임 목사를 만나기도 어렵다. 하지만 사회적인 신분이 있는 대학교수는 자주 만날 수 있다. 대기업 사장, 명문대 교수, 판검사, 변호사, 의사 직업을 가진 사람들만 따로 모아 담임목사가 직접 관리하는 새벽 성경공부 모임에 참여하므로 가능하다.[30]

사랑이 넘쳐야 하는 교회에 이기주의가 넘치지 않는가? 성경에 기록된 예수님의 모습은 정반대이다. 예수님은 세상의 약자와 소외된 자를 직접 찾아간다. 그들과 친구가 되어준다. 예수님의 사랑은 이기적이지 않고 이타적이다. 반대로 교회가 보여주는 사랑은 이기적이다. 사랑의 껍데기만 남아 있는 것처럼 보인다. 교회가 이기적이면 교회 내에 차별만 심해진다.

기독교가 운영하는 단체도 교회처럼 이기적이다. 채용 시 기독교인을 우대하거나 직원에게 종교 강요가 심하다. 종교라는 이름을 앞세워 열정 페이를 강요하기도 한다. 직원이 불편해하는 일도 서슴지 않고 강요한다. 개인적인 일을 직원에게 부탁하는 것을 주저하지 않는다.

교회는 사랑의 단체이다. 엄마가 아기에게 이유식을 주는 것처럼 아낌없이 주어야 한다. 교회는 자녀가 잘되기를 바라는 엄마의 마음이어야 한다. 상대방도 행복한 삶을 살도록 도와주는 주의 사랑으로 넘치게 주어야 한다. 엄마의 마음, 주의 사랑이 없는 그 자리에는 이기적인 먼지가 수북할 뿐이다.

목회자는 교회에 쌓인 이기주의라는 먼지를 빨리 청소해야 한다. 먼지를 털어버리는 것이 늦어지면 결국 굳어버려 제거할 수 없다.

윤리가 탈색된다

교회는 세상에 미치는 영향력이 크기 때문에 어떤 조직보다 윤리적이어야 한다. 교회는 세상보다 더 높은 윤리 기준을 가짐은 물론 삶이 도덕 그 이상을 지향해야 한다. 하지만 교회의 윤리는 탈색되어 비윤리적인 모습을 띤다. 목회자의 성 문제, 교회의 세습, 윤리 의식의 결여 등으로 고유의 차원 높은 하나님 나라의 윤리를 잃고 있다.

기독교 반성폭력센터(공동대표 방인성·박유미)가 2024년 1월부터 12월까지 교회, 선교단체, 기독교 문화권 내 학교, 민간단체 등으로부터 성폭력 사건을 접수받았다. 상담한 47명의 피해자를 분석한 결과를 보면 피해자는 47명 전원이 여성이다. 연령대별로 보면, 20대가 13명(28%)으로 가장 많았고, 30대가 10명(21%)이다. 미성년자도 8명(17%)이나 된다. 가해자의 직분은 담임 목회자가 12명(32%)으로 가장 많았고, 부목회자 9명(24%), 간사·리더·교사 6명(16%), 신자 8명

(22%) 등이다.

가해자와 피해자 관계는 목회자(리더)와 교인 관계가 19명(50%)으로 가장 많았다. 신자 간은 9명(24%)이다. 또 교회나 공동체 내에서 가해자 징계나 해결을 요구한 것은 20건이다. 그 가운데 노회나 교단에서 가해자가 견책, 정직, 해직, 면직, 제명 등의 징계를 받은 것은 8건이었다. 당사자들 사이에 합의가 이루어진 건이 1건, 아무런 징계를 받지 않은 것이 3건, 자진 사임이나 불분명한 이유로 사임한 것이 8건이다.[31]

이렇듯 성 윤리만 봐도 교회의 윤리가 흔들리고 있음을 알 수 있다. 교회를 이끌어야 할 리더들이 성적인 문제에 발목이 잡힘으로 교회가 세상으로부터 윤리적 신뢰를 잃어가고 있다. 족쇄가 되어 강단에서 말씀을 선포할 수 없게 되었다. 윤리의 탈색으로 세상은 교회 리더에 대해 색안경을 끼고 쳐다본다.

교회의 윤리적인 부분이 대두되는 것이 있는데 저작권이다. 세상의 저작권에 대한 의식체계가 높아졌다. 저작권 문제가 사회화되었다. 저작권 문제를 조심스럽게 접근해야 하는 것은 사회나 기관뿐 아니라 교회도 해당된다.

저작권이란 저작물을 창작한 사람에게 인정되는 권리다.[32] 저작물은 문학, 예술, 학술, 사진, 프로그램, 도형, 이미지 등이 있다. 저작물을 사용하려면 저작권자의 이용 허락을 받아야 한다. 허락 없이 무단으로 사용하는 것은 저작권법에 위배된다.

예배나 행사 등의 종교 활동에 저작물 사용이 많다. 코로나 팬데믹으로 온라인 예배가 활성화 되면서 그 비중은 더 높아졌다. 목회자, 영상담당자 대부분이 비영리 목적이라는 막연한 생각으로 저작권을 침해할 위험성이 크다. 최근에 어떤 분이 서체를 무단으로 사용하다가 저작권 문제로 법률적인 이의제기를 당했다. 교회에서 비영리로 사용했기에 문제화로 이어지지는 않았다.

교회에서 예배 영상이나 활동 내용을 제작하여 온라인에 유포하는 과정에 콘텐츠를 무단으로 사용하거나 저작권 허락 없이 사용할 수 있다. 영상 시대이므로 교회도 영상물을 중요시해 많이 사용한다. 즉 영상 콘텐츠의 활용 비중이 높아졌다. 교회는 콘텐츠에 사용하는 글꼴이나 서체 사용으로 어려움을 겪게 된다. 좋은 글씨체, 마음에 드는 서체를 사용하고자 한다. 이를 저작권자의 동의 없이 사용하여 소송에 휘말린다.

또 목회자의 설교에 사용하는 것도 저작권에 어긋나지 않도록 조심해야 한다. 교회는 인용으로 영화나 드라마를 편집할 때도 저작권자의 이용 동의를 얻어야 한다. 설교 내용 가운데 책이나 논문을 인용할 때 원저자의 이름이나 기관을 밝혀야 한다. 마치 자신의 것처럼 도용해서는 안 된다.[33] 이런 행위는 투명하지 못한 처사다.

저작권에 위배되면 교회다운 투명함이 사라진다. 저작권 문제로 윤리적인 것이 신뢰를 잃어버리면 회복하기는 상당한 시간이 걸린다. 그것이 사회문제화되면 세상은 교회에 등을 돌리고, 높은 도덕률을 지키는 교회의 자리에서 땅으로 곤두박질친다. 세상은 다른 것보다 교회의 윤리에 민감하다. 교회는 세상의 기대하는 높은 도덕률을 만족시켜주어야 한다.

교회는 윤리에 최고여야 한다. 세상에서의 신뢰도도 최고여야 한다. 지금 떨어진 교회의 신뢰도를 회복하기 위해서라도 저작권 위반을 하지 않도록 힘써야 한다. 교회는 겉모양이 아닌 삶의 실천으로 그 문제를 투명하게 해야 한다. 교회가 세상에 보여주는 도덕성이 신뢰를 줄 수 있어야 한다. 교회의 윤리 탈색을 막기 위해 지금, 바로 그 자리에서 고도의 윤리적 삶을 살아야 한다.

허진곤 목사

무주 금평교회 담임목사이다.
저서로 《설교트렌드 2025》, 《다음 역도 문학녘》 등이 있다.

5. 교회는 세상보다 더 세상적이다

성경은 '세상은 악으로 가득하다'라고 말한다

성경은 세상이 악의 구렁텅이라고 말한다. 세상은 죄악으로 똘똘 뭉쳐있기 때문이다. 창세기 6장 5절은 사람을 이렇게 말한다. "여호와께서 사람의 죄악이 세상에 가득함과 그의 마음으로 생각하는 모든 계획이 항상 악할 뿐임을 보시고."

세상은 육신의 정욕과 안목의 정욕과 이생의 자랑이 가득한 악한 곳이다. 요한일서 2장 16-17절에 "이는 세상에 있는 모든 것이 육신의 정욕과 안목의 정욕과 이생의 자랑이니 다 아버지께로부터 온 것이 아니요 세상으로부터 온 것이라. 이 세상도, 그 정욕도 지나가되 오직 하나님의 뜻을 행하는 자는 영원히 거하느니라."고 말한다.

사람의 죄악이 세상에 가득하다는 것은 인간의 생각이 악하다는 의미다. 인간의 생각이 악한 것을 잘 보여주는 것이 러시아의 블라디미르 푸틴의 우크라이나 침공이다. 사악한 푸틴은 우크라이나가 독립국이라는 사실을 부인한다. 부인함으로 전쟁의 정당성을 확보한 뒤 푸틴은 과거 자신의 영향권이었다가 떨어져 나간 주변 국가 중 우크라이나를 침공해 영향력을 확대하려고 한다. 이런 푸틴의 행동은 자신의 정치적 위기를 극복하려는 사악한 의도가 밑바탕에 있다.

사악한 인간은 괴물보다 더한 악마와 다르지 않다. 대표적인 인물이 '피의 숙청'으로 유명한 이오시프 스탈린이다. 그는 역사상 가장 대표적인 편집증적인 성향의 인물이다. 그가 태어난 곳은 조지아의 작은 도시 고리에서 태어났다. 그는 46년간 피로 점철된 철권통치를 감행했다. 자신과 혁명을 함께 했던 동지, 같은 민족인 조지아 사람들, 일반 국민까지 수천만 명 이상이 스탈린 치하에서 처형되거나 암살되었다. 그는 성장 과정에 겪은 자기 상처를 극복하지 못하고, 그 상처를 그대로 발산했다. 그는 자기 상처를 치유할 기회가 있었음에도, 자신의 상처에만 주목하여 결국은 악으로 치달았다.

창세기의 소돔 성이 멸망한 것이 의인 10명이 없어서이다. 소돔 성은 수많은 악인으로 가득찼다. 아브라함은 소돔 성을 구하기 위해 하나님께 간구한다. 창세기 18장 32절이다. "아브라함이 가까이 나아가 이르되 주께서 의인을 악인과 함께 멸하려 하시나이까 그 성 중에 의인 오십 명이 있을지라도 주께서 그곳을 멸하시고 그 오십 의인을 위하여 용서하지 아니하시리이까."

소돔 성은 의인 10명이 없었기에 멸망한다. 악인으로 널려 있는 세상은 의인 10명이 없어 망할 수밖에 없다. 이런 세상을 요한 사도는 요한일서 3장 13절에서 이렇게 말한다. "형제들아 세상이 너희를 미워하여도 이상히 여기지 말라." 세상이 의인인 그리스도인을 미워해도 이상하게 여길 필요가 없다.

교회는 어떠한가?

세상은 악으로 가득 차 있다. 그러면 교회는 어떠한가? 세상은 교회를 의인이 많은 곳이라고 평가하지 않는다. 악인이 수두룩한 곳으로 여긴다. 영화나 드라마는 시대 현상을 반영한다. 예술을 통해 세상은 교회가 세상과 다름없다고 말한다.

세계적인 드라마인 〈오징어 게임 1〉에 교회를 어떤 곳인지 선명하게 보여주는 장면이 있다. 드라마에서 게임에 참가하는 사람이 456명으로 각 사람에게 참가 번호가 부여된다. 244번 남자는 기독교인이다. 세 번째 게임인 줄다리기를 위해 올라가는 엘리베이터 안에서 참가 번호 1번 오일남이 "줄다리기는 힘으로 하는 것이 아니라 작전을 잘 짜고 단합만 잘하면 힘이 모자라도 이길 수 있다."라고 말하자, 244번 남자는 "우리를 구원해 주실 분은 오직 주님뿐입니다."라고 말한다. 세상의 시각과 교회의 시각은 일치되지 않는다. 인간의 보편적인 생각을 교회는 틀리다고 말한다. 과연 교회가 틀린 것인가? 세상이 틀린 것인가? 질문하지 않을 수 없다.

이 드라마 주인공 강새벽(정호연)과 지영(이유미)의 대화에서 세상이 교회를 바라보는 시선이 어떤지를 보여준다. 강새벽은 지영과 구슬치기 상대로 만난다. 지영은 시종일관 냉소적이다. 지영의 냉소적인 모습은 특히 목회자로 보이는 244번 참가자에겐 심하다. 244번 참가자는 줄다리기 게임에 참여한 뒤 경기에서 이긴다. 그는 경기에서 승리한 뒤 연신 기도를 올린다. 이 모습을 본 지영이 그에게 이렇게 쏘아붙인다. "우리가 산 게 주님 덕분인 것 같아? 당신이 지금 살아서 혀를 놀리고 있는 건 저 할아버지랑 막판에 기가 막힌 잔머리 굴리신 저 아저씨 덕분이라고. 그러니까 감사기도 할 거라면 저 사람들한테나 해!"

지영이 목회자에게 좋지 않은 감정을 드러내는 것은 강새벽과의 대화에서도 알 수 있다. 지영의 대사에서 그녀의 아버지가 목회자임을 알 수 있다. 목회자인 아버지가 아내를 잔인무도하게 살해한다. 그녀는 네 번째 게임인 구슬치기 시간에 67번 탈북민 새벽에게 이렇게 고백한다. "학교에 갔다가 돌아오니 엄마가 방바닥에 누워서 죽어 있었어. 그 옆에 이비지란 인긴이 길을 들고 시 있있고, 그다음으로 본 건 우리 아버지 시체. 그 옆에 칼을 들고 서 있던 건 나였고. 그 인간

직업이 목사였어. 엄마를 때리고 나한테 그 짓을 하고 나면 항상 기도 했어. 우리 죄를 사해 달라고. 근데 엄마를 죽인 날은 기도를 안 하더라? 죄를 용서받지 못할 걸 알았나?"

오징어 게임에서는 교회를 직접 비판하지 않는다. 하지만 교회가 세상에 보여주는 것은 세상보다 악하면 악했지 선하다고 말할 수 없다.

2024년 12월 3일 계엄령이 선포된 뒤 한국교회가 보여준 것은 세상이 교회를 상종하기 힘든 대상으로 여기는 것 아닌가? 사람을 옭아매려는 윤석열과 그의 일당들의 행동을 정당하다고 주장하는 유일한 조직이 아니었는가? 이성적인 판단을 하지 못하고 극우적인 판단을 하는 교회는 정상적이라고 하기 힘들다. 언제나 극좌나 극우는 교회가 취할 행동이 아니다. 예수님은 세상을 사랑하라고 하셨지, 맞지 않는 것을 우리만 옳다고 주장하는 독불장군이 되라고 하지 않으셨다.

교회는 여전히 초대형교회들의 부자 세습, 목회자의 재정적인 부조리, 교단의 교권 다툼, 목회자의 정년 연장과 연장 없이 일 하는 것 등을 통해 추악함을 드러내고 있다. 이는 교회를 교회답게 하는 일을 방해한다. 교회의 사악함을 드러낼 뿐이다.

학생들이 하는 말은 교회의 더 악한 모습을 드러내 준다. "너 교회 다니지마! 교회 가면 사람 버려!"라는 말이다. 사람들은 또, 이런 말을 한다. "난 무교이지만 교회는 싫어해. 하지만 천주교는 좋아해!"라는 충격적인 말이 일상적으로 회자되고 있다.

톰 레이너의 《죽은 교회를 부검하다》의 4장 '탐욕'에 교회 예산 사용을 이렇게 말한다. "내부 지향적으로만 예산을 사용했다. 교회를 부검할 때는 반드시 돈을 추적해야 한다. 돈이 있는 곳에 마음도 있기 때문이다. 죽어가는 교회에서 가장 나중에 삭감되는 예산은 교인들을 편안하게 해 주기 위한 예산이다."[34] 가장 먼저 삭감되어야 하는 것에 삭감하지 않고 맨 나중에 삭감되는 것은 사악함의 다른 측면이다. 교회가 예산을 삭감할 때, 외부에 초점을 둔다면 가장 이기적인 생각을 하기 때문이다.

교회는 최소한 세상보다 나아야 한다

교회는 세상보다 더 세상적이지 않아야 한다. 교회는 최소한 세상보다 나아야 한다. 할 수만 있다면 세상보다 좋아야 한다. 교회는 자신은 세상과 매우 다르다고 말한다. 교회 내에서만큼은 그렇게 생각한다. 하지만 세상은 그렇게 생각하지 않는다.

교회는 세상보다 낫다고 주장하는 것이 하나님을 믿는 믿음 외에는 더 없다. 하나님을 향한 신앙은 더 좋을 수 있다. 하지만 교회가 갖고 있는 생각과 세상에 보여주는 것은 그렇지 않은 것 같다. 교회는 세상 마음 얻기에 실패했다.

맹자는 군주는 백성의 마음을 얻어야 한다고 말한다. 교회는 하나님의 마음은 물론 세상의 마음을 얻어야 한다. 세상의 마음을 얻으면 교회가 부흥한다. 얻지 못하면 추락한다. 교회의 추락은 세상의 마음을 얻지 못했다는 반증이다.

맹자가 천하를 얻는 방법을 말한다. "'걸왕과 주왕'[35]이 천하를 잃은 것은 그 백성을 잃었기 때문이며, 그 백성을 잃은 것은 그들의 마음을 잃었기 때문이다. 천하를 얻는 데는 방법이 있는데, 그 백성을 얻으면 이에 천하를 얻게 된다. 또 그 백성을 얻는 데는 방법이 있는데, 그들의 마음을 얻으면 이에 백성을 얻게 된다. 백성들의 마음을 얻는 데는 방법이 있는데, 그들이 바라는 것은 그들을 위해 모아주고 그들이 싫어하는 것은 그들에게 행하지 않으면 된다."[36]

맹자는 군주가 천하를 잃는 것은 백성을 잃었기 때문이라고 한다. 교회는 세상이 싫어하는 것을 꽤 많이 했다. 그 결과 신뢰도가 바닥을 내리쳤다. 호감도가 종교 중 꼴찌를 달린다.

김종원 작가가 한 말 중 필자의 마음에 남겨진 말이 있다. "세상에서 가장 나쁜 언어는 가능성을 삭제한 말이다." 교회는 세상에서 교회다움의 가능성이 있는가? 교회는 세상이 기댈 만한 가능성이 남아있는가? 어쩌면 교회는 세상에게 답을 줄 수 있는 희망과 가능성을 삭제한 언어를 사용하는 것 같다.

교회는 세상에 가능성을 보여주어야 한다. 그 가능성을 보여주고 있는가? 교회는 세상으로부터 가능성을 엿보기 힘들다. 니콜라우스

니첼은 《언어란 무엇인가》 표지 뒷말에 이렇게 말한다. "언어적 소양이 성공을 좌우하는 시대." 교회는 하나님의 언어를 사용한다. 하나님은 언어적 소양이 넘친다. 교회는 언어적 소양이 있는가? 세상으로부터는 인정받는 언어적 소양을 가졌는가를 물어야 한다.

교회가 세상으로부터 인정받는 언어를 들으려면 세상보다 두 가지는 앞서야 한다. 첫째는 세상보다 높은 교양과 문화를 지녀야 한다. 둘째는 세상보다 세상과 공감을 잘해야 한다. 높은 교양을 갖추고 공감을 잘한다는 것은 세상보다 뒤떨어지지 않다는 것을 말한다고 할 수 있다.

교회가 세상보다 나으려면 세상을 먼저 이해해야 한다. 교회는 세상을 악의 집단으로 보는 경향이 강하다. 하나님은 세상을 악의 축처럼 볼 수 있다. 교회는 세상을 그렇게만 보면 안 된다. 복음의 대상이므로 인정해주고 존중해줘야 한다. 21세기 인공지능 시대에 교회는 세상을 단선적으로만 보면 안 된다. 교회가 수준이 높다면 세상의 모습을 인정하면서 동시에 다양한 측면을 보려고 노력해야 한다.

다양성의 시대에 교회는 세상과 공감력을 키워야 한다. 유럽 등을 여행하다 보면 다양성의 수용 능력의 필요성을 깨닫는다. 교회는 세상과 공감력을 키우려면 다양한 것에 대한 수용성을 키워야 한다. 요한 허리의 《도둑맞은 집중력》에서 공감 능력을 기우기 위해 소설 읽기를 강조한다. "소설 읽기가 오랜 기간에 걸쳐 공감 능력을 키우는 것일 수도 있지만, 이미 공감 능력이 뛰어난 사람들이 소설 읽기에 더 끌리는 것일 수도 있다. 이러한 가능성 때문에 그의 연구는 논란과 반박이 많다. 레이먼드는 소설 읽기가 공감 능력을 강화한다는 점과 공감 능력이 뛰어난 사람이 소설 읽기에 끌린다는 점이 둘 다 사실일 가능성이 크다고 말했다. 그러나 소설 읽기가 실제로 큰 영향을 미친다는 단서가 있다고 덧붙였다. 그의 한 연구에서 동화책을 많이 읽는 아이(아이보다는 부모의 선택이다)가 타인의 감정을 더 잘 읽는다는 사실을 발견한 것이다. 이 결과는 이야기 경험이 실제로 공감 능력을 확장한다는 것을 암시한다."[37]

또 하나 할 것이 세상 흐름 읽기이다. 세상이 빠르게 변화하고 있다. 그 변화를 읽지 못하면 공감할 수 없다. 교회가 주로 읽고자 하는 것은 성경 읽기다. 성경 읽기만 강조하면 세상을 공감하기 어렵다. 오직 하나님과 공감 능력만 확대된다.

교회는 세상과 공감대 형성을 잘해야 한다. 그럴 때 교회는 세상보다 최소한 낫다는 평가를 받을 수 있다. 상담하는 카운슬러의 최고 기술은 '감정이입(empathy)'이다. 같이 느껴주고 공감해주는 능력을 갖춰야 한다. 그럴 때 치유와 회복이 일어나기 때문이다. 교회가 세상보다 최소한 나으려면 세상보다 높은 교양과 문화 감수성을 지녀야 한다. 그리고 공감능력을 키워야 한다.

초대형교회는 가장 쉬운 방법으로만 일할 줄 안다

필자는 1만 명 이상 교회를 초대형교회라고 말하고 싶다. 필자가 느끼기에 초대형교회들은 가장 쉬운 방법인 돈으로 일하는 경향이 짙다. 교회는 가장 어려운 방법으로 일해야 한다. 가장 어려운 방법은 하나님의 가치를 보여주는 것이다. 예수님처럼 십자가에서 죽는 것을 보여주어야 한다.

2024년도 모 초대형교회는 60억 원을 투자해 목회자들에게 자기 교회 자랑을 실컷 했다. 초호화 건물의 건축, 교인 숫자의 많음, 엄청난 재정의 기반함 등을 자랑했다. 필자 주위 목회자들도 꽤 참석해 좋은 대접 받고 왔다고 한다. 개척교회가 탐낼 만한 비싼 경품을 미끼로 걸었다. 수많은 목회자가 너도나도 참석했다.

수많은 교회가 전도 축제에 엄청난 돈을 쏟아붓는다. 일회성 행사에 돈을 쏟아부어 교회의 능력을 자랑한다. 가장 손쉬운 방법으로 교회 부흥을 꾀한다. 교회가 하나님의 살아계심을 힘든 것을 통해 증명하려고 하지 않는다. 돈처럼 쉬운 것으로 하려든다.

초대형교회가 목회자에게 자기 교회 자랑하려면 큰 액수가 필요하다. 세상이 원하는 교회의 모습이 아니다. 세상은 힘든 마음과 상처난 마음을 싸매 줄 교회를 필요로 한다. 이런 교회가 되려면 시간이 필요하다. 힘든 시간을 견뎌야 가능하다.

세상은 보이는 것을 자랑하는 시대가 아니다. 콘텐츠 시대, 첨단 과학과 기술의 시대, 공감의 시대, 온라인 시대에 돈으로만 일하는 교회는 가장 쉬운 방법을 추구하는 교회이다. 이런 교회를 세상이 우러러보지 않는다. 돈으로 일하는 것은 의미와 가치를 추구할 능력이 없으니 추구하는 방법일 뿐이다.

지금은 돈으로 일하는 시대가 아니다. 의미, 콘텐츠, 하나님의 사랑으로 일하는 시대이다. 교회가 돈으로 일한다면 교회 존재 의미는 이미 사라졌다고 해도 과언이 아니다. 교회는 하나님의 가치를 세상에 보여주는 곳이다. 하나님 나라의 위대함을 세상에 보여주는 곳이다.

어느 초대형교회는 교단은 물론 한국교회가 하는 행사 재정의 상당 부분을 담당한다. 이 교회는 시대에 맞지 않는 세습을 결행했다. 교단은 재정기여도 때문에 교회법에 맞지 않은 세습에도 수수방관했다. 교회가 교단의 행정에 따르지 않는다. 교단을 강하게 비판한다. 교단은 그 비판에 꿀 먹은 벙어리이다. 이런 모습들은 교회가 세상보다 못하는 것을 극명하게 보여준다.

교회는 돈으로 일하는 곳이 아니다. 하나님의 은혜로 일하는 곳이다. 교회만이 줄 수 있는 따뜻함, 감동, 평안, 은혜를 줄 수 있어야 한다. 초대형교회가 돈으로 일하는 것은 세상도 할 수 있다. 세상이 더 잘할 수 있는 방법이다.

교회는 세상과 다른 방법으로 일해야 한다. 예수님은 당시 정치가

들과 다르게 일하셨다. 사람들의 필요를 채웠다. 그들의 문제를 함께 마주해 해결했다. 하나님 나라의 가치를 전하기 위해 불철주야 사역하셨다. 초대형교회들은 세상 문제를 해결하기보다 세상에 문제만 일으킨다.

지금은 하드웨어 시대가 아니라 소프트파워 시대이자 콘텐츠 시대이다. 하드웨어 시대가 저물었다. 교회는 성경 콘텐츠로 세상에 복음을 전할 수 있었다. 콘텐츠 시대에는 세상이 관심 가질만한 콘텐츠로 복음을 전해야 한다. 하지만 초대형교회는 시대에 맞는 콘텐츠로 교인을 양육하지 못하고 있다. 시대에 맞는 콘텐츠를 만들지 못하고 있다.

시대에 맞는 콘텐츠로 세상에 복음을 전하는 것이 초대형교회가 할 일이다. 탁월한 콘텐츠를 만들어서 작은 교회도 동참토록 할 수 있어야 한다. 옥한흠 목사는 제자훈련이라는 콘텐츠를 만들어서 한국교회가 사람을 키우는 데 크게 일조했다.

돈은 시대의 흐름을 무시하고 일할 수 있다. 사람을 키우는 일을 하는 데 한계가 분명하다. 돈으로 일하는 교회는 사람을 키우려 하지 않는다. 사람 동원만 열정적으로 할 뿐이다. 초대형교회는 하나님께서 그 교회에 돈을 왜 주셨는가를 질문해야 한다. 비록 돈으로 일할지라도 교회만이 할 수 있는 일, 돈이 반드시 필요한 곳에 사용해야 한다. 세상이 긴장할 수 있고, 반복하게 하는 곳, 감사하는 곳, 하나님의 영광이 드러나는 곳에 재정을 사용해야 한다.

교회는 세상적이지 않고 교회적이어야 한다

세상에서 교회가 교회답다고 할 수 있는 것이 세상에서는 사람들의 반응이 어떠냐가 중요하다. 교회가 교회적이라는 것은 세상이 교회가 세워지는 것을 반겨줄 때라고 말할 수 있다. 만약 교회가 세워지는 것을 세상이 반기지 않는 것은 교회가 교회답지 않다고 할 수 있다.

2025년 5월 267대 교황이 선출되자 세상이 환호했다. 새로운 교황은 레오 14세로 로버트 프랜시스 프레보스트(69세) 추기경이다. 그가 콘클라베(추기경단 비밀회의)에서 교황으로 선출되자 전 세계가 환호했다. 8일 바티칸 성 베드로 광장을 가득 메운 수만 명은 크게 환호했다. 예상 밖 첫 미국 출신 교황의 탄생 소식에 미국 정치권과 교계는 물론, 교황의 고향인 일리노이주 시카고는 축제 분위기로 들썩인다. 그는 페루 시민권도 갖고 있으며, 중남미에서 오래 사목 활동을 했다. 새로운 교황을 전 세계가 반긴다.

초대형교회의 담임이 새로 선출되면 세상이 반기는가? 그저 새로운 담임목사가 세워졌다는 것을 소수가 인지할 뿐이다. 어떤 사람은 교회가 세상에 반하는 행동과 메시지를 전할까 봐 걱정할 것이다.

세상이 개척교회가 세워지는 것을 반기는가? 분위기는 그렇지 않다. 지역에 교회가 건축되면 세상이 들고 일어난다. 교회가 세워지는 것을 결사적으로 반대한다. 교회가 세상에 도움이 되지 않는다는 인식이 팽배하기에 그렇다.

교회는 교회적이어야 한다. 교회가 교회적이면 초대형교회에 새로운 담임이 세워지면 앞으로 지역 사회가 어떻게 좋아질지에 대해 기대를 건다. 교회가 교회적이지 않고 세상적이니 세상이 교회에 대해 우호적이지 않다. 교회는 세상을 교회에 대해 우호적인 분위기를 갖도록 바꿔야 한다.

교회는 지금보다 더 교회다워야 한다. 하나님께서 기뻐하시는 교회임은 물론 세상에서 교회가 세워짐을 반기도록 교회적이어야 한다. 지금처럼 교회가 세상보다 더 세상적이면 세상은 교회가 세워질 때마다, 초대형교회에 새로운 담임이 세워질 때마다 불안해한다.

지금은 교회가 세상에 우호적이지 않다. 5년 안에 교회다운 교회로 바뀌어야 한다. 하지만 교회는 개혁할 여력이 없어 보인다. 교회는 영적으로 '토스트 아웃(Toast out)' 된 상태이기 때문이다. 토스트 아웃은 겉보기엔 아무 문제가 없지만, 피로감, 무기력함에 빠진 상태다. 토스트 아웃은 극도의 신체적, 정신적 피로 상태에 빠져 모든 에너지가 방전된 '번아웃'의 전조증상으로, 감정적 탈진 상태이다.

영적으로 토스트 아웃 상태인 교회는 말씀의 개혁을 통해 교회다움의 모습을 갖춰야 한다. 민은정은 《브랜드가 곧 세계관이다》에서 나나움의 중요성을 강소한다. 성공한 사람들은 나나움이 핵심이라고 한다. "베토벤, 클로드 모네, 그리고 케이팝 가수들. 시대와 영역은 다르지만, 스타 브랜드가 되기 위해 교차하는 지점은 같다. 결국, 핵심은 '나다움'이다."[38]

교회가 교회다움을 갖출 때 교회적인 교회가 된다. 교회 성장가인 슈바르츠는 제3의 종교개혁이 필요하다고 주장한다. 첫 번째 종교개혁은 이신칭의 복음을 천명한 루터의 '신학의 개혁'이다. 두 번째 종교개혁은 18세기 경건주의 운동과 대각성 운동을 통해 일어난 '영성의 개혁'이다. 슈바르츠는 제3의 종교개혁은 '구조의 개혁'이라고 본다. 구별된 장소, 구별된 시간, 구별된 사람이라는 구약의 시스템이 아니라 성령의 능력 안에서 각 처에서 모든 사람을 통해 일하는 교회로의 갱신이다. 즉 세상 속에서 교회다운 모습을 갖는 것이 한국에서의 제3의 종교개혁이다.

세상은 끊임없이 개혁되고 있다. 하루가 바쁘게 변하고 있다. 혁신이란 말이 어울리고 있다. 교회는 정반대이다. 개혁이 아니라 극우화되고 있다.

교회는 개혁에는 동의하지만, 개혁의 대상이 되면 개혁에 저항한다. 유현준은 《공간의 미래》에서 사회도 개혁이 필요하지만, 저항 세력이 강하다고 말한다. "사회에는 항상 개혁이 필요하다고 말한다. 하지만 웬만해서는 개혁적인 변화가 성취되지 않는다. 그 이유는 기존의 기득권 세력들이 저항하기 때문이다. 어느 시대, 어느 사회나 변화를 두려워하고 원하지 않는 세력은 있다. 그리고 그들은 강하다."[39]

저항이 강해도 반드시 이뤄내야 하는 것이 교회다움으로의 교회 개혁이다. 교회가 개혁되면 교회가 듣게 되는 말은 교회가 있는 곳은 살기 좋은 세상이 된다는 것이다. 《돈키호테》를 쓴 세르반데스가 한 말처럼 교회가 그런 모습이어야 한다. "음악이 있는 곳에 나쁜 일이란 있을 수 없다." 음악이 있는 곳에 나쁜 일이 있을 수 없다고 한다. 교회가 있는 곳엔 세상이 살기 좋은 곳이 되어야 한다.

세상에 사는 사람들이 살아갈 때 주위에 교회가 있어야 한다고 외칠 수 있어야 한다. 예전에 교인들이 교회 근처에 살기 위해 너도나도 이사를 했다. 세상 사람들이 이상한 눈으로 쳐다보지 않았다. 그저 부러워했다. 요즘에 뜨는 동네는 역세권, 편세권, 병세권, 몰세권, 공세권, 병세권, 맥세권 등이다. 다음에 뜨는 동네는 '교(교회)세권(역세권)'이길 바란다. 교회가 좋은 교회이다 보니 사람이 교회 주위로 몰리는 현상을 만들기 위해 교회는 다분히 교회적이어야 한다.

김도인 목사

〈아트설교연구원〉 대표이자 출판사 〈글과길〉 대표이다.
저서로 《설교는 글쓰기다3》, 《목회트렌드 2026》 등이 있다.

6. 현실과 동떨어져 있다

현실에 무감각한 교회는 죽은 교회다

현실에 무감각한 교회는 죽은 교회다. 살아 있는 사람과 죽은 사람의 가장 큰 차이는 호흡에 있다. 살아 있는 것처럼 보여도 호흡하지 않으면 죽은 사람이다. 또한, 살아 있는 사람은 감각이 있지만 죽은 사람은 감각이 없다. 살아 있지만, 감각을 느끼지 못하는 사람도 있다.

임상 사례보고 저널에 선천성 통증 무감각증(CIPA)으로 고생하는 5세 소년의 사연이 공개됐다. 파키스탄 라왈핀디 지역 카후타에 거주하는 5세 소년이 낙상 사고로 대퇴골 골절을 입어 베나지르 부토 병원에 입원했다. 소년은 건강한 형, 누나와 달리 통증을 느끼지 못하는 선천성 통증 무감각증(CIPA)을 앓고 있었다. 선천성 통증 무감각증(CIPA)은 통증과 온도 감각 전달을 담당하는 신경세포에 이상이 생

겨 발생하는 질환이다. 이 질환을 앓고 있는 환자는 대부분 25세 이전에 사망한다고 한다.[40]

교회가 통증 무감각증에 빠졌다. 현실의 아픔을 외면하고 있다. 현실과 동떨어진 세계 속에 존재하고 있다. 현실에 무감각한 교회를 향해 세상은 비판의 목소리를 높인다. 세상은 교회가 통증 무감각증에 빠지자 거꾸로 교회를 염려하고 있다. 염려의 소리는 세상에서만 들려오는 것이 아니다. 교회 내부에서도 들려온다. 손봉호 교수는 말한다. "삶의 주변으로 물러난 기독교는 오직 영혼의 구원과 개인적 경건에만 관심을 기울일 뿐, 인간의 삶을 가장 크게 지배하고 사람들이 관심과 시간 대부분을 쏟아붓는 공공영역은 내팽개치고 말았다. 결국, 하나님의 주권은 오직 사적인 공간과 휴식 시간만 지배할 뿐 광대한 공적 공간과 시간에는 무력한 것이 되고 말았다. 이런 이원론 때문에 기도와 전도에 열정을 쏟는 그리스도인조차 정치계나 기업계에 들어가면 불신자와 다름없이 행동한다."[41]

전병철 ARCC 연구소장도 "바쁜 직장인에게 새벽기도, 헌금, 전도를 강요하는 등 여전히 현실 감각이 떨어지는 교회, 목회자가 적지 않다."라며 "양적 성장을 중시했던 X세대까지만 해도 이런 것들이 통했을지 몰라도 개인의 성장을 우선시하는 MZ세대는 그렇지 않다."라고 말한다.[42]

교회는 현실에 촉각을 세워야 한다. 현실에 무감각한 교회는 살아 있는 것 같으나 죽은 교회이기 때문이다. 하나님께서는 사데 교회를 향해 죽은 교회라고 하시며 저주를 선포하셨다. 사데 교회는 건물도 있고 사람도 모였다. 강단에서 말씀도 선포됐다. 살아 있는 것처럼 보였다. 하지만 하나님께서는 '살았다 하는 이름은 가졌으나 죽은 자(계 3:1)'라고 하셨다. 사데 교회처럼 현실에 무감각한 교회는 하나님께서는 원하시는 교회가 아니다. 이런 교회는 하나님의 사명을 감당할 수 없다. 세상을 변화시킬 수 없다. 이미 죽었기 때문이다.

목회자의 모습이 현실과 동떨어져 있다

현실과 동떨어진 교회를 만든 책임은 많은 부분 목회자에게 있다. 현실과 동떨어진 목회자의 모습을 살펴보자. 첫째, 목회자가 현실과 동떨어진 설교를 하고 있다. 많은 목회자가 사회경험 없이 교회 안에서 성장한 뒤 신학대학과 신학대학원을 졸업하고 목회자가 된다. 혹 일반 대학과 신학대학원을 졸업하고 목회자가 되기도 한다. 물론 목회자들 가운데 다른 직업에 종사했거나 삶의 현장에서 여러 가지 일들을 경험하고 목회자가 된 사람도 있지만, 대부분은 그렇지 않다.

    목회자가 세상의 경험이 적으니 현실과 동떨어져 살아갈 확률이 높다. 전쟁터와 같은 현실 속에 살아가는 성도의 삶도 이해하기 어렵다. 설교도 성경 이야기, 하늘의 이야기만 주로 하고 그 설교는 현실과 동떨어질 때가 대부분이다.

경북대학교 법학전문대학원 김두식 교수는 이렇게 말했다. "안타깝지만 평균적 목사님들이 삶의 현장에 머물러 본 경험이 없다. 삶의 현장에서 대학생이나 회사원이 매일처럼 부딪히는 문제들에 노출되어 본 적 없는 목사님들은 록펠러나 카네기 같은 옛날 미국 재벌들의 신앙에 대한 근거 없는 예화들만 늘어놓는다. 모든 고민에 대해 '기도하라, 말씀 보라'는 정답을 내놓지만, 신자들은 그 정답들 앞에서 알 수 없는 공허함을 느낀다."[43]

동화 《강아지 똥》으로 잘 알려진 고(故) 권정생 선생도 벌써 30년 전에 안타까운 마음으로 이렇게 말했다. "내가 한국의 목사님께 감히 말씀드리고 싶은 것은 목사님도 사회의 직업 하나씩 가지라는 것이다. 미장이만 되는 것이 아니라 할 수만 있다면 국회의원도 되고 대통령도 되고 판사, 검사, 대학교수, 회사원, 공장노동자, 거리의 청소부, 운전기사, 비행기 조종사, 승무원, 초등학교 선생님, 고기 잡는 어부, 사과밭을 가꾸는 농사꾼, 어쨌든 할 수 있는 일이라면 자신의 능력대로 일하는 목사님이 되라는 것이다. 함께 일하지 않고는 일주일 계속 책상머리에 앉아 설교 준비를 해도 고통받는 사람들에게 힘이 되고 위로가 되는 설교는 못 할 것이기 때문이다."[44]

권정생 선생이 목회자의 설교가 얼마나 현실과 동떨어졌으면 다른 직업을 가지라고까지 말했을까? 목회자의 메시지는 청중의 현실과 동떨어져서는 안 된다. 청중들은 세상이라는 전쟁터에서 날마다 치열하게 싸우며 살고 있다. 헤쳐나가야 할 현실문제가 너무나 많다. 목회자의 설교가 청중의 치열한 전쟁터와 현실과 동떨어져 있으니, 목회지인 교회도 현실과 동떨어질 수밖에 없다.

둘째, 목회자가 독재자가 되었다. 기존교회에 청빙 받은 목회자들은 그나마 교회에서 독재자가 되기는 쉽지 않다. 터줏대감들이 자리를 잡고 있기 때문이다. 하지만 개척교회는 좀 다르다. 목회자가 자신의 땀과 물질로 이룬 교회라고 생각하기 때문에 전횡을 행하는 것을 종종 볼 수 있다. 내 말을 따르기 싫으면 다른 교회로 가라고 한다. 아들에게 교회를 물려주는데 아무런 거리낌이 없다. 자신이 하나님과 같이 되어 교회를 좌지우지한다.

"한국교회 목사님들의 모습 가운데는 교회 공동체를 이끄는 지도자라기보다는 중소기업 사장님에 가까운 분들이 있다. 자기 손으로 일군 기업에 대한 강한 애착, 소유욕, 그 기업을 자녀들에게 물려주려는 의지, 그리고 그 기업의 방향과 질서는 자기 혼자서 정해야 한다는 권위주의적 태도가 바로 그런 것들이다. 거기에다가 자기 혼자만 하나님의 음성을 듣는다는 이단 교주 비슷한 태도까지 덧붙여져 교회를 갈수록 웃음거리로 만들고 있다. 그리고 이런 일은 독재를 '인본주의'에 대항한 '신본주의'라 부른다. 세상에서 유례를 찾아볼 수 없는 목사 1인 중심의 인본주의 시스템을 만들어 놓고, 그것이 하나님의 직통 계시를 받는 신본주의라고 주장하는 것이다. 이런 태도는 개혁적이라는 목사님들도 크게 다르지 않다. 보수적인 교회 지도자들이 교인들을 중소기업의 직원처럼 대한다면, 그나마 진보적이라는 목사님들은 교인들을 중소기업의 고객으로 대한다. 그러나 그 고객들이 중소기업의 진짜 중요한 결정에 관여하려 하면, 이런 목사님들도 결국에는 '목회 방침에 도전하지 말라'면서 똑같이 '신본주의적' 태도를 취한다."[45] 교회는 목회자 개인의 것이 아니다. 교회는 하나님께서 주인이시고 하나님의 것이다. 목회자는 청지기의 역할만 감당해야 한다. 선한 목자의 심정으로 맡겨주신 양들을 돌봐야 한다.

셋째, 목회자가 교회를 매매하고 있다. '교회매매 닷컴', '기독 정보넷', '씨플레이스'에는 교회 임대뿐만 아니라 교회를 매매한다는 매물이 많이 올려져 있다. 교회를 확장해서 매매하는 경우가 많지만 그렇지 않은 경우들도 있다. 교회와 청중을 돈으로 환산해서 교회를 매매한다. 성도 수를 권리금으로 대체하는 경우도 간혹 있다. 돈에 눈먼 목회자의 모습을 그대로 보여준다.

그뿐만 아니라 목회자가 돈 선거를 한다. 총회장, 노회장 선거 등에서 목회자들이 돈을 뿌리다가 망신당한 일이 비일비재하다. 목회자가 학력을 세탁하기도 한다. 들어보지 못한 미국 대학들의 박사학위들이 수두룩하다. 군소 교단에서는 1년 만에 목사안수를 주기도 한다. 이처럼 현실과 동떨어진 목회자들의 삶은 비판대상이 될 수밖에 없다.

교회가 현실과 동떨어져 있다

교회도 현실과 동떨어진 모습이 많다. 성경은 교회를 그리스도의 몸(엡 1:23), 성령의 전(고전 3:16-17), 하늘의 예루살렘(갈 4:26, 계 21:2), 진리의 기둥과 터(딤전 3:15), 하나님의 집(히 10:21), 그리고 어린양의 신부(계 19:7, 21:9) 등으로 다양하게 표현한다.[46] 하지만 현대 교회는 성경이 말하는 모습이 아니다. 현실과 동떨어진 모습이다.

현실과 동떨어진 교회의 모습을 여기저기서 볼 수 있다. 성경에서 말씀하신 대로, 세상의 소금과 빛을 역할을 감당하기 위해 발버둥 치는 교회가 훨씬 많을 것이다. 하지만 그렇지 못한 교회도 꽤 있다.

첫째, 교회가 직분을 돈으로 사게 만든다. 모 교회의 직분자 지원 신청서 양식에 나와 있는 내용이다. '본인은 권사, 명예 권사로 ① 300만 원 ② 400만 원 ③ 500만 원 또는 (만원) 헌금을 할 수 있습니다. 본인은 안수집사, 장로로 ① 700만 원 ② 800만 원 ③ 900만 원 또는 (만원) 헌금을 할 수 있습니다.' 포항에 있는 모 교회는 1억 원 이상 헌금한 사람을 장로 후보 1순위로 올리기도 했다.

직분은 봉사직이다. 봉사직을 돈으로 사는 경우는 없다. 교회의 직분은 봉사직이 아니라 계급이 되어버렸다. "당회가 허락하지 않으면 하늘에서 비도 내리지 않는다."라는 소리를 들은 적이 있다. 당회의 권한이 얼마나 강력하면 하나님께서 당회의 결재를 받고 비를 내리겠는가? "오늘날 적지 않은 교회의 당회는 목사를 고용하는 이사회와 같다. 이는 오랫동안 제왕적 목회를 해온 목사 중심의 독재적 교회 운영의 반동이요, 폐해라고 할 수 있다. 그러다 보니 목사와 장로의 사이가 편하지 않다. 수시로, 시비가 붙고 교회가 분열되기도 한다. 그 와중에 안수집사회와 권사회가 세력을 구성하여 사사건건 당회를 반대하는 일들도 심심찮게 목격할 수 있다."[47] 돈 없는 사람은 교회의 직분조차 맡을 수 없는 구조가 되었다. 아름다운 공동체의 모습을 보여주어야 할 교회가 퇴보하고 있는 모습이다.

둘째, 교회가 노동 착취를 한다. 교회는 비영리 단체다. 비영리 단체는 자발적으로 봉사한다. 교회에서 사례를 받는 사람은 목회자와 지휘자나 반주자 정도다. 부교역자는 노동과 봉사라는 애매한 위치에 놓여 있다. 전임사역자에게 새벽기도회, 수요예배, 금요기도회, 주일예배는 필수로 참여한다. 차량운행까지 하기도 한다. 정시에 퇴근하는 경우는 거의 없다. 쉬는 월요일에도 교회 행사나 심방이 잡히면 출근한다. 부교역자가 노동시간과 비교하여 받는 사례비는 최저 임금 수준에도 못 미친다. 교회는 '열정페이', '믿음페이'라는 말을 하면서 부교역자의 노동력을 착취한다. 노동을 착취할 뿐만 아니라 성과까지 요구한다. 성과를 보이지 않을 때 가차 없이 잘리기도 한다.

부교역자들 뿐만 아니라 성도들도 노동 착취를 당하고 있다. 교회가 하나님의 일을 한다는 명목으로 성도들을 교회 봉사에 참여하도록 강요한다. 공부해야 할 학생들을 교회에 오랜 시간 잡아둔다. 가정을 돌보고 직장과 사회에서 맡은 일에 시간을 보내야 하는데 교회에서 봉사하도록 묶어둔다. 그러면서 하나님의 일에 충성하면 하나님께서 나머지는 책임져 주신다고 말한다. 과연 교회의 일이 하나님의 일일까?

세상은 치열한 경쟁 속에서 살아남는 구조다. 실력이 있어야 살아남을 수 있다. 실력을 키우기 위해 노력해야 할 시간을 교회 봉사하는 데 묶어 놓는 것은 노동 착취다. 교회는 강제가 아니라 자발적인 봉사가 이뤄지게 해야 한다.

셋째, 교회가 개교회 우상주의에 빠졌다. "현대 교회의 가장 큰 병폐는 개교회 이기주의다. 다른 교회는 어떻게 되든지 내 교회만 성장하고 부흥하면 그만이라는 식의 이기적인 생각은 결코 성경적이지 않다."[48] 손봉호 교수도 한국교회가 '우리 교회' 우상에 빠져 있다고 지적한다. 그리스도보다 세상을 섬기는 것보다 '우리 교회'가 더 중요하게 되었다는 것이다. 곧 그리스도의 영광과 복음에 이익이 되어도, 세상을 섬기는 좋은 일임에도 '우리 교회'에 이익이 되지 않으면 시도하지 않는다. 반면 그리스도의 영광과 복음에 해가 되거나, 세상이 욕을 해도 '우리 교회'에 이익이 되면 감행한다는 것이다.[49]

'우리'라는 말에는 양면성이 있다. 포괄성과 편협성이 같이 내재하여 있다. 대한민국 국민 모두 하나 되게 하는 포괄적인 '우리'도 있지만, 자칫 잘못하면 지역감정이나 종교나 이념에 따라 편 가르기를 하는 편협한 '우리'로 빠질 위험이 있다. 지금 대한민국의 정치 상황을 보면 알 수 있다. 교회도 마찬가지다.

이 땅에 모든 교회는 하나님의 교회다. 함께 울고 함께 웃어야 하는 교회다. 편협한 '우리'가 아니라 모두가 함께할 수 있는 하나 된 '우리'를 추구해야 한다. 하나 된 교회를 추구해야 한다.

세상(현실) 속에서 소금과 빛의 역할을 감당하는 교회

교회는 무인도에 있지 않다. 교회는 세상 속에 존재한다. 교회는 하나님 나라와 세상의 긴장 속에 현존한다. 세상은 교회가 감당해야 할 사명의 현장이다. 그런데도 한국교회는 그동안 사회적 차원보다는 교리적 차원의 신앙에 기울어 있었다. 그 결과 교회와 세상을 구분하는 이원론적 신앙이 형성되었다. 세상은 타락한 곳이며, 교회는 거룩한 곳이라고 생각했다.

대한예수교 장로회(통합) 제102회 총회의 주제가 '거룩한 교회, 다시 세상 속으로'였다. 총회 주제연구위원장인 최갑도 목사는 "성경은 한 분 하나님의 통치 아래에 있는 교회와 세상이 분리되지 않는다고 증언하며 세 가지 질문에 대한 응답을 통해 온전히 이해될 수 있다."라고 했다. "첫째, 교회가 세상 속에 있는가 아니면 세상이 교회 안에 있는가? 둘째, 교회가 세상을 위해서 있는 것인가? 아니면 세상이 교회를 위해서 존재하는 것인가? 셋째, 교회가 세상 안에 세상을 위해서 있지만, 교회는 결코 세상에 속하지 않는다."[50]

성경은 세상이 교회 안에 있는 것이 아니라 교회가 세상 속에 있다고 말씀한다. 하나님께서 인간의 몸으로 세상에 오셨다. 교회 역시 성육신 사건을 현실 속에서 재현하는 그리스도의 몸 된 공동체다. 교회는 세상으로부터 분리되어 있거나 불가침의 성역이 아니다.

또한, 세상이 교회를 위해 있는 것이 아니라, 교회가 세상을 위해 있다고 성경은 증언한다. 교회의 존재 목적은 교회의 머리 되시는 예수그리스도께서 세상에 오신 목적과 같다. 예수님께서는 세상에 오신 목적을 이렇게 말씀하셨다. "인자가 온 것은 섬김을 받으려 함이 아니라 도리어 섬기려 하고 자기 목숨을 많은 사람의 대속물로 주려 함이니라(마 20:28)." 예수님께서는 세상에 섬김을 받으러 오신 것이 아니라 섬기러 오셨다. 머리 둘 곳도 없이 섬기기만 하셨다. 교회 역시 그리스도의 몸 된 공동체로서 세상을 섬겨야 한다.

한 가지 기억해야 할 것은 교회가 세상을 위해서 있지만, 교회는 결코 세상에 속하지 않는다는 것이다. 예수님께서는 자신과 제자들이 세상에 속하지 않음을 강조하셨다(요 15:19, 17:16-17). 교회가 세상 속에 존재하며, 세상을 위해 존재하면서도 세상에 속하지 않음은 기독교의 역설이다. 교회는 세상 속에서 세상의 영향을 받는 것이 아니라 세상 속에서 예수그리스도의 선한 영향력을 끼쳐야 한다.

세상이 타락했다고 말한다. 세상을 등지는 사람도 있다. 금욕주의자들은 자기들만의 공동체를 만들어서 살기도 한다. 하나님께서는 세상을 등지라고 말씀하시지 않았다. 하나님께서는 "세상을 이처럼 사랑하사 독생자를 주셨다(요 3:16)."라고 말씀하신다. 예수님께서는 제자들에게 "너희는 세상의 소금이요 빛이라(마 5:13-14)."고 말씀하신다. 교회는 세상 속에 존재한다. 세상을 위해 존재한다. 그러므로 교회는 세상 속에서 소금과 빛의 역할을 감당해야 한다. 세상은 곧 삶의 현실이다. 교회는 현실 속에서 소금과 빛의 역할을 감당해야 한다.

이재영 목사

〈아트설교연구원〉 부대표이다.
저서로 《신앙은 역설이다》, 《설교트렌드 2025》 등이 있다.

7_과거의 전통과 권위를 내세우려 든다

교회는 과거를 쇼핑한다

과거는 이미 지난 날이다. 오늘은 지금도 진행 중이다. 그리고 미래는 다가온다. 한국교회의 과거는 어땠을까? "근대화를 욕망하던 19세기 말과 20세기 한국 성도들에게 '서구', '기독교'는 부와 번영의 상징이었다. '풍요로운 서구'를 만든 정신으로 홍보되는 기독교를 '사수'하기 위해서라는 명목으로 선교사들조차 한국인들이 자신들에게 기대하는 물질적 부유함을 정당화했다. 서양식 건축물과 근대식 주거환경이 보여주는 풍요로움과 안락함이 기독교의 결실이라는 메시지를 강력하게 전달하기 때문에 선교사들은 "한국 땅에서 귀족이나 백만장자에 흡사한 생활을 하는 것"이 오히려 선교 효과가 있다고 주장하기도 했다.[51] 서양의 언어와 서양의 교육, 그리고 서양의 문물을 제일 먼저 습득한 한인 개신교도들이 얼마나 멋진 전문 직업을 갖게 되는

지, 그리고 얼마나 풍요로운(종교적 언어로는 '축복받은 삶') 삶을 살게 되는지 보여주는 것도 무시하지 못할 간접적인 선교라고 가르쳐 왔다. 실제로도 전후 근대국가의 수립 과정에서 개신교도 출신 정치가, 경제인, 교육가들의 활약이 두드러지면서 기독교 신앙과 성공(부와 출세)은 밀접한 상호 연관 관계를 갖는 것으로 인식되었다. 너도나도 한번 잘 살아 보려고 그 근원이 된다는 하나님의 축복을 구하고자 교회로 몰려들었다."[52] 과거 기독교는 성공과 밀접하게 연결되어 있었다.

필자도 신학교에 다닐 때 선배 목회자들과 식사기도 할 때면 짜장면 한 그릇을 앞에 두고 30배 60배 100배의 축복 기도한 것을 생생하게 기억한다. 필자도 목회를 시작한 뒤, 한때에 축복을 부어달라고 기도했다. 이제는 그렇게 기도하지 않는다. 신앙은 복이 먼저가 아니라 복음이 우선이라는 사실을 알기 때문이다.

교회는 성도의 복을 비는 것보다 복음이 먼저다. 성도가 복 받는 것을 외치는 것이 교회의 본질은 아니다. 교회가 복음을 왜곡하고 복을 주장하기 시작하면 교회는 세상에 빛이 아니라 캄캄한 밤이 된다. 복음은 사라지고 복을 강조하기 시작하면 교회는 살아남지 못한다.

"한국 개신교는 6.25 전쟁 이후 복구를 위한 간절하고 시급한 상황으로 1960-80년대 근대화 과정과 맞물려 왔다. 폐허가 된 건물, 남북 쌍방 간에 200만 가까운 사상자 발생, 10만 전쟁고아를 남긴 전쟁이었다. 정신적 공황 상태는 집단적 상실감과 절대 가난의 상황은 풍요로운 자선의 손길을 베푸는 '미국식 기독교'의 존재감이 드러나기 시작했다. 민간 선교단체를 통한 미국 교인들의 물자 후원은 그야말로 '하늘 양식'이었다. 오죽하면 '밀가루 신자'라는 말이 나왔을까. 교회를 통해 배부되던 밀가루를 얻으려고 기독교 신자가 되던 시절도 있었다. 민중의 절실한 요구를 잘 읽어낸 조용기 목사의 '순복음교회'는 당시 개신교의 아이콘이었다. 이른바 '삼박자 축복'이라 불리는 그의 목회 전략은 시대적 '욕망'에 반응한 것이었다. '네 영혼이 잘 됨같이 범사에 잘 되고 강건하기를' 축복하는 성경 구절(요삼 1:2)을 선택적으로 가져와 경건한 신앙생활을 통한 '부와 건강, 영혼의 평안'이라는 '삼중의 축복'을 보장했고, 많은 이들을 교회로 끌어들이며 여의도 순복음교회는 단일 교회로는 세계 최대 규모의 교회로 성장해 갔다. 이 시기 신복음주의 계열의 미국 부흥 운동과 번영신학이 영혼 구원과 물질적 축복, 육체적 건강을 약속하면서 전도 열기를 더욱 뜨겁게 했다. 1949년 '삼백만 구령 운동'을 성황리에 마친 이래 매년 한국을 방문하여 부흥전도 집회를 연 미국 침례교 부흥사 피어스는 전쟁 직후인 1955년 집회에서 2만 명이 집단 개종하는 '성령의 역사'를 이루었다고 흥분했다. 빌리 그레이엄도 1952년 이래 여러 번 내한하였는데 1973년 여의도광장 집회는 100만 명 이상의 인파가 몰렸고 4만 개종자를 내었다. 이후 대학생 선교회 주최 '엑스폴로74 기독교 세계 복음화 대회'를 비롯하여 1977년 '민족 복음화 성회', 1980년 '세계 복음화 성회', '1984년 한국 기독교 백 주년 선교 대회' 등은 한국 주류 개신교의 형태를 '성령 강림형'으로 고착시켰다."[53]

한국의 기독교 역사는 140년을 지나고 있다. 올바른 기독교 복음을 위해 이제는 과거만 쇼핑하고 있을 때가 아니다. 사람이 많이 모이는 대부흥을 외치던 시기는 지났다. 21세기 AI 시대를 살아가는 때에 "한국교회에 필요한 것은 고급 요릿집에 드나드는 기름진 목사나, 앞뒤에 빡빡하게 직함을 찍은 명함을 돌리거나 장터에 설교녹음테이프를 한 광주리씩 갖다 놓는 목사나, 선교 명목으로 교인들이 바친 헌금을 통해 해외 유람 자주 다니는 목사나, 원로·공로목사하며 후임 목사 부려 먹는 목사나, 자기 자식 내세워 세습 목회를 하는 목사나, 긁어모은 재산을 놓고 가족끼리 법정 싸움하는 목사가 아니라"[54] 목숨 걸고 목양에 인생을 거는 목회자이다. 부흥을 외치고, 대형교회를 선호하며 대박 난 목회를 추구하는 얄팍하고 약은 목회가 가능하던 과거의 영광은 코로나 19와 함께 완전히 사라졌다.

한국교회는 현재에서 미래를 서핑해야 한다. 제대로 서핑하지 않으면 침몰할 수 있다. 지금 한국교회는 새로운 미래를 향해 서핑해야 할 시대에 직면하고 있다. 만약 과거만 쇼핑한다면 시대를 책임질 수 있는 교회로서의 변화는 일어나지 않는다.

오랜 세월 목회하고 수십 년 교회를 다녀도 과거만 쇼핑하고, 내가 알고 있는 상식만 쇼핑한다면 신앙생활의 성숙은 일어나지 않는다.

성경은 말한다. "그런즉 누구든지 그리스도 안에 있으면 새로운 피조물이라 이전 것은 지나갔으니 보라 새것이 되었도다(고전 5:17)." 교회는 과거 쇼핑하던 시절에 머물러 있을 것이 아니라 미래를 향해 서핑할 수 있어야 한다.

전통에서 서핑(surfing)하라

서핑(surfing)은 해안으로 밀려드는 높은 파도를 이용하여 타원형의 널빤지를 타고 파도 위와 파도 안을 빠져나가면서 즐기는 놀이다. 교회는 초창기 한국교회의 좋은 전통은 서핑하지 말고 타이핑(typing) 해야 한다. "초대 한국교회의 잊지 못할 전통은 '순교 정신'이다. '한국교회 순교자 명단에 등재된 인물들이 전북이 최고로 많은 26명의 순교자 이름이 기록되어 있다."[55] 신앙의 본보기가 된 순교자들의 이름이 타이핑되어 있다.

성경에도 최초의 순교자가 타이핑되어 있다. "성 밖으로 내치고 돌로 칠새 증인들이 옷을 벗어 사울이라 하는 청년의 발 앞에 두니라. 사울은 그가 죽임 당함을 마땅히 여기니라(행 7:58, 8:1)." 복음을 위해 헌신한 순교자와 순교 정신은 대대로 타이핑함이 마땅하다.

우리는 바람직하지 못한 전통은 서핑해야 한다. 과거 교회 현장 이야기다. 1970년대 교회 안에 장의자가 들어오는 시기였다. 그 이전에는 의자가 아니라 바닥에 방석을 깔고 앉거나 무릎을 꿇고 예배드렸다. 당시 장로들은 예배당 안에 장의자가 들어오는 것을 못 마땅히 여겼다. 그들이 반대했지만, 당회의 결의로 장의자를 들여놓았다. 장의자 설치를 반대한 장로(성도)는 끝까지 장의자에 앉지 않고 혼자서 방석을 깔고 무릎 꿇은 채 예배드리길 고수했다.

그 장로의 행동은 바꾸어야 할 전통을 서핑하지 못한 것이다. 지금은 그 교회 모든 성도가 의자에 앉아 예배를 드린다. 방석에 앉아 무릎을 꿇고 예배드려야 한다는 전통을 깨트리고 서핑하고 있다.

식당에 가면 의자에 앉아 식사한다. 고령화 시대가 되자 나이 많은 사람은 의자에 앉지 않는 식당을 기피한다. 무릎을 자유롭게 굽히기 힘들기 때문이다. 지금은 온돌방을 고집하는 쇼핑이 아니라 의자를 찾는 서핑 문화가 일반화되었다.

필자는 조직교회 전통에서 4가지 서핑을 기대한다. 첫째는 예배 시간에 대한 서핑이다. 둘째는 대표 기도자의 서핑이다. 셋째는 찬양대의 서핑이다. 넷째는 교회 식당 운영에 대한 서핑이다. 40년 이상을 목회자로 살아 살아오면서 이 4가지를 서핑하지 않음으로 말미암아 일어나는 부작용들을 많이 봤다.

우리나라는 24시간 편의점 시대가 되었다. 즉 시간에 대한 서핑이 눈에 띄게 일어났다는 것이다. 이런 시대의 흐름 속에 교회 예배 시간에 대한 서핑이 일어나야 한다. 낮 11시만 달걀노른자 예배처럼 생각하는 고정관념을 깨뜨려야 한다.

주일예배 시간에 대한 고정관념이 깨져야 한다. 성도들에게 설문조사를 통해 주일에 가장 적합하게 모일 수 있는 시간을 조율할 필요가 있다. 주일 단 한 번의 예배를 드리더라도 예배다운 예배를 드릴 수 있는 시간 선정이 필요하다. 오전 11시 예배 참여자가 오후 찬양예배 시간에 또 참여한다. 숫자는 50% 이하로 줄어든다. 새로운 사람이 아니라 오전에 참여했던 사람이다. 오전이나 오후나 똑같은 개념의 예배를 드리는 예배를 서핑하는 변화가 일어나야 한다.

대표기도 서핑이 일어나야 한다. 특정 소수만이 하는 대표기도, 내용이 반복되는 대표기도, 짧게는 3분 길게는 8분 동안 하는 대표기도는 지루하다. 중언부언하는 기도는 청중이 쉽게 잡생각에 사로잡히게 한다.

찬양대 서핑이 필요하다. 찬양대 준비 과정에서 마음과 뜻과 정성을 다하기보다 온갖 잔소리, 푸념의 시간, 잡담 시간이 더 많다. 그래서 리듬 감각을 익히는 시간은 짧다. 찬양대 구성원을 보면 기동력 좋은 사람들로 구성되어 있다. 교회 현장에 필요한 인적자원이 찬양대에 집중되어 있는 것 같다.

교회 식당 서핑도 절실하다. "하나님이 이르시되 내가 온 지면의 씨 맺는 모든 채소와 씨가진 열매 맺는 모든 나무를 너희에게 주노니 너희의 먹을거리가 되리라(창 1:29)"고 한다. 현실적으로 목회 현장에 일어나는 다양한 문제의 불씨는 교회 식당에서 일어난다. 교회 식당 서핑은 무교병 식단으로 가야 한다. 무교병 식단은 한 가지 맛이고 똑같은 맛이다. 손맛이 아니다. 음식솜씨를 자랑하고 비교하는 것이 아니라 단 한 가지 음식일지라도 사랑으로 섬기는 것이 필요하다.

권력으로 캠핑(camping)한다

권위의 사전적인 의미는 '다른 사람을 통솔하여 이끄는 힘'이다. 권위가 도를 지나치면 권력이 된다. 교회가 보여줄 권력은 경청하는 스마트 권력이어야 한다. 힐러리 클린턴이 말한 '스마트 파워'는 다른 사람들의 말을 경청하고 다른 사람들의 욕구와 요구에 응답하는 권력이다. 권력은 근본적으로 독백적이다. 권력의 결정적인 약점이 있다. 권력자는 다른 사람의 말을 들으려 하지 않는다. 그는 대화하려고 하지 않는다. 권력에 종속되어 있는 자들만이, 즉 복종하고 있는 자들만이 다른 사람의 말을 듣는다.[56]

    권력자는 자신의 권력을 빼앗기지 않으려 한다. 가진 권력으로 권위를 내세우려 한다. 교회 안에도 권력 행사가 난무한다. '장로석'이 따로 준비된 교회도 있다. 총회나 노회 개회 시 전 총회장이나 전 노회장들이 입장할 때, 같은 색깔의 옷을 갖추어 입고 착석할 때까지 회원들은 자리에 일어서서 대기한다.

하나님을 위한 일이 사람을 위한 일로 뒤바뀌었다. 높임을 받아야 할 하나님은 온데간데없다. 노회 등의 개회 예배 시간이 시작될 무렵, 권위를 가진 사람들이 맨 앞에 위치한다. 한병철은 《권력이란 무엇인가?》에서 권위의 단맛을 본 지도자에 대해 다음과 같이 서술한다. "권위의 단맛을 본 지도자는 잦은 전쟁과 교역을 수행한다. 더 많은 전리품과 교역 물품이 '고도'로 모였다. '고도'는 가상의 마을이다. 소출이 좋고 이주자가 생기며 식량을 빼앗으려는 자가 생긴다. 무작정 빼앗길 수 없어서 맞서 싸운다. 전쟁이다."[57] 권위에 빠진 지도자는 할 수 있는 것은 전쟁뿐이다. 교회 안에서도 마찬가지다. 교회 안의 지도자가 권위를 탐하면 그 공동체에는 분열이 일어난다.

시대는 빠르게 변하고 있다. 조직교회는 일정한 테두리(등록, 세례, 직분) 안에 들지 않으면 그 어떤 소리도 낼 수 없는 구조적인 권위의 담장이 높다. 할 말도 할 수 없도록 하는 권위적인 분위기가 가득하다. 외부의 쓴소리는 소리는 아예 차단되었고 내부 소리만 경청하는 권위 의식이 캠핑의 장소처럼 제도화되어 있다.

조직교회 목사, 장로, 안수집사, 권사로 임직 되면 특정한 소수의 사람이 된다. 그 이후 요지부동의 권위적인 캠핑 장소가 만들어진다. 그곳은 먼저 자리 잡은 사람이 주인이다. 노회나 총회 안에도 먼저 그 나라와 그 의를 구하는 일에 집중하기보다 자기 나라, 자기 기득권을 유지하는 일에 우선순위가 된다. 하나님의 소리보다 권위적인 사람의 소리가 더 크다. 교회, 노회, 총회 공동체 안에 우리만의 권위적인 장소가 된다. 성경은 말한다. "그런즉 너희는 먼저 그의 나라와 그의 의를 구하라 그리하면 이 모든 것을 너희에게 더하시리라(마 6:33)."

임직받은 이들이 하나님 나라, 하나님의 의를 구하는 일에 먼저 집중해야 한다. 하지만 그의 나라와 그 의는 온데간데없고 자기 나라, 자기 세력을 굳히려고만 한다. 하나님께서는 이스라엘 백성들을 광야 40년을 거쳐 약속의 땅 가나안으로 들어가게 하신다. 400년 동안 애굽 근성에 익숙한 고정관념을 제거하는 훈련을 시켰다. "혹시 구름이 저녁부터 아침까지 있다가 아침에 그 구름이 떠오를 때에는 그들이 진행하였고 구름이 밤낮 있다가 떠오르면 곧 진행하였으며 이틀이든지 한 달이든지 일 년이든지 구름이 성막 위에 머물러 있을 동안에는 이스라엘 자손이 진영에 머물고 행진하지 아니하다가 떠오르면 행진하였으니 곧 그들이 여호와의 명령을 따라 진을 치며 여호와의 명령을 따라 행진하고 또 모세를 통하여 이르신 여호와의 명령을 따라 여호와의 직임을 지켰더라(민 9:21-23)." 하나님의 부름을 받고 택함을 받아 임직받은 자들은 여호와의 명을 따라야 한다. 여호와의 명령에 따른 직임을 감당해야 한다. 하나님 나라 캠프를 설치해야 한다. 자기 나라, 자기 세력, 자기 권력을 위한 캠핑 장소를 철거해야 한다.

변화 산에서 자기만의 캠핑 장소를 세우려고 시도했던 베드로에게 예수님은 권력의 캠핑 장소가 아니라 하나님 나라 캠프를 위해 자리

이동을 명령하셨다. "베드로가 예수께 여쭈어 이르되 주여, 우리가 여기 있는 것이 좋사오니 만일 주께서 원하시면 내가 여기서 초막 셋을 짓되 하나는 주님을 위하여, 하나는 모세를 위하여, 하나는 엘리야를 위하여 하리이다. 말할 때에 홀연히 빛난 구름이 그들을 덮으며 구름 속에서 소리가 나서 이르시되 이는 내 사랑하는 아들이요 내 기뻐하는 자니 너희는 그의 말을 들으라 하시는지라(마 17:4-5)." 베드로는 캠핑 장소로 초막을 세우려고 '주께서 원하시면' 하겠다는 그에게 예수님은 만류하신다. "예수께서 나아와 그들에게 손을 대시며 일어나라 두려워하지 말라 하시니(마 17:7)"라고 말씀하신다. 예수님은 베드로에게 하신 것처럼 기득권을 가진 자들만의 캠핑 장소를 허락하지 않는다. 교회는 권위와 권력을 가진 자들만의 캠핑 장소가 아니라 누구라도 자유롭게 출입할 수 있는 힐링 캠프장이라야 한다.

올바른 교회를 토핑(topping)하라

교회는 과거를 쇼핑하는 자리에서 떠나야 한다. 과거 경험에만 몰두할 시간이 없다. 21세기 AI 시대를 살아가면서 20세기 전통이라는 의식에서 재빨리 빠져나와야 한다.

과거를 쇼핑하게 하는 전통적인 교회는 어떤 교회인가? 김성진은 《Church Planting》에서 이렇게 말한다. "시대 변화나 교인들의 욕구, 지역 사회에 내재 된 요구와 상관없이 전통을 고수하며, 변화에 대한 변화를 거부하는 의식을 가진 유형의 교회들로, 교파를 중요시하며, 역사를 자랑하고, 신앙적 햇수가 높은 사람들이 모인 공동체가 여기에 해당이 된다. 이러한 교회의 두드러지는 현상은 예배, 교육, 모임 시간, 조직 등에 상당 기간 변화가 없으며, 정체는 곧 안정된 상태라는 인식을 가진다. 또한, 의식적이고, 예배가 전례적이며, 성례전 중심으로 무겁고, 성도들의 표정도 밝지 못하다. 교회 내에 역동성을 기대하기 어렵고 오직 예배 중심으로 교회 현상을 유지하는 것에 급급한 모습을 갖고 있는 교회들이다."[58] 전통적인 교회는 교회 현상을 유지하는 것에 급급하다.

현상 유지에 급급하면 곧 녹슬게 된다. AI 시대에 교회는 더 녹슬기 전에 새로운 변화를 시도해야 한다. 초대교회 중 고린도 교회처럼 빠르게 적용해야 한다. 즉 하나님 말씀으로 토핑해야 한다. "그런즉 누구든지 그리스도 안에 있으면 새로운 피조물이라 이전 것은 지나갔으니 보라 새것이 되었도다(고후 5:17)."

교회는 전통적인 과거를 토대로 하지만 새로운 촛불로 바꿔 세상을 밝혀야 한다. 과거의 달콤한 것만 고집하면 안 된다. 미래를 향한 도전과 함께 모험을 시도해야 한다. 이스라엘 백성들에게 젖과 꿀이 흐르는 땅을 약속하신 것은 미래를 향한 모험입니다. 올바른 교회는 과거만을 선호하는 쇼핑 자리를 떠나야 한다.

이스라엘 백성들이 애굽을 떠난 것처럼 공간적으로 자리를 이동해야 한다. 400년간 익숙해진 애굽 땅 전통을 벗어나야 한다. 이스라엘 백성들은 공간적 이동을 했으나 그들의 의식은 여전히 과거에 누렸던 애굽 전통을 잊지 못하고 있다. 전통적인 의식에 빠져 있다. "우리가 애굽에 있을 때에는 값없이 생선과 오이와 참외와 부추와 파와 마늘들을 먹은 것이 생각나거늘(민 11:5)." 몸은 애굽을 떠났으나 마음은 애굽에 머물러 있다. 여전히 과거만을 쇼핑 중이다. 육체는 애굽을 떠나 광야에 있으나 삶의 태도와 의식은 여전히 애굽 땅을 붙잡고 있다. 과거를 벗어나려면 애굽 입맛을 기억하지 말아야 한다. 하루속히 하늘에서 내리는 만나와 메추라기 입맛으로 토핑해야 한다. 토핑은 요리나 과자의 맛과 모양을 좋게 하려고 끝마무리하는 손질로서 눈에 띄게 얹는 음식물이나 장식물이다. 올바른 교회는 토핑을 현재에 맞게 잘해야 한다.

교회는 다음과 같은 토핑이 필요하다. "그러므로 너희가 더욱 힘써 너희 믿음에 덕을, 덕에 지식을, 지식에 절제를, 절제에 인내를, 인내에 경건을, 경건에 형제 우애를 형제 우애에 사랑을 더하라(벧후 1:5-7)." 올바른 교회는 믿음으로 출발하여 사랑으로 토핑할 때 건강한 교회가 세워진다. 올바른 교회의 토핑은 전통이라는 독이 아니라 미래의 덕을 토핑해야 한다. 권위로 통제할 것이 아니라 자기 야망을 절제하는 토핑이 필요하다. 자기 자랑에 빠지지 않고 예수 그리스도의 사랑을 토핑하는 교회로 거듭나야 한다.

---— 세상이 원하는 교회, 교회가 그리는 교회

석근대 목사

대구동서교회 위임목사이자,
저서로는 《삶을 쓰는 글쓰기》, 《일상에서 신앙 찾아가기》 등이 있다.

Chapter 2.
교회가 보여주고 있는 교회

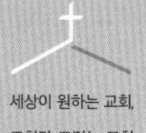

세상이 원하는 교회,
교회가 그리는 교회

1_세상에 본이 되지 못한다

초기 한국교회는 세상의 본이었다

초기 한국교회는 한국 사회에 선한 영향력을 끼치고 본이 되었다. 한국에 기독교가 들어 온 지 140년이 되었다. 개신교는 많은 병원과 학교를 짓고 국민의 삶의 현장에 뛰어들었다. 어려운 시절 힘들고 아픈 부분들을 어루만져 주었다. 많은 지도자를 배출했다. 3.1운동 당시 한국 인구가 1,600만-1,700만 명이었고, 기독교인은 1.3-1.5% 정도였다. 작은 숫자임에도 3.1운동 때 민족 33인 대표 중 16명이 기독교 인사들이었다. 3.1운동을 점화한 48인 가운데 24인도 기독교인이었다. 교회는 성경 읽기를 통해 국민의 문맹률을 낮추기도 했다. 외부 세계의 변화를 알지 못하던 국민에게 새로운 사상과 기술을 소개해 주었다. 여성의 권익 신장에도 크게 기여했다.

한국교회총연합회에서는 〈한국 기독교 140주년 특집〉으로 '한국 기독교의 한국 사회 기여에 대한 조사'를 실시했다. 크리스천 오피니언 리더(교수, 목사, 역사교사, 언론인 등) 140명을 대상으로 2024년 10월 25일부터 11월 6일까지 실시했다. 해방 전 기독교가 한국 사회 발전에 이바지한 결과, '3.1운동 등 항일민족운동'이 85%로 가장 높게 나타났다. 이어 '근대적 서양병원 시작' 82%, '근대 교육 시작' 79%, '대학 설립' 77% 등의 순이었다. 해방 후 기독교가 한국 사회 발전에 기여한 내용으로는 '민주화운동'이 57%로 가장 높았고, 다음으로 '고아원 설립 등 아동복지' 55%, '전후 구호사업' 51%, '소외계층을 위한 의료구호 활동 전개'가 50% 이상의 비교적 높은 응답률을 보였다.[59]

초기 한국교회가 한국 사회에 끼친 선한 영향력은 헤아릴 수 없을 정도로 컸다. 교회는 신뢰의 대상이었고 그리스도인이라고 하면 보증수표였다. 세상의 본이 되었다. 하지만 지금 교회는 본이 아니라 지탄의 대상으로 바뀌었다.

필자가 대구에서 목회할 때 교회 앞 공원 주변으로 시장이 열렸다. 시장이 열리면 상인들에게 화장실을 오픈했다. 커피도 대접했다. 종종 상인들과 대화를 나누었는데 그들의 이야기다. "교회 다니는 사람들과 솔직히 거래하기가 싫어요. 무조건 깎으려고만 해요. 거짓말도 잘해요." 세상 사람들은 더는 교회를 신뢰하지 않는다. 색안경을 끼고 본다. 교회를 신뢰하지 않는 것은 세상 사람뿐만이 아니다. 성도들도 마찬가지다. "교회가 이래도 됩니까? 이게 교회입니까? 성도들이 세상 사람보다 못합니다."

105세 철학자인 김형석 교수의 평가도 동일하다. "3.1운동 전후로는 크리스천들이 역사의 현재성보다 앞서 있었다. 국가와 민족을 위하는 애국심도 일반인보다 앞서 있었다. 개인의 지적 수준이나 도덕적 평가도 모범적인 편이었다. 통계가 있는 것은 아니지만 크리스천의 70% 정도는 역사를 이끌고 선도해갈 위치에 있었다. 그런 현상은 내 주변에서도 흔히 발견할 수 있었다. 그러나 최근에는 종교인보다 일반이 사회적으로 성장하고 각계에 진출하는 비중이 더 높아지고 있다. 전에는 예수 믿는 사람들을 본받아야 한다는 말을 자주 들었는데 지금은 양심적이고 지적 판단이 앞서는 사회인들이 더 늘어나고 있다. 빛과 소금의 직책을 다하지 못하는 외형적 크리스천의 비행에 대한 실망이 줄어들지 않고 있는 것이다."[60]

본이 되었던 교회가 왜 이 지경까지 되었을까? 예수 믿는다는 이유 하나만으로 보증수표가 되었던 그리스도인이 비난의 대상이 되었을까? 성도들마저 교회에 대한 신뢰를 잃어버렸을까?

세상이 교회 속으로 들어왔다

세상이 교회 속으로 들어왔기 때문이다. 초기 한국교회는 세상 속에 있었지만 구별된 공동체로서의 역할을 감당했다. 세상의 소금과 빛의 역할을 감당했다. 말만 하는 것이 아니라 언행일치하는 그리스도인의 모습을 보여주었다. 지금은 세상이 교회 속으로 들어왔다. 그러자 교회가 세속화되었다. "세상 속에 있기는 하지만 세상과 구별되어야 하는 공동체가, 어느새 철저히 세속화하여 '교회 속에' 세상의 가치와 기준이 들어오는 역전 현상이 일어나고 있다. '세상 속의 교회'가 아니라 '교회 속의 세상'이 되어 버린 세속화된 교회가 되었다."[61]

2024년 5월 전국 만 19세 이상 개신교회 출석자 1,000명과 담임목회자 500명을 대상으로 '한국교회 트렌드 2025조사'가 있었다. 성도 81.1%와 목회자 90.7%가 교회가 세속화되었다는 데 동의했다. 또한, 성도 70.1%와 목회자 82.9%가 한국교회 세속화가 더 심해질 것이라고 답했다. 교회 이탈자가 늘어나는 이유도 성도는 '교회 세속화'(30.9%)를 1순위로 꼽았고, 일반 국민 역시 무종교인의 확산 이유로 '세속화의 심화'(37.3%)를 첫 번째로 꼽았다.[62] 교회의 세속화는 도를 넘었다.

교회 속에 들어온 세상은 어떤 모습인가? 교회를 장악하기 위해 목사와 장로가 권력투쟁을 하고 있다. 원로목사와 담임목사가 권력다툼을 하고 있다. 정치판에서 하는 권력다툼을 교회에서 하고 있다.

정치인들이 가장 많이 하는 이야기가 무엇인가? '국민을 위해서'다. 개인의 사욕과 당리당략(黨利黨略)만을 추구하면서 국민을 앞세운다. 국민은 더는 정치인의 말을 믿지 않는다. 목회자와 장로들이 가장 많이 하는 말이 무엇인가? '하나님의 영광을 위해서'다. 하나님의 영광을 말하면서 싸운다.

무리한 교회건축으로 교회가 빚쟁이가 되게 만들었다. 12년 전 한국교회가 은행 등 18개 금융회사에서 빌린 돈이 모두 3659건에 4조 5107억 원이며, 건당 평균 대출 잔액은 12억 3000만 원이었다. 대출금리를 연 5%로 계산할 경우 한국교회가 매월 은행에 갚아야 하는 이자만 188억 원 규모다.[63]

건축한 교회 가운데 빚이 없는 교회는 없을 것이다. 교회가 은행을 먹여 살리고 있다. 교회의 빚은 고스란히 성도들이 떠안는다. 성도가 줄고 빚을 갚을 능력이 없으면 교회는 경매로 넘어간다. 경매로 넘어간 교회가 한둘이 아니다. 심지어 이단에게 넘어간 예도 있다. 성경은 사람이 교회(고전 3:16)라고 하는데 목회자들과 장로들은 회사를 짓는 것처럼 경쟁하듯 교회건축을 했다. 교회건축 과정에서 재정 비리도 발생한다. 교회 안에서 일어난 다툼과 문제들을 자체적으로 해결하지 못하고 세상 법정으로 가지고 간다.

목회자의 세습 문제는 말할 것도 없다. 세습하는 목회자가 이상한 논리를 가지고 세습을 정당화해도 거기에는 사욕이 들어가 있다. 목회자는 하나님의 이름을 빙자해서 욕심 채우는 일을 그만두어야 한다. 교회가 기업인가?

교회 안에 무당 행위도 멈춰야 한다. 윤석열 전 대통령과 김건희 여사가 무속에 심취해 있다고 기독교 교계는 쓴소리를 했다. 하지만 교회 안에도 무당이 있다. 예언 기도 해 주는 무당 목사가 있다. 그리고 사모나 권사가 있다. 이들은 하나님의 음성을 듣는다고 한다. 돈까지 받는다. 무당이 하는 짓을 똑같이 한다. 성도들이 문제가 생기면 하나님을 찾는 것이 아니라 하나님의 음성을 듣는다는 사람을 찾아간다. 이들이 하나님 자리에 앉아 있다. 성도들에게는 그들이 하나님이다.

교회가 교양이 없다. 기본적인 예의마저도 사라져 버렸다. 서울에는 한 건물에 교회가 3개나 임대로 들어와 있기도 하다. 같은 교단이 아니니 괜찮다고 한다. 정말 그런가? 큰 교회는 대형버스를 보내 먼 곳에 있는 성도들까지 데리고 온다. 세상에도 상도덕이라는 것이 있다. 비유가 좀 그렇지만 밥그릇 싸움을 하는 것 같다. 앞에서 살펴본 모습들이 교회 속에 들어온 세상의 모습들이다. 이런 교회가 어찌 세상에 본이 되겠는가?

본이 되지 못하는 교회

교회가 본이 되지 못하는 것은 사람이 주인의 자리에 있기 때문이다. 경기도 고양시 소재의 작은 교회 담임으로 청빙 받은 목사가 있었다.

이 교회는 힘 있는 장로 한 명이 이미 몇 명의 목사를 갈아치운 전력이 있었다. 성격이 우직한 목사는 신경 쓰지 않고 몸이 축나도록 열심히 사역했지만, 이 장로에게 쫓겨나고 말았다. 이유는 한때 방송국의 유명한 아나운서였다가 아내의 전도로 회심하여 목사가 된 분이 "설교는 꼭 목사가 아니어도 할 수 있다."고 했다며 "굳이 목사가 설교할 필요가 있겠느냐? 앞으로 내가 하겠다."는 것이었다. 목사님은 그런 주장은 비성경적이고 교회 질서에도 맞지 않는 잘못된 것이라고 했지만 돌아온 대답은 "당신이 아나운서 출신의 그 목사님보다 더 똑똑하냐"는 것이었다.[64]

교회의 주인은 목회자도 아니고 장로도 아니다. 헌금을 많이 한 사람도 아니고 개척 멤버도 아니다. 힘 있고 유력한 자도 아니다. 교회의 주인은 예수님이시다. 예수님은 가이사랴 빌립보 지방에 가셨을 때 제자들에게 사람들이 나를 누구라 하는지를 물으셨다. 제자들은 세례요한, 엘리야, 예레미야나 선지자 중에 한 사람 정도로 생각한다고 대답했다. 예수님께서 다시 "너희는 나를 누구라 하느냐?"고 물으셨다. 베드로가 주저 없이 대답했다. "주는 그리스도시요 살아 계신 하나님의 아들이시니이다." 이 고백을 들은 주님께서는 베드로에게 말씀하셨다. "바요나 시몬아 네가 복이 있도다 이를 네게 알게 한 이는 혈육이 아니요 하늘에 계신 내 아버지시니라 또 내가 네게 이르노니 너는 베드로라 내가 이 반석 위에 내 교회를 세우리니 음부의 권세가 이기지 못하리라(마 16:17-18)." 예수님께서는 내 교회를 세우시겠다고 하셨다.

주인이 누구냐는 중요한 문제다. 예수님을 주인으로 모신 교회는 하나님의 말씀에 따라 움직인다. 예수님께서 원하시는 교회의 모습이 되기 위해 애쓴다. 하지만 사람이 주인이 되면 그 사람에 따라 교회가 좌지우지된다. 주님께서 원하시는 교회가 아니라 그 사람이 이루고자 하는 교회가 된다. 주인이 사람인 교회는 본이 되지 못할 뿐 아니라 더는 교회라고 할 수 없다. 그 속에는 주님이 없다. 냄새나는 사람만 있을 뿐이다.

본이 되지 못하는 교회는 하나님과 돈을 같이 섬긴다. 셰익스피어는 《아테네의 타이먼》에서 타이먼의 입을 빌려 "검은 것을 희게, 추한 것을 아름답게, 잘못을 옳은 것으로, 천한 것을 고상하게, 늙은이를 젊은이로, 비겁한 자를 용사로" 만드는 것이 있다고 했다. 무엇일까? 돈이다.[65] 돈의 힘은 막강하다. 돈만 있으면 거의 모든 것을 얻을 수 있는 시대가 됐다. 돈의 힘 앞에 대부분 사람이 무릎을 꿇는다.

예수님도 돈의 힘이 얼마나 강력한지 아셨기에 이렇게 말씀하셨다. "한 사람이 두 주인을 섬기지 못할 것이니 혹 이를 미워하고 저를 사랑하거나 혹 이를 중히 여기고 저를 경히 여김이라 너희가 하나님과 재물을 겸하여 섬기지 못하느니라(마 6:24)." 한국교회는 하나님을 섬긴다. 문제는 하나님도 섬기지만, 돈도 섬긴다. 지금은 돈이 하나님과 동등한 자리에 앉은 우상이 되었다. 물론 한국교회는 돈을 섬긴다고 이야기하지 않는다. 하나님의 축복이라고 하면서 정당화할 뿐이다. 부자가 되는 것이 복 받는 것이고, 헌금을 많이 해야 좋은 성도라고 한다. 교회를 크게 지어야 성공한 교회라 인정받는다. 돈이 없으면 직분자도 될 수 없다. 한국교회는 예수님께서 경고하신 말씀을 무시했다. 한국교회의 부패는 대부분 돈과 관련되어 있다. 돈과 하나님을 겸하여 섬기는 교회는 세상에 본이 될 수 없다. 지탄의 대상이 될 뿐이다.

교회가 달라져야 한다

교회가 다시 세상에 본이 되기 위해서는 달라져야 한다. 달라지지 않으면 세상으로부터 외면받을 수밖에 없다. 어떻게 달라져야 할까? 첫째, 교회에서 목회자와 장로가 죽어야 한다. "교회가 그리스도의 무덤이 아니라 먼저 목사와 장로의 무덤이 되어야 한다. 목사와 장로가 죽으면 교회는 주님이 살아 역사하는 그리스도의 몸이 되고, 목사와 장로가 살아 교회를 주관하면 교회는 그리스도를 다시 십자가에 못 박아 매장시키는 무덤이 되고 말 것이다."[66]

목회자와 장로가 죽어야 한다는 것은 군림하는 자리에서 섬기는 자리로 내려와야 한다는 뜻이다. 권위 의식에 사로잡혀 목회자와 장로가 교회를 좌지우지하면 교회가 변할 수 없다. 퇴보하고 여전히 세상으로부터 외면받는다.

교회는 그리스도의 몸이다. 바울이 말씀한 것처럼 몸에는 각 지체가 있다(고전 12:14). 목회자도 장로도 그리스도의 몸 된 교회 안에서 한 지체로서 역할만 하고 성도들에게 권한위임을 해야 한다. 성도들을 섬겨야 한다. 세상을 섬겨야 한다. 목회자와 장로가 먼저 본을 보이고 섬기면 교회는 다시 세상에 본이 되는 교회가 될 수 있다.

둘째, 성경이 아니라 삶에 밑줄을 그어야 한다. 기형도 시인이 〈우리 동네 목사님〉이라는 글에서 동네 목사님이 하신 말씀을 소개한다. "성경이 아니라 생활에 밑줄을 그어야 한다." 초기 한국교회 성도들은 성경에도 밑줄을 긋고 생활에도 밑줄을 그었다. 지금 한국교회 성도들은 성경에만 밑줄을 긋는다. 성경공부를 통해 성경을 많이 안다. 말도 잘한다. 하지만 신앙의 삶이 없다. 바른 말을 한다고 바른 삶을 사는 것이 아니다. 성경을 말한다고 성경의 삶을 사는 것이 아니다. 세상은 교회가 '어떤 말을 하느냐'가 아니라 '어떤 행동을 하느냐'에 주목한다.

요셉 이야기를 다룬 〈이집트 왕자2〉라는 영화가 있다. 영화에서 인상 깊은 장면이 있다. 보디발의 아내가 요셉과 동침하기를 원했지만 거절당한다. 여주인의 입장에서 자존심 상하는 일이었다. 그녀는 남편에게 요셉의 옷을 내밀면서 요셉이 겁탈하려고 했다고 거짓말을 한다. 보디발은 화가 나 요셉을 옥에 가둔다. 당시 노예가 주인의 아내를 겁탈하려 했다면 감옥이 아니라 현장에서 죽여도 무방했다. 영화에서 보디발이 요셉을 감옥에 보냈는데도 아내가 계속해서 바가지를 긁는다. "당신은 나를 사랑하지 않아요! 정말 나를 사랑한다면 요셉을 죽여주세요." 그때 보디발은 아내의 뺨을 때리면서 소리쳤다. "이 요사스러운 것 같으니 네가 유혹을 했지. 네가 꼬리를 친 것이지 요셉은 절대 그럴 사람이 아니야!" 이 말에 요셉의 삶이 어떠했는지를 충분히 알 수가 있다. 보디발은 아내도 생각해야 했기에 요셉을 감옥에 가두었지만 그를 신뢰하고 있었다. 요셉은 삶에 밑줄을 긋고 사는 사람이었다. 교회가 성경에만 밑줄을 긋는 것이 아니라 삶에 밑줄을 그을 때 다시 본이 되는 교회가 될 수 있다.

셋째, 내놓아야 한다. 교회는 물질을 내놓아야 한다. 교회를 건축하고, 유지하는 데만 재정을 사용하는 것이 아니라 어려운 교회와 이웃을 위해 물질을 내놓아야 한다. 보여주기식으로 내어놓으면 안 된다. 티 내지 않고 조용히 물질을 흘려보내야 한다.

교회는 공간을 내놓아야 한다. 공간을 내놓으라는 것은 공간을 공유하라는 말이다. 도시에서 가장 공간활용도가 낮은 건물이 교회다. 제자훈련이나 소그룹 모임을 하는 교회는 부속 공간을 많이 활용하지만, 예배를 드리는 공간과 교육 공간은 평일 내내 비어있다. 교회 공간을 일주일 내내 걸어 잠그고 있다고 거룩한 공간이 되지 않는다.

교회 공간은 마음을 열고 아량을 베풀면, 사회나 선교단체와 공간을 나눠 쓸 수 있다. 공간은 사용하는 곳이지, 비워 두라고 마련하지 않았다.[67] 교회가 공간을 함께 공유하는 데는 고려해야 할 여러 가지 사항이 있다. 그럼에도 해야 한다. 교회를 이전하거나 부득이하게 건축해야 할 경우 이것을 고려해야 한다.

교회는 성도를 내놓아야 한다. 성도를 내놓아야 한다는 것은 어려운 개척교회와 농촌교회로 성도들을 보내야 한다는 의미다. 성장하고 있는 대부분 교회는 성도들의 수평 이동으로 나타난 결과다. 정용성 목사는 수평 이동이 아니라 상향 이동이라고 하며 이제는 하향 이동을 할 때라고 말한다. "한국교회는 수평 이동이 아니라 사실 상향 이동을 해왔다. 더 좋은 더 낫고 편하고 큰 환경으로의 이동이었다. 좋은 설교와 안락하고 쾌적한 환경, 최첨단 시설과 편리한 근접성과 주차 공간을 따라서 옮겨 갔다. 이제는 다시 내려올 때다. 개척교회와 농촌교회는 쓰러지고 말라 가고 있다. 수평 이동하지 말고 하향 이동을 할 시간이다. 중심이 아닌 변두리로, 인정을 받지 못하고 대우를 해 주지 않는 곳으로 갈 시간이다."[68]

모든 교회는 보편적인 하나님의 교회다. '내 교회'라고 하니 교회다운 교회가 없다. 교회는 세상과 함께 그리고 더불어 살아야 한다. 이렇게 교회가 내놓을 때 다시 세상에 본이 되는 교회가 될 수 있다. 한국교회가 잃어버린 신뢰를 회복하고 다시 본이 되는 교회가 되는 것은 어려운 일이다. 그래도 해야 한다. 고정관념을 내려놓고 뼈를 깎는 희생을 해야 한다.

이재영 목사

〈아트설교연구원〉 부대표이다.
저서로 《신앙은 역설이다》, 《설교트렌드 2025》 등이 있다.

2. 진리를 겉으로만 외친다

진리는 삶의 일치를 요구한다

진리는 신앙과 삶의 일치를 요구한다. 야고보 사도는 말한다. "영혼 없는 몸이 죽은 것 같이 행함이 없는 믿음은 죽은 것이니라(약 2:26)." 참된 신앙은 단순한 고백에 머무르지 않고, 삶의 열매로 증명되어야 한다. 성도는 하나님의 말씀을 삶으로 살아내야 한다. "말의 절제, 가난한 자에 대한 긍휼, 고난 중의 기도와 공동체적 돌봄을 통해 살아있는 믿음의 실천"을 촉구한다. 진리는 신앙과 삶의 일치로 증명된다. 하지만 한국교회는 신앙과 삶의 불일치를 보여주고 있다.

한국교회에 나타나는 치명적인 약점은 무엇인가? 바로 삶에 구원의 증거가 전혀 나타나지 않는다는 점이다. 강단에서 울려 퍼지는 진리는 성도의 삶과 단절된다. 교회 안에서는 열정적이지만, 교회 밖에서는 소극적이다. 설교는 정통하나, 실천은 희미하다. '사랑하라', '공의롭게 살아라', '섬겨라'라는 메시지는 넘친다. 하지만 정작 '교회의 운영, 교인 간의 관계, 사회적 책임'에서 그 메시지는 구현되지 않는다. 또한, '거룩'을 말하면서 재정 불투명, 세습, 권위주의, 성범죄에 연루되고 있다. 고통받는 이웃을 말하지만, 실제로는 그들과 거리를 두는 삶을 산다. 성경적으로 '청지기 정신'을 외치면서도 교회의 재정이나 부동산은 폐쇄적으로 운영한다. 말씀을 외치지만, 말씀을 삶에 적용하는 것은 거의 없다. 사랑을 외치지만, 사회적 연대는 외면한다. 장애인, 이주민, 성 소수자, 난민, 노동자 등 고통받는 타자에 대한 목소리가 거의 없다. '축복', '기적', '승리'는 넘치지만 '회개', '정의', '희생'은 약하다. 진리는 외치는 것이 아니라, 살아내는 것이다. 외침만 있고 실천이 없는 진리는, 오히려 복음의 능력을 약화하고, 세상에 '위선'으로 비친다. 이처럼 교회는 이중성을 나타내고 있다.

교회는 진리를 겉으로만 외친다. 그 결과 교회의 신뢰도는 하락했다. 2024년 기독교사회문제연구원의 조사에 따르면, 개신교인의 50.5%와 비개신교인의 59.4%가 기독교에 대한 신뢰도가 낮다고 응답했다. 신뢰도가 낮은 이유로는 부패(개신교인 32.5%, 비 개신교인 25.9%)와 사회적 책임 결여, 차별과 혐오 발언 등을 지적했다.[69] 그 결과 청년들은 교회를 이탈했다.

2024년 아이굿 뉴스의 보도에 따르면, 기독 청년 4명 중 1명(24%)

이 교회에 출석하지 않는 가나안 교인인 것으로 나타났다. 청년들은 교회의 위선적인 모습과 목회자의 비윤리적인 행동을 교회를 떠나는 주요 이유로 꼽았다.[70] 왜 이런 결과를 가져왔나? 그것은 신앙을 신행일치(信行一致)가 아닌, 연기된 경건으로 가르쳤기 때문이다.

연기(演技)된 경건, 조작된 감동의 무대가 된다

오늘날 교회는 연극 배우들로 가득하다. 주일이 되면 하나님을 예배하는 공연이 시작된다. 무대는 인간 중심의 종교 쇼, 대본은 진리가 아닌 대중의 기대, 연출자는 이미지와 전략, 관객은 하나님이 아니라 사람 그리고 무대 장치는 거룩한 척하는 시스템이다. 목사는 주연배우이자 연출 겸 제작자다. 설교는 진리의 외침이 아닌 스피치 기술과 연출의 총합이다. 회중을 감동하게 하고, 눈물을 흘리게 만드는 장면 연출에 집중한다. 말씀은 삶을 바꾸기보다 교회를 브랜딩하는 콘텐츠가 된다. "오늘 은혜 받았다."라는 말만 들으면 성공한 공연이라고 자족한다.

장로는 조연출 혹은 무대감독이다. 예배 순서를 지키고, 교회 질서를 통제하는 데 집중한다. 하지만 무대 밖에서는 권력과 정치의 조율사 역할을 한다. 교회는 섬김의 공동체가 아니라, 시위가 보상되는 조직으로 기능이길 원한다. "가장 중요한 건 장면을 망치지 않는 것, 조용히 충성하는 것이다."

찬양팀과 성가대는 감정 유도 연기자다. 찬양은 하나님을 향한 고백이 아니라 감정 자극의 도구가 된다. 화려한 조명, 감미로운 선율, 격렬한 손짓과 무릎 꿇음은 종종 내면의 경건이 아닌 외적 퍼포먼스로 변질된다. '은혜 받았다 = 음악이 좋았다 = 진리를 느꼈다'를 같은 의미로 간주한다.

성도는 관객이자 연기자다. 교회 안에서는 경건한 표정과 언어, 헌신의 모양을 연기한다. 손을 들고 '아멘'으로 호응한다. 그러나 교회 밖에서는 삶으로 진리를 살아내지 못한다. 신앙은 일요일에만 쓰는 가면이 되었고, 예배는 자신을 속이는 연극 리허설에 머문다. 모든 성도가 충실히 배역을 감당하며 서로 위로를 받는다. "주일에 주인공, 평일엔 방관자로 산다." 성도들이 원하는 것은 최고의 종교 공연이다. 그렇게 만족을 선사할 무대와 공연장을 찾아 움직인다.

조작된 감동은 소비되는 신앙이 된다. 사람들은 감동을 원한다. 울고 싶고, 떨고 싶고, 전율하고 싶어 한다. 교회는 그런 감정을 해소해 주는 "신앙 서비스업 장"이 되었다. 예배는 예술 공연이 되었고, 은혜는 감동과 착각이 되었다. 그러나 감동은 누군가의 삶을 바꾸지도, 고통받는 이와 연대하지도 않는다. 감정은 넘쳤지만, 책임은 없었다.

오늘날 예배는 거룩함을 연기하는 공연이 되었다. 교회는 진리를 말하지만, 진리를 살지 않는다. 모든 장면이 아름답지만, 하나님은 손뼉

치지 않으신다. 관객이신 하나님은 감동하지 않고, 진리이신 그분은 무대 뒤로 밀려나 있다. 예배가 진리의 무대가 되지 못할 때, 교회는 은혜의 드라마가 아니라, 허상과 가식이 뒤섞인 종교 연극이 되고 만다.

연기(演技)된 경건, 위선의 삶을 살게 한다

연기된 경건은 위선의 삶을 살게 한다. 예배는 '하나님 앞에 서는 시간'이 아니라, 사람 앞에 잘 보이기 위한 연기 시간이 되었다. 목회자는 감동적인 어조로 회개를 선포하지만, 주중에는 비판을 견디지 못하고 권위로 누른다. 성도는 눈물로 찬양하지만, 월요일에는 욕설로 직원을 꾸짖는다. 교회는 감정을 건드리는데 탁월하지만, 진실을 요구하면 낯을 돌린다. 무대 위의 경건은 세상 속 가면이 된다. 예배당에서 절절하게 기도하던 손은 직장에서 갑질을 정당화하는 손이 된다. 말씀에 '아멘'하던 입은 가정에서 분노와 무례함으로 쏟아진다. 사랑을 외치던 눈물은 약자를 비웃고 무시하는 냉소로 바뀐다. 예배당에서의 연기는 삶 속에서 두 얼굴의 신앙으로 드러난다. 거룩한 말투는 배웠지만, 거룩한 삶은 배우지 못했다.

세상 속에서도 성도들은 연기한다. 교회 안에서 배운 연기력은 세상에서도 '신앙 흉내'를 내는 기술로 이어진다. 봉사 사진은 SNS에 올리지만, 집 앞 쪽방촌에는 눈길조차 주지 않는다. 성경 구절을 캘리 그래피로 쓰지만, 사무실 직원들의 퇴근은 무시한다. 주일에 웃던 얼굴은 월요일에 냉소와 명령으로 바뀐다. 신앙은 말에 머무르고, 삶은 위선적이다. 이중적인 신앙은 결국 교회를 위선의 공동체로 성도를 연기자로 만든다.

진리는 연기할 수 없다. 거룩함은 흉내낼 수 있어도, 삶으로 드러나지 않는다면 무너진다. 예수님은 연기를 가장 강하게 꾸짖으신다. "외식하는 자여!" 예수님은 성전 안의 기도를 보지 않으셨다. 길거리에서 행하는 자비를 기억하셨다. 오늘날 교회는 선택해야 한다. 신앙은 교회 내부가 아니라 외부 즉 세상에서 증명돼야 한다. 교회 내부에서 아무리 인정받는 성도(장로, 권사, 안수집사)라 할지라도, 삶의 현장에서 진리를 외친다면 그것은 연기하는 위선적 행위가 된다.

여기에 중요한 질문 하나가 발생한다. 연기를 계속할 것인가? 아니면 진리를 살아낼 것인가? 대답은 명료하다. 교회는 진리를 살아내야 한다. 진리는 우리를 바꾸라고 요구하기 때문이다. 이를 위해서 교회가 우선으로 해야 할 일은 무엇인가? 그것은 교회의 구조 개혁을 해야 한다.

진실된 경건, 구조 개혁을 요구한다

교회는 성도가 '연기자'가 아닌 '실천자'가 되도록 구조를 개혁해야 한다. 신앙과 삶의 일치를 위해서 교회의 신앙 구조 개혁이 필요하다.

진리를 겉으로만 외치는 교회가 아닌, 삶으로 살아내야 한다. 이를 위해 3가지 방안을 제안하고자 한다.

첫째, 교회 구조를 재구성해야 한다. '무대'가 아닌 '목양'을 위한 조직 개혁이 필요하다. 오늘날 교회의 구조는 예배당 중심의 일방적인 시스템에 치우쳐 있다. 주일 하루 집중된 예배와 설교에 모든 에너지가 소비된다. 나머지 6일은 개인의 삶과 분리된 신앙으로 방치된다. 성도는 예배 안에서만 활발하고, 삶의 현장에서는 침묵하거나 무기력한 상태에 머문다. 이제 교회는 '무대'가 아니라 '목양'을 중심으로 교회를 다시 설계해야 한다. 예배의 완성은 강단에서의 감동이 아니라, 삶에서의 적용으로 드러나야 한다. 건물 중심의 구조에서 벗어나, 삶의 현장을 교회의 확장된 공간으로 인식하고 훈련해야 한다. 이를 위해 다음과 같은 구조적 전환이 필요하다.

첫 번째, '주일' 중심 구조를 '일상' 중심으로 재편해야 한다. '주일 중심의 교회'는 성도들의 주중의 삶을 방치한다. 이런 현상은 교인들의 수가 많아질수록 강화된다. 필자는 한때 1,000명 출석하는 교회 담임목사로 섬긴 적이 있다. 이때 최고의 관심사는 성도들의 출석 숫자였다. 필자와 당회는 오직 성도들의 예배 출석수에만 관심을 두었다. 주중에 일어나는 교인들의 삶은 알 수도 없고, 알려고 하지 않는다. 가장 마음 아팠던 경험은 30대 중반의 성도를 길에서 만나 안부를 물은 적이 있다. 그때 아무런 문제가 없다고 대답했는데 몇 달 후에 이혼했고, 교회를 떠나 버렸다. 교회는 주일 중심이 아닌, 일상 중심으로 구조를 개혁해야 한다.

두 번째, '운영'이 아닌 '목양' 중심의 리더십을 세워야 한다. 교회의 리더를 더 이상 '교회 안에서의 충성도'나 '행정 능력'으로 평가해서는 안된다. 리더는 '교회 안에서 얼마나 봉사했는가'보다, '삶의 자리에서 얼마나 그리스도의 제자로 살아가고 있는가'로 평가되어야 한다. 무엇보다, 리더는 말씀을 가르치는 자가 아니라, 말씀을 삶으로 살아낸 자가 되어야 한다. 더 나아가 목양하는 리더여야 한다.

필자가 위에서 섬긴 교회에는 장로가 12명이었다. 그들은 각각 위원회의 장(長)을 맡았다. 당회를 할 때 성도들의 이야기로 오랜 시간을 보낸 경험이 없다. 왜냐하면, 당회의 관심은 온통 교회 경영과 조직 관리에 있었기 때문이다.

중직자의 직무는 무엇인가? 필자가 속한 고신교단 헌법에 따르면 장로의 직무는 다음과 같다. "교회의 영적 상태를 살핀다. 교인을 심방, 위로, 교훈하는 일. 교인을 권면하는 일, 교인들이 설교대로 신앙생활을 하는 여부를 살피는 일, 연약한 자녀들을 양육하는 일, 교인을 위해 기도하고 전도하는 일…. 등"이다.[71] 또한, 권사의 직무는 다음과 같다. "권사는 당회의 지도 아래 심방하되 특히 병자와 궁핍한 자, 환난 당한자, 시험 중에 있는 자와 연약한 자를 위로하고, 격려하며 교회의 덕을 세우기 위하여 힘쓴다."[72] 장로와 권사의 직무의 공통점이 무

Chapter 2. 교회가 보여주고 있는 교회   133

엇인가? 대부분 목양에 초점을 맞추고 있다. 진리를 겉으로만 외치지 않기 위해서 교회의 구조는 목양의 구조로 개혁되어야 한다. 목양을 통해 성도들이 세상 속에서 신앙과 삶의 일치를 이루도록 섬겨야 한다.

둘째, 설교 중심 구조의 재구성이 필요하다. '은혜로운 말'보다 '살아낸 말씀'을 중심으로 한다. 필자는 노회에서 신학 고시 위원으로 섬긴다. 중직자나 목회자 후보들을 교육할 때의 질문이 있다. "오늘 주일 설교 제목과 내용을 말해 보세요." 10명 중의 9명은 주일 설교를 전혀 기억하지 못한다. 성도들의 머릿속에 지우개가 있는 듯 기억하지 못한다. 말씀을 기억하지 못할 때 삶의 현장에서 겉으로만 진리를 외치는 종교인으로 살 수밖에 없다. 이를 위해 설교 중심 구조의 개혁이 필요하다.

첫 번째, 말씀과 구조를 세팅해야 한다. 모든 설교에는 '삶의 적용 질문'과 '행동 챌린지'가 포함되어야 한다. 필자는 설교 마지막에 적용 질문과 행동 챌린지를 포함시킨다. 그리고 설교 요약과 질문지를 만들어 소그룹에서 함께 나누고 점검한다. 그 이후 목양일지를 보고하게 한다.

두 번째, 주중 플랫폼을 통한 말씀의 '기억'과 '실천'을 유도한다. 월요일에는 'AI_노트북 LM'[73]을 이용해 설교 내용을 7분의 분량으로 라디오 대담 형식으로 영상을 만들어 교회 전체 단톡방에 올린다. 또한 '일상영성-ALL IN ONE NOTE'를 통해 성경 읽기와 적용, 영성

일기와 감사, 설교 요약, 중보기도, 관계전도를 실행하도록 훈련한다. 이러한 변화는 설교를 '말의 이벤트'에서 '삶의 혁신'으로 이끄는 전환점이 된다. 말씀은 듣는 것으로 끝나는 것이 아니라, 행하는 자리까지 이끌어야만 복음의 능력이 현실이 된다.

셋째, 공적 신앙의 실천을 이끌어내야 한다. '안에서의 거룩'에서 '밖에서의 복음'으로 변화해야 한다. 오늘날 성도들이 교회 안에서는 경건해 보인다. 하지만 삶의 현장에서는 복음을 살아내지 못하는 이중적 신앙에 빠져 있다. 칼 바르트는 "하나님의 말씀은 살리는 능력이 되어야 한다"라고 했다.[74] 하나님이 주신 땅(가정, 교회, 삶의 현장)에서 혐오와 정죄로 뒤덮인 외침은 생명을 주는 진리가 아니다. 진리를 말할 때, 그 진리는 반드시 사랑으로 말해져야 한다. 그렇지 않으면 그 말은 더 이상 진리가 아니다. 진리는 정죄나 통제의 언어가 아니다. 사랑과 자유의 언어로 말해질 때 그 빛을 발한다. 진정한 신앙은 '안에서의 거룩'이 '밖에서의 복음'으로 이어져야 한다. 이를 위해 몇 가지 대안을 제시한다.

첫 번째, 교회는 소외된 이웃을 위한 '구조적 실천 계획'을 수립해야 한다. 장애인, 난민, 이주노동자, 독거노인, 비혼모, 청년 실업자 등 사회적 약자를 위한 지속적이고 체계적인 돌봄과 개입 사역이 필요하다. 예를 들어 장애인과 함께 예배하는 환경 개선(경사로, 점자 성경, 수어 예배) 등이 있다. 이주민 대상 한국어 교육, 법률 상담, 무료 진료 사역이 있다. 청년 세대를 위한 심리상담, 취업 멘토링, 주거 공유 프로젝트가 있다. 중대형 교회는 독자적으로 대안을 마련하면 되고, 작은 교회는 플랫폼을 만들어 서로 연대하면 된다.

두 번째, '말씀 적용'의 기준을 교회 안이 아닌 '삶의 현장'에 두어야 한다. 직장, 가정, SNS, 지역 사회에서 말씀을 실천하고 변화를 일으키는 것을 신앙의 본질로 강조해야 한다. 예를 들어 주일 설교 후 '이번 주 말씀을 직장에서 어떻게 적용할 수 있을까?'를 묻는 나눔 가이드를 제공한다. SNS나 공동체 플랫폼에 '말씀 실천 인증 챌린지'를 통해 생활 속 실천 공유한다. 매 주일 삶의 현장에서 있었던 일들을 주일 설교 전에 5분 간증한다.

세 번째, 교회 자원(공간, 시간, 예산)을 '공공성 확장 사역'에 전략적으로 할애한다. 한국교회는 선교적 교회로의 패러다임 전환이 시급하다. 뉴비긴은 "교회가 선교적 공동체임을 분명히 인식해야 한다."라고 말한다.[75] 교회는 세상을 향해 나아가고, 세상과 타협하지 않으며, 세상을 복음화하는 공동체다. 따라서 성도는 말이 아닌 삶으로 전도와 선교의 삶을 보여주어야 한다.

예배당은 단지 성도만을 위한 공간이 아니라, 지역사회를 섬기기 위한 공공 인프라로 활용되어야 한다. 예를 들어 교회 교육관을 주중에 마을 노서관, 청소년 공부방, 공동육아방으로 개방한다. 1층을 쉐어카페, 무료급식소, 사회적 약자를 위한 쉼터로 전환한다. 교회 예산의 일정 비율을 '공공선 프로젝트'로 편성(지역주민을 위한 의료비 지원, 장학금, 주거 지원 등)한다. 교회의 상황에 따라 우선순위를 정하고 성도들과 함께 실천에 옮긴다.

공적 신앙은 선택이 아닌 교회의 본질이다. 복음은 개인의 경건에서 멈추지 않고, 세상의 아픔에 응답하는 공공의 행동으로 드러나야 한다. 교회는 더 이상 '안에서만 거룩한 공동체'가 아니다. 세상 속에서 살아 움직이는 하나님 나라의 대사관이 되어야 한다. 민은정은 "성공한 브랜드들은 세상을 바라보는 자신들만의 관점이 있었고, 더 나은 세상을 향한 변화의 꿈이 있었으며, 사람들을 모아 이루어 나가는 힘이 있었다."라고 말한다.[76] 교회가 갖추어야 할 브랜드는 더 나은 세상을 향한 꿈이다. 하나님 나라의 복음이라는 브랜드 안에 사람들을 모아 이루려는 세계관이 담겨 있다. 결국, 진리의 외침이 실천으로 이어지지 않는 교회의 모습은 신뢰를 잃게 된다. 교회가 세상에 미치는 영향력을 약화시킨다.

교회가 진리를 외친다면, 그 진리는 고통받는 이들과의 연대 속에서 실천되어야 한다. 이 부분을 헨리 나우웬은 이렇게 말한다. "진리는 단지 외쳐지는 것이 아니라, 살아지는 것이다."[77] 진리를 진리답게 만드는 힘은 말이 아니라 삶이다. 삶으로 진리를 외칠 때, 그 외침은 세상을 변화시키는 능력이 된다. 현실에서는 삶보다 외침이 더 힘을 발휘한다. 안타깝게도 진리를 선포하는 이는 많지만, 살아내는 목회자와 성도는 부족하다. 복음은 본질적으로 타자를 위한 선포이며, 이는 사랑과 환대의 형태로 나타나야 한다.

교회는 연기된 경건이 아닌, 진실된 경건으로 먼저 다가서야 한다. 먼저 사랑을 공급해야 한다. 세상 사람들에게 먼저 다가서는 사랑이 되어야 한다. 이처럼 교회가 진정으로 세상을 변화시키고 싶다면 진리를 겉으로만 외치는 것이 아닌 '살아 있는 실재'가 되어야 한다.

하상훈 목사

부천하나교회 담임이자 영적습관 디자이너이다.
저서로 《ALL-IN-ONE-NOTE》가 있다.

3_ 타락을 지나 답까지 없다

우리만 옳다고 생각하는 순간 추락한다

교회는 타락한 세상을 타락하지 않게 해야 한다. 할 수만 있다면 덜 타락하지 않게 하는 역할을 감당해야 한다. 그러나 오늘날의 교회는 교회의 사명을 감당하지 못하고 있다. 교회가 더 타락하고 있는 것은 아니냐는 질문이 저절로 따라오고 있기에 그렇다.

한국교회는 왜 타락하고 있는가? 교회가 하는 것은 모두 옳다는 생각 때문이다. 하나님이 하시는 것이 모두 옳다는 것은 맞다. 하지만 교회가 하는 것이 모두 옳지만은 않다. 한때 교회가 하는 것이 정답처럼 보일 때도 있었다. 2025년을 살아가는 지금은 결코 그렇지 않다. 교회는 좋지 않은 의미의 손가락질 대상이다.

우리가 정답이라고 생각하는 순간 조직, 나라는 쇠퇴한다. 한때 영국이 하는 것이 답이라고 여겼다. 대영제국은 해가 지지 않는 나라였다. 그런 나라가 해가 지기 시작했다. 세상은 영국이 하는 것이 정답이라고 여기지 않기 시작했다. 영국은 언제부터인가 강대국으로서의 우월적 지위를 잃기 시작했다. 피터 드러커는 《프로페셔널의 조건》에서 영국을 이렇게 말한다. "1850년대로 접어들자 영국은 강대국으로서의 우월적 지위를 잃기 시작했고, 또한 산업 경제에서의 입지가 흔들리기 시작했다. 처음에는 미국에 그리고 그다음에는 독일에 밀리기 시작했다. 영국이 뒤처진 주된 이유가 경제적인 것도 기술적인 것도 아니라는 주장은 다들 인정하는 사실이었다. 주된 이유는 사회적인 것이었다. 경제적으로 특히 재정적으로 영국은 제1차 세계대전까지 강대국의 지위를 지켰다."[78] 영국이 하는 것을 다른 나라가 정답이라고 인정하지 않자 강대국으로서의 우월적 지위를 잃기 시작했다.

미국이 두 번째 트럼프 시대를 맞았다. 그러자 미국이 관세 정책을 편다. 미국만 살고 다른 나라는 죽이겠다는 정책이다. 결국, 세상을 다 힘들게 하자는 정책이다. 이전에는 미국이 손해를 감수하며 펼치는 정책으로 인해 미국을 신뢰했다. 지금은 다른 나라가 미국을 걱정한다.

한국교회는 선교 초기 나라의 유일한 소망이었다. 교회는 사람들에게 매력이 넘쳤다. 식민지국이 아닌 독립국을 만들기 위해 그리스도인이 몸을 바쳤다. 나라를 잃고 고통받는 백성들에게 해답이 되어주었다. 많은 애국지사, 조선의 신비들이 교회로 들어왔다. 교회는 학교, 병원 등을 세워 사람을 키우고 고쳐주었다.

한국교회가 1984년 선교 100년을 지난 뒤 140년이 된 즈음인 2024년, 2025년에는 인원을 동원해 정치의 하수인 역할에 몰두했다. 사람들은 더 교회를 외면했다. 교회의 신뢰도 호감도는 바닥으로 꽂혔다. 대한민국에서 가장 큰 종교라는 그 지위를 불교에 넘겨주었다.

교회가 하는 일은 무조건 옳다고 주장하면 사람들의 신뢰는 추락하기 시작한다. 교회가 추락하기 시작하자 교회는 교회의 본연의 역할이 아니라 힘을 갖고자 했다. 세상의 힘을 갖고자 하면 교회는 타락하기 시작한다. 누군가 이런 말을 한다. "교회가 더 망해봐야 정신을 차릴 거야!" 이런 말을 하는 것은 교회가 추락하지만, 정신 차리지 못했다는 그 사람의 진단이다. 교회가 선교 100주년 이전보다 훨씬 많이 타락했다. 교회는 타락했으면 타락의 대가를 치러야 한다. 교회는 타락의 대가를 받기는커녕 오히려 더 성장했다. 지금이라도 교회는 더 이상 타락하지 않기 위해 타락의 대가를 치러야 한다.

곽중근 전 육군특수전사령관 아내가 한 말이 있다. "잘못한 건 벌을 받아야 한다." 곽 전 사령관의 생각과 가족의 입장은 이렇다. "계엄군으로 국회에 들어간 것은 잘못됐다.", "잘못한 것이니 벌은 당연히 받아야 한다.", "남편의 명령으로 들어간 부하를 위해서라도 다 책임진다고 했다." 세상도 잘못한 대가를 치른다. 교회는 추락으로 퇴보로 타락한 대가를 치르고 있다. 하지만 이 정도로는 안 된다. 교회가 자기 자리로 돌아와야 한다. 힘의 권력을 잡으려 하면 안 된다. 교회 규모를 확장하려면 안 된다. 교회는 교회의 역할에 충실해야 한다.

교회가 타락의 대가를 치르면 무척 쓰다. 교회는 아주 큰 쓴맛을 봐야 한다. 쓴맛을 보면 더는 타락하지 않으려 몸부림칠 것이다. 교회는 타락한 대가를 치른 뒤 할 일이 있다. 교회가 더 타락하지 않도록 지침서로 삼아야 한다. 더 나아가 세상이 더 타락하지 않는 방패막이가 되어야 한다.

교회의 타락은 끝을 모를 정도이다

교회는 세상의 타락을 막는 방패막이가 되어야 하는데 교회가 끝없이 타락의 길로 가고 있는 것 같다. 타락에는 두 가지 유형이 있다. 하나는 알고 타락하는 경우이다. 다른 하나는 몰라서 타락하는 경우이다.

교회는 알고 타락하는 경우가 많은 것 같다. 만약에 알고 타락한다면 이미 교회의 기능을 상실했다고 할 수 있다. 다음으로 교회가 몰라서 타락하는 경우이다. 인간은 몰라서 타락하는 경우도 꽤 많다. 목회자도 그럴 수 있다. 목회자가 교회를 섬길 때 자신이 할 일은 하지 않고 하지 않아야 할 일을 하는 경우를 많이 본다. 그것은 알지 못한다는 것이다. 모르고 타락하다 보니 올바른 모습을 보이지 못한다. 이광호는 《한국교회 무엇을 개혁할 것인가》에서 목회자를 이렇게 평가한다. "교회 지도자들이 올바른 모습을 보이지 못함으로써 사회로부터 지탄의 대상이 되는 경우가 허다함과 기독교 신앙이 현세 기복적이 되었음에 대해 개탄하는 이들도 다수 있다."[79] 목회자는 사회로부터 지탄의 대상이 되고 있다.

목회자는 알고 타락하든, 모르고 타락하든 타락하지 않도록 신경 써야 한다. 그렇지 않다면 타락의 그 끝을 알 수 없게 된다. 한국교회가 타락한다는 것은 불행만이 기다린다는 것이다. 불행이 기다리면 교회의 미래가 불안하다. 교회만 불안하지 않다. 사회도 불안이 심각하다. 한병철은 지금의 사회를 불안사회라고 규정한다. 그는 《불안사회》에서 불안은 훌륭한 지배 도구라고 말한다. "불안은 훌륭한 지배 도구다. 대중을 순종하게 하고, 공갈에 취약하게 만들기 때문이다."[80] 세상을 불안하게 하는 데 교회까지 보탤 필요는 없다. 교회가 타락하면 사회가 불안하기 때문이다.

그는 불안을 이렇게 정의 내린다. "만연해진 불안의 분위기는 희망의 싹을 질식시킨다. 불안으로 인해 우울한 기분이 널리 퍼진다. 불안과 르상티망(Ressentiment)은 대중을 우파 포퓰리즘으로 인도한다. 그리고 혐오를 선동한다. 연대와 친절과 공감은 서서히 붕괴된다. 증가하는 불안과 커지는 르상티망은 사회 전체를 난폭하게 만든다. 그러다 종국에는 민주주의를 위협한다." 버락 오바마 미국 전 대통령은 퇴임 연설에서 이같이 말했다. "민주주의는 불안에 굴복하면 무너지게 됩니다." 불안과 민주주의는 양립할 수 없다. 민주주의는 화해와

대화의 분위기 속에서 그 꽃을 피우기 때문이다. 자기 의견이 절대적이라고 주장하면서 타인의 이야기를 경청하지 않는 사람은 민주 시민이라고 할 수 없다."[81]

세상은 불안을 훌륭한 지배 도구로 사용한다. 교회도 교인을 불안하게 해 목회의 도구로 사용할 수 있다. 하지만 그렇게 하면 안 된다. 과거에 교회는 종말론 등으로 교인에게 불안을 조성해 교회가 하지 않아야 할 행위를 많이 했다. 이런 것이 교회 타락의 한 유형이다.

목회자는 자신을 정확하게 봐야 한다

한국교회가 왜 타락하는가? 목회자가 능력이 되지 않는데 능력 이상의 목회를 한다고 포장하기 때문이다. 자신의 분에 넘치거나, 능력의 한계치에 다다르면 사양할 줄 알아야 하는데 그렇게 하지 않는다. 분에 넘치는 자리를 차지하려고 눈을 부라릴 뿐이다.

한국교회는 세계적인 유례를 찾아볼 수 없는 양적 부흥을 일구어 냈다. 이젠 질적인 부흥으로 방향을 잡아야 한다. 교회가 하나님으로부터 양적 부흥을 선물로 받았다면 그 부흥을 하나님의 영광을 위해 사용해야 한다. 목회자는 더 자신을 낮춰야 한다. 목회자는 자신을 높일 수 있는 자리를 추구한다. 교회에서도 부족하다고 세상의 권력과 영합하려 한다.

초대형교회는 하나님의 은혜로 부흥했다고 입만 열면 말한다. 행동은 자신의 능력으로 되었음을 은근히 자랑한다. 그 결과 세상에 보여 지는 것은 타락의 극치를 향하는 것만 보여줄 뿐이다.

김선주의 《한국교회의 일곱 가지 죄악》의 목차가 재미있다. 목회자는 영혼을 지배하는 권력자이다. 교회는 이념의 성전이다. 복음은 유니폼 크리스천의 액세서리이다. 이런 말들은 교회가 타락한 것을 보여주고 있다.

필자는 초대형교회 목회자들은 타락을 지나 타락 안에 갇혀 있다는 생각이 저절로 든다. 담임 목사라는 직함으로 그치지 않는다. 그들의 명함은 적어도 10개가 넘는다. 그 많은 명함은 그들이 타락하고 있다는 것만 보여준다는 생각만 든다.

초대형교회 목회자들은 자신의 말, 설교, 행동이 표준이라고 말하는 것 같다. 자기 생각이 무조건 맞다고 주장한다. 이런 착각은 타락의 모습이 어떤 모습인지 보여준다.

초대형교회 목회자는 부패 위에 성장하고 있다면 착각의 말일까? 한국교회 전체를 고려하지 않는다. 오로지 자신이 목회하는 교회를 기준으로 삼는다. 교회가 초대형교회라고 믿음이 가장 좋다고 할 수 없다. 초대형교회는 자신을 안전하게 해 주는 안락의자에 불과하다.

목회자는 자신의 능력 이상을 목회하려 하지 않아야 한다. 자신 능력 이상의 직함을 획득하려고 하지 않아야 한다. 한 교회를 목회하는 것으로 감지덕지해야 한다. 목회자가 자기의 능력을 인지하고 목회하려면 삼가 깨어 있어야 한다. 타락의 끝은 멸망이기 때문이다. 히브리서 6장 6절은 "타락한 자들은 다시 새롭게 하여 회개하게 할 수 없다."라고 한다. 새롭게 할 수 없으니 끝이다. 교회가 타락하면 죄악에 휩쓸려 허물어진다. 그러니 하나님 앞에서 매일 깨어 있기 위해 힘을 모아야 한다.

영적 교만이 타락으로 이끈다

교회는 왜 타락하는가? 영적 교만이 그 원인이다. 어쩌면 교회는 영적으로 교만한 것이 정상일 수 있다. 영적인 면에서는 최고이기 때문이다. 교회는 하나님과 직접 대화할 수 있는 유일한 공동체이니 이런 면에서 교만하지 않을 수 없다. 그럴지라도 교회는 세상에 대해 교만함을 보이지 않아야 한다.

 교만하면 하나님으로부터 버림받는다. 이스라엘 역사를 보면 교회는 교만하다는 것이 입증된다. 구약에서 이스라엘은 전쟁에서 승리하면 곧바로 교만해졌다. 교만해지면 하나님을 멀리하거나 부인함으로 하나님으로부터 버림받는다.

 역대하 26장에서 웃시아가 왕위에 오른다. 당시 그의 나이 십육 세이다. 그는 하나님의 묵시를 밝히 아는 스가랴가 사는 날에는 하나님을 찾았다. 그가 여호와를 찾을 동안에는 하나님이 형통하게 하셨다 (5절). 암몬 사람들이 웃시야에게 조공을 바치매 웃시야가 매우 강성하여 이름이 애굽 변방까지 퍼졌다(8절). 그러자 그는 교만해지기 시작했다. 그는 제사장만 할 수 있는 제사를 드리려 한다. 이를 역대하 26장 16절에서 이렇게 말씀한다. "그가 강성하여지매 그의 마음이 교만하여 악을 행하여 그의 하나님 여호와께 범죄하되 곧 여호와의 성전에 들어가서 향단에 분향하려 한지라."

이런 웃시야의 행동을 하나님은 가만히 보고만 계시지 않았다. 그를 쳐 이마에 나병이 생기게 하셨다(19절). 그의 교만한 행동은 불행하게 만들었다. 21절에 그의 최후를 이렇게 말씀한다. "웃시야 왕이 죽는 날까지 나병 환자가 되었고 나병 환자가 되매 여호와의 전에서 끊어져 별궁에 살았으므로 그의 아들 요담이 왕궁을 관리하며 백성을 다스렸더라(21절)."

한국교회는 하나님의 은혜로 엄청난 부흥을 이루었다. 세계에서 이런 유례를 찾아볼 수 없을 정도다. 교회를 개척하면 반년이 되지 않아 몇백 명 되는 것이 흔했다. 많은 개척교회가 초대형교회 되는데 걸림돌이 없었다. 교회가 필요 이상으로 부흥의 역사를 이루자 교회는 교만해졌다.

부흥할수록 갖춰야 할 것은 겸손이다. 이제부터라도 한국교회는 겸손해야 한다. 강대상에서는 겸손을 부르짖지만, 행동은 교만하기 짝이 없다. 인간은 본래 겸손할 수 없다. 유발 하라리는 "인간은 탐욕스럽고 교만하고 잔인하기 짝이 없다."라고 한다.[82] 한국교회도 탐욕스럽고 교만하고 잔인하기 짝이 없다.

여전히 한국교회는 우리나라 최대의 종교이다. 세계에서 가장 큰 교회 10개 중 8개가 한국교회이다. 이럴진대 교만하지 않은 것이 이상하다. 교회가 교만하다 보니 성경만 알면 된다고 외친다. 세상 학문은 펼쳐보지 않아야 한다고 강조한다. 인문학 책을 손대면 인본주의자라고 손가락질한다.

교만하면 무시가 기본이 된다. 세상의 조직을 깡그리 무시한다. 하나님이 없는 곳은 무조건 죄악시한다. 신학교에서 특별은총과 일반은총을 배운다. 교만해지면 특별은총인 말씀만으로 다 된다고 말한다. 하나님만으로 충분하다고 말한다.

교회가 보여주는 현실은 하나님도, 말씀도 아닌 돈과 세상적인 힘으로 충분하다는 것이다. 교회가 교만하면 통제가 되지 않는다. 교회가 교만하니 "하나님 까불면 죽어!"라는 말을 뻔뻔하게 내뱉는다.

교회가 교만해지니 진리는 말로만 하고 행동은 탐욕만 추구한다. 유발 하라리는 《넥서스》에서 악의적인 사람들이 사람을 속이고, 오류를 만들어낸다고 한다. "탐욕이나 증오에 사로잡힌 악의적인 사람들이 중요한 사실을 숨기거나 우리를 속이려고 시도할 수도 있다. 이 때문에 정보가 때때로 진실이 아닌 오류를 만들어내기도 한다."[83] 교회가 하는 일이 진실만이 아니라 오류를 만들어낼 수 있다는 것을 인지해야 교만해지지 않는다. 교회가 정보의 오류를 만들어낼 수 있다고 생각되면 교회는 더 겸손해야 한다. 교회는 교만하면 안 된다. 영적 교만이 타락으로 이끄는 빠른 길을 만들기 때문이다.

유발 하라리는 "1933년에 독일인 대부분은 사이코패스가 아니었는데 그들은 왜 히틀러에게 투표했을까?"[84]라고 질문한다. 그 이유는 집단의 힘에서 나온다고 한다. "통제할 수 없는 힘을 불러내는 인간의 경향은 개인 심리에서 나오는 게 아니라 대규모로 협력하는 우리 종의 독특한 특징에서 비롯한다."

초대형교회가 되면 집단이 된다. 집단이 되면 저절로 교만으로 이어진다. 하지만 교회는 달라야 한다. 더 겸손해져야 한다. 그 교회가 하나님의 교회라면 다른 교회와 다르기 때문이다.

교회는 '은혜'라는 말을 내려놓을 때 변화될 수 있다

겸손해진 교회는 은혜를 추구한다. 교만해진 교회는 '은혜'라는 말을 자기 편리성으로 남용한다. 교회는 교만에서 겸손으로 변화해야 한다. 변화하려면 은혜라는 말을 적확하게 사용해야 한다.

한국 사회에서 변하지 않는 조직 중 하나가 교회이다. 교회는 변화를 말로만 외친다. 교회를 제외한 세상은 변화해야 한다고 역설한다.

교회가 변화를 추구하지 않는 것을 톰 레이너는 사람들은 변화보다 죽음을 선택한다고 말한다. "대부분의 사람들은 변화하느니 죽는 편을 선택한다."[85] 사람들은 변화를 단행하느니 죽는 편을 선택한다는 것이다. 교회도 그렇다. 교회가 변화를 외치지만 변화를 이루어내지 않는다. 죽는 편을 선택했기 때문이다.

교회는 자체의 변화를 추구하기보다는 이런 생각을 한다. '교회는 제대로 가고 있으니 세상만 변화하면 된다.' 그리고 세상이 변화되지 않으면 그러지 말라고 한 마디를 보탠다. 교회가 세상에 변화하라고 종용하려면 교회가 먼저 변해야 한다.

재미있는 것이 있는데, 교회가 개혁을 요구받으면 반드시 이런 말을 한다. "하나님이 다 하신다.", "하나님의 은혜로 다 된다." 이런 말을 한 뒤 그 말 뒤에 숨는다. 교회가 변화하지 않겠다는 항변이다.

교회는 세상이 원하는 수준으로 변화하려면 반드시 개혁해야 한다. 교회가 개혁할 때도 개혁하지 않으니 가장 타락한다고 한다. 교회가 개혁할 때는 종교개혁 당시가 아니라 지금이라고 한다. 그만큼 타락의 도가 지나쳤다는 말이다.

교회는 개혁할 때 하지 말아야 할 것이 있다. 첫째는 "하나님이 하신다"라는 말이다. 개혁은 인간이 해야 한다. 하나님이 하시면 인간이 죽임을 당한다. 하나님은 심판으로 개혁하신다. 개혁은 교회가 앞장서서 하는 것이 합당하다. 인간이 할 수 있는 것을 하나님께서 하시도록 전가하는 것은 아닌 것 같다.

〈침범〉이란 영화가 있다. 민(유리)이 성년이 된 뒤 이런 말을 한다. "어릴 적 기억이 없어. 그래서 사람을 잘 못 믿어." 민은 20년 지나 성년이 된 후, 어린 시절의 기억이 없다. 그녀는 기억을 잃은 후 특수 청소 업체에서 일한다. 어느 날 그녀의 앞에 해맑은 얼굴의 침입자 해영(이설)이 나타난다. 해영은 민이 쌓아온 일상의 틈을 아무렇지 않게 비집고 들어온다. 해영에게 민은 묘한 불안감을 느낀다. 민의 삶에 해영이 선을 넘어 사생활을 침범하는 순간부터 균열이 시작되었다. 개인 삶의 영역이 침범당하니 가까웠던 둘의 관계에 균열이 시작된 것이다. 마찬가지로 우리도 하나님의 영역을 침범하면서까지 개혁을 하나님께서 해 달라고 하면 안 된다. 교회가 할 수 있는 개혁은 교회가 마땅히 해야 한다. 교회가 하지 않으려 하나님께서 개혁에 앞장서 달라고 개혁을 회피하면 안 된다. 그럼 개혁된 교회를 만들 수 없다.

둘째는 자기를 지키려고 해서는 안 된다. 개혁은 놓을 것을 놓아야 가능하다. 놓을 것을 놓지 않으면 개혁은 가능하지 않다. 고통, 좌절, 절망에 이를지라도 개혁에 걸림돌이 되는 것은 놓아야 한다.

셋째는 초대형교회나 초대형교회 목회자들에게 개혁을 기대하면 안 된다. 가진 교회는 놓기보다는 지키고 싶은 것이 인지상정이다. 초대형교회보다는 작은 교회가 먼저 개혁해야 한다. 작은 교회의 분위기가 개혁적이면 초대형교회는 슬며시 동참한다. 개혁은 작은 교회부터 가능하다. 작은 교회 목회자는 할 수 있다. 교회 개혁은 권한이나 권력을 쥔 초대형교회 목회자가 할 수 없다. 종교개혁자 루터가 초대형교회 목회자가 아니었다는 것을 기억할 필요가 있다. 권력을 갖지 않았기에 종교개혁을 위해 자신을 내놓을 수 있었다.

넷째는 더 타락하고 있는 한국교회의 개혁은 평신도가 할 수 있다. 교회 개혁은 목회자의 손을 떠났다는 것이 필자의 생각이다. 정치가는 대중을 두려워한다. 하지만 많은 목회자가 교인을 두려워하지 않는다. 최소한 함부로 행동하면 안 된다는 것 정도 인지한다. 개혁이 목회자의 손을 떠났다면 평신도가 할 수 있다. 즉 교회 개혁은 평신도 손으로 넘어갔다. 그러므로 평신도가 앞장서서 교회 개혁의 전면에 나서야 한다. 한국교회가 미래에 세상의 희망이 되려면 목회자가 아니라 평신도 스스로가 주인의식을 갖고 개혁에 앞장설 때 가능하다.

프랑스 대혁명이 성공을 거둘 수 있었던 것은 파리에 지식인이 2천 명이 있었기 때문이다. "18세기는 담론의 시대, 파리에만 철학자를 자처하는 지식인이 2천 명을 헤아리고 살롱의 수는 8백 개를 넘었다."[86] 작은 교회 목회자와 평신도 지식인 수천 명이 힘을 모으면 한국교회의 개혁이 가능하다.

김도인 목사

〈아트설교연구원〉 대표이자 출판사 〈글과길〉 대표이다.
저서로 《설교는 글쓰기다3》, 《목회트렌드 2026》 등이 있다.

4_ 세상으로부터 외면받는다

배금주의에 빠진 교회

오늘날 최고의 자리에 돈이 앉아 있다. 자본주의 사회에서 돈의 위력은 말할 필요가 없다. 돈이 인생의 가치를 결정하고 있다. 사물은 시간이 지나면 모양이 변하거나 썩어 사라진다. 하지만 돈은 시간이 지날수록 더 높은 점유율을 차지한다. 썩지도 않고 그 위력은 반영구적이 된다. 이런 능력 앞에서 교회는 블랙홀이 되어버렸다.

《맹자》의 〈고자장구 상〉에 이런 글이 있다. 사람들은 자신이 기르던 닭이나 개를 잃어버리면 찾으려 하면서도 잃어버린 마음은 찾을 줄 모른다. 사람이 찾을 것은 마음인데 돈이 되어버렸다. 학문의 길이란 잃어버린 마음을 찾는 데 있다. 닭이나 개들 찾아 헤매는 것은 오늘날 관점에서 보면 성공주의, 물질주의를 뜻한다. 사람들은 재물을 얻기 위해, 성공하기 위해 자신의 모든 것을 내걸고 달려간다.[87] 교회도 이 주류에 편승했다. 물질이 뻗는 본줄기에 맞추어 교회도 하나의 가지가 되려 한다.

교회가 뻗는 가지가 시간이 흐를수록 구부러져 간다. 생명 구원을 외치지만 내면에는 부와 권력에 대한 집착이 강하다. 교회가 하나님 마음의 중심에서 벗어나 닭이나 개를 찾으러 정신없이 동네를 헤맨다. 밖에 있는 것에 마음을 빼앗기자 교회는 외부에 있는 것으로 그 가치를 채우려고 한다. 심지어는 교회는 자신들이 어떤 가지를 뻗고 있는지조차 모르는 것 같다. 지금의 교회가 뻗는 가지에 어떤 열매가 열릴까?

소위 우상이라고 하는 맘몬은 인간 탐욕의 집합체다. 썩지 않을 것이라고 여기는 번영과 성공에 집착한다. 성경에서 말하는 바알과 아세라 섬기기를 즐겨한다. 현재의 교회는 더 심하다고 생각된다.

교회가 추구하는 목적 가운데 하나가 헌금이다. 성도가 신앙생활 하는 목적도 부자가 되는 것이다. 이런 현상으로 교회를 다니는 것이 돈을 많이 벌기 위함이다. 교회는 우상인 돈을 가까이하는 것이 아니라고 강조하기 위해 교회 건물을 세우고, 선교도 하며, 구제 봉사도 할 수 있다고 말한다. 이런 행위는 하나님의 말씀도, 선교도 겉치레이고, 신자들에게 보여주는 위장된 행사일 뿐이다.

믿음의 목적도 왜곡되어 있다. 훌륭한 믿음이 아니라 땅에서의 성공이기 때문이다. 부가 믿음의 목적이고, 기도의 제목이다. 사업이 잘 되어 부자가 되고, 이 땅에서 부귀영화를 누리는 것이 신앙 좋은 곳으로 포장되어 있다. 이것이 맘몬주의이며, 배금주의에 빠진 교회의 모습이다.[88]

교회가 배금주의에 빠지자 방향성을 못 잡아 허우적거린다. 일용할 양식이 아닌 다른 음식을 찾아 교회 밖에서 마음의 안식을 찾는다. 이는 맘몬을 통해 나오는 먹거리며, 물질에서 나오는 양념이다. 이러한 식자재로 만든 음식을 먹으면 언젠가 배탈이 난다. 배금주의 추구는 신앙도 허약해지고, 교회도 흔들리게 만든다. 간혹 넘어지면 세상에 부끄러움만을 남긴다.

빌립보서 3장 19절은 "그들의 마침은 멸망이요 그들의 신은 배요 그 영광은 그들의 부끄러움에 있고 땅의 일을 생각하는 자라"고 말씀한다. 교회가 하늘에서 내려오는 음식이 아닌 땅에서 나오는 먹거리에 중독되니 마침내 멸망의 문 앞에 선다.

숫자에 빠진 교회

교회는 배금주의에 중독되어 있다. 그 중독을 숫자를 통해 알 수 있다. 교회는 신앙 성숙이 아니라 교세 통계표를 통해 성도를 관리한다. 성도의 수, 건물 평수, 예산을 교회 평가 기준으로 삼는다. 통계수치가 높으면 좋은 교회, 훌륭한 교회이다.

만약 대형교회의 부정적인 면을 지적하면 그 교회의 성도 숫자가 얼마나 많고, 예산도 넘치는데 잘못된 교회일 수 있냐는 반응으로 되돌아온다. 숫자가 많으면 교회의 잘못도 가리고, 허물까지도 덮는다. 이는 배금주의의 폐해이다.

숫자에 빠진 교회임을 보여주는 것이 그래프이다. 어떤 중대형 교회 교역자실 벽면에 그래프가 십자가처럼 붙어있다. 매 주일 해당 교구 참석 인원, 월별 십일조, 감사헌금이 빨간색 눈금으로 표시되어 있다. 그래프 눈금을 채운 교역자는 칭찬과 함께 보너스와 휴가 등의 특혜를 받는다. 눈금을 채우지 못한 교역자는 비교 대상이 되어 책망을 받는다.

교회는 신앙 인격이 중요한 곳이다. 하지만 교회의 인격이 숫자에 의해 무너지고 있다. 사랑도 숫자 앞에서 허약하다. 헌신과 열심도 숫자의 저울을 못 이긴다. 숫자 그래프에 빠진 교회를 세상은 교회로 인정하지 못한다고 말한다.

교회가 숫자에 빠지자 헌신과 희생도 숫자로 계산하려 든다. 헌신과 희생은 돈으로 드러나야만 진짜라고 말한다. 돈은 눈으로 바로 확인이 가능하다. 하지만 육안으로 설명할 수 없는 영적인 부분도 있다. 사람은 고난 뒤에 영안이 열린다. 보이지 않는 걸 보는 눈이 뜨인다. 들리지 않는 걸 듣는 귀가 열린다. 이것이 바로 고생값이다.[89] 고생을 통해 얻은 가치는 숫자로 환산할 수 없다. 환산할 수 없는 것조차도 눈으로 확인하려는 모습은 위험하다. 위험을 무릅쓰고 숫자를 원한다. 숫자를 먹고 마시는 교회는 점점 고도 비만으로 변한다.

식용에 영향을 미치는 물질에 '렙틴'이라는 호르몬이 있다. 랩틴은 생존에 필요한 식사와 에너지를 조절하고 과도한 식욕을 억제한다. 하지만 렙틴이 제대로 분비되지 않으면 과식하게 된다. 뇌에서 '먹지 말라'는 신호를 보내도 반응하지 않는다. 나중에는 고도비만이 되어 몸이 망가지게 된다.[90] 교회는 숫자라는 돈의 식단을 조절해야 한다. 조절하지 않으면 건강이 위험해지는 고도비만이 된다. 교회 역할을 제대로 하지 못한다. 얼마 가지 않아 교회는 세상에 비판을 받는다. 영적인 활력을 잃은 교회는 비대해져 움직이지 못해 관심에서 멀어진다.

교회가 숫자를 세려는 유혹에서 벗어나야 한다. 배금(拜金)에서 벗어나 은혜와 기쁨을 나누는 배급(配給)으로 방향을 돌려야 한다. 무게를 줄이고 좋은 것을 나누면 몸이 가벼워져 교회다운 모습을 회복할 수 있다. 교회는 세상으로부터 외면받는 교회가 아니라 정면으로 마주할 수 있는 건강한 교회가 되어야 한다.

개교회 중심의 교회

한국교회는 개교회 중심의 개인주의 신앙을 추구한다. 시작은 적합

했지만, 시대가 흐르니 정반대가 되었다. 개교회주의는 하나님의 나라를 세우는 다른 교회까지도 연합의 대상이 아닌 그저 경쟁상대로 여긴다. 경쟁상대가 되니 우리 교회는 이웃교회보다 예배드리는 횟수도 많아야 한다. 사회봉사 참여도도 높아야 한다. 교회가 하나님 교회로의 본질을 잊고 개교회만의 브랜드를 갖추려고 안달한다.

브랜드는 다른 교회와 차별되어 있다는 것을 보여주는 상품 가치다. 세상은 브랜드에 따라 상품의 가치가 달라진다. 높은 가치를 추구하기 위해 타사제품과 다른 점을 홍보한다. 개교회 중심의 개인주의가 교회 가치의 발목을 잡고 있다.

개교회들은 다른 교회보다 더 좋은 브랜드를 만들기 위해 세상의 방식을 쫓아간다. 세상의 매력적인 것은 대부분 도입한다. 기독교 모터사이클 동아리, 기독교 보디빌딩팀, 기독교 댄스 클럽, 기독교 오락공원 등이다.[91] 세상에서 필요한 것들을 교회가 뒤따라간다. 브랜드를 통해 특별화된 개교회 이미지를 굳힌다. 교회 간의 경쟁이 치열하다. 경쟁이 치열해지면 반드시 그에 따른 대가가 뒤따른다.

세계 종교를 브랜드로 구분하여 순위를 정한 글을 본 적 있다. 그 책은 가톨릭, 기독교, 이슬람교, 불교, 힌두교 순으로 다섯 종교의 순위를 매겼다. 순위를 정하는 항목 가운데 하나가 같은 종교 안에서의 연합이다. 이 부분에서 '개신교'는 5등의 점수를 받았다.[92] 점수가 낮았다는 것은 교회끼리 연합이 되지 않는다는 결과다. 치열한 경쟁심이 있다는 것을 말한다. 경쟁심은 언젠가 승리자와 패배자가 결정된다. 승리자는 웃지만, 패배자는 도태당한다. 개교회 중심을 고집할수록 결국에는 교회가 승리자가 아닌 패배자가 된다.

이기적인 교회가 되면 세상에 희망을 주지 못하고 피해만 준다. 교회가 하는 잔치가 모두를 위한 잔치가 아니라 개교회만의 잔치가 된다. 열심히 전도하지만 섬김과 나눔은 거의 없다. 이런 이기적인 교회 모습에 세상은 등을 돌린다.

이기적인 모습 가운데 하나가 전도다. 전도는 본래 복음을 전하는 사명이지만, 오늘날 일부 교회에서는 몸집을 키우는 수단으로 사용한다. 내 교회 몸짓 늘리는 수단으로 전락했다. 수단이 사명이라는 이름으로 옷을 갈아입고 이웃교회, 지역 사회까지 침범한다. 옆 교회 성도라도 탈출시켜 내 교회 성도로 만들려고 한다.

교회는 많은 부분 새 신자보다 기존 신자 유입을 더 선호하고 있다. 성도를 따로 교육할 필요가 없고, 교회 안에 잘 스며든다는 장점이 있기 때문이다. 반면 우리 교회 성도가 다른 교회로 옮겨가면 그는 배신자 취급한다. 멀리 이사 가는 것, 직장을 옮기는 것 등으로 교회를 옮기려 하는 것조차도 수용하지 않으려 든다. 성도보다 개교회가 잘 돼야 한다는 이기주의 교회가 되어 있다.

개교회 중심인 교회는 오랫동인 교회로서의 기능을 시속하기 어렵다. "하나의 손가락으로는 바위를 들어 올릴 수 없다."라는 아프리카 속담처럼 개교회는 교회 전체를 대신할 수 없지 않은가? 예를 들어 손 하나에도 27개의 뼈와 29개의 관절이 있다. 수많은 인대가 연결되어 손 역할을 하듯, 교회도 서로 연결되어야 세상에서 교회다운 역할을 감당할 수 있다. 시편 133편 1절은 "보라 형제가 연합하여 동거함이 어찌 그리 선하고 아름다운고"라고 말씀하신다. 피를 나눈 형제도 연합함이 아름다운데, 예수 그리스도의 십자가 보혈로 하나가 된 교회가 연합하면 더 아름답다. 이제 개교회 브랜드가 아닌 예수 브랜드로 연합해야 한다. 개교회 중심에서 벗어나 예수 중심으로 돌아가야 한다. 이런 교회가 세상 속에서 다시 빛을 발할 수 있다. 개교회 중심을 잘 유지하되 연합의 정신을 키워야 한다. 지금의 한국교회 모습에서 연합은 선택이 아니다. 교회가 더불어 살아갈 힘을 주는 원동력이다.

세상과 단절된 교회

교회는 기독교 정신을 가져야 한다. 기독교 정신은 세상과의 교류다. 교류는 세상에서 일어나는 문화, 생각, 감정에 대해 반응하는 행동이다. 이런 관계에서 함께 공존하며 살아가는 상생이 기독교 정신이다. 요즘은 상생이 아닌 서로를 단절하니 기독교 정신을 실천하지 않는다.

 헤리 블레마이어는 《그리스도인은 어떻게 사고해야 하는가?》에서 "이 시대는 기독교 교회는 있으나 기독교 정신은 없다."[93]라고 주장한다. 교회는 있지만, 기독교 정신이 없으니 세상과 교류하지 않는다. 이러한 태도는 결과적으로 그리스도인이 세상과 단절된 기독교 세계관으로 세상을 바라보며 살게 만든다.

교회가 게토화되어 가고 있다.[94] 게토화란 특정 집단이 외부와 단절한 채 내부에만 갇혀 살아가는 현상이다. 강영한 교수는 게토화에 대해 이렇게 말했다. "교회가 자기만의 언어를 사용하고, 자기만의 삶을 추구하면서, 주위의 문화와 사회로부터 격리되는 현상이지요. 보통 언어나 공통 언어에 대해서 너무 무지해요. 교회 안에 갇히게 된 것이죠. 교회는 타인의 고통에 공감할 수 있느냐, 없느냐라는 것이 지금 큰 숙제이고, 도전입니다."[95] 교회가 게토화되니 기독교 정신이 있을 수 없다. 교회가 세상과 단절된 언어를 사용하고, 세상에서 사용하는 말을 무시한다. 세상에서 일어난 고통에 대해 공감하지 못한다. '세월호 사건', '이태원 참사', '산사태나 오송 지하도 홍수사태'처럼 세상의 고통 앞에서 교회는 기독교 정신으로 응답하지 못했다.

교회의 공감 결핍이 교회와 세상 사이를 멀어지게 했다. 멀어진 흔적으로 교회가 세상을 위로하지 못하고, 세상의 아픔에 동참하지 않는다. 세상의 울부짖음에 한쪽 귀를 막아버렸다. 이러한 것으로 끝나지 않는다. 기독교 정신이 없는 교회는 신앙의 폐쇄성으로 연결된다.

신앙의 폐쇄성은 바벨탑과 같다. 바벨탑은 모든 것을 단절시키고, 자신들이 세운 신념만을 절대화한다. 절대화하므로 외부와의 소통을 차단한다. 타종교와 타교파, 세상 사람을 배척한다. 세상에 있는 사회 구조, 문화, 학문과의 교류를 불신하고 거부한다. 세상의 것은 세속적인 것으로 간주하면서 부정적인 담을 높이 친다. 조지 버나드 쇼는 "자기 확신이 강할수록 타인의 이야기를 듣지 않게 된다. 그것은 지혜가 아니라 폐쇄성이다."라고 말한다. 교회가 자기 신념만을 고집하는 것은 바른 처사가 아닌 우둔한 행동이다. 폐쇄는 더 이상 교류도 없고, 성장도 없는 단절이라는 결과를 초래하기 때문이다.

단절은 바벨탑처럼 혼자만 높아지는 처사다. 창세기에서 사람들은 자기 이름을 세상에 내고 온 지면에 흩어짐을 면하기 위해 바벨탑을 세웠다. 지금 그들의 이름을 기억하는 사람은 아무도 없다. 성경에 한 사람의 이름도 남기지 못했다. 교회가 이 시대에 바벨탑을 세우고 있지는 않은지 돌아봐야 한다.

성경은 바벨탑을 무너뜨렸다. 그리고 우리에게 무너뜨릴 방법을 가르쳐 준다. 마태복음 5장 16절은 "이같이 너희 빛이 사람 앞에 비치게 하여 그들로 너희 착한 행실을 보고 하늘에 계신 너희 아버지께 영광을 돌리게 하라"고 말씀한다. 착한 행실이 단절을 무너뜨릴 유일한 힘이다. 16절의 빛은 가두는 빛이 아니라 서로를 확인할 수 있는 빛이다. 빛을 통해 서로의 얼굴에 묻은 얼룩을 닦아주도록 한다. 소통하면서 위로하고, 함께하면서 격려하도록 한다.

교회는 기독교 정신을 회복해야 한다. 그다음 기독교 정신을 갖고 세상 안으로 들어가야 한다. 이것이 교회가 살길이다.

 세상이 원하는 교회, 교회가 그리는 교회

허진곤 목사

무주 금평교회 담임목사이다.
저서로 《설교트렌드 2025》, 《다음 역도 문학녘》 등이 있다.

5_ 정치와 결탁해 극우의 앞잡이가 되었다

한국교회 제대로 가고 있는가?

Mac Barnett의 영어 그림책인 《Extra Yarn》(쓰고도 남는 실타래)이 있다. 추운 겨울 가난한 소녀 Annabelle가 있었다. "이 소녀가 길에서 형형색색의 실이 담긴 작은 상자를 발견한다. 손뜨개질의 솜씨가 있는 소녀는 자기와 자기 반려견을 위해 점퍼를 만든다. 놀랍게도 점퍼를 다 만들어도 여전히 여분의 실이 남는다."[96] 무채색의 옷만 입고 있던 친구들의 놀림이 있었지만, 소녀는 친구들을 위해 점퍼를 만들어 준다. 그래도 여분의 실이 남는다. 학교에 갔더니 친구들이 이상한 눈으로 본다. 자기들은 어두운 색깔의 옷을 입고 있었기 때문이다. 부러움 반, 놀림 반으로 말하는 친구들을 위해 소녀는 아름다운 옷을 지어준다. 심지어는 가로등, 나무, 고양이, 새, 우체통까지도 아름다운 옷으로 치장해 준다. 그러자 서서히 그 작은 마을은 아름답고 화려한 도시로 변하게 된다. 놀라운 기적이 일어났다. 나눌수록 실타래 상자에서는 실이 계속 나온 것이다. "그 작은 마을에는 놀라운 변화가 일어났다."[97]

세상이 바라는 교회가 바로 이런 나눔으로 더 나누게 되는 모습이지 않겠는가? 아니 성경이 말씀하는 교회의 모습은 이러해야 하지 않을까? 나눠주고 또 나눠주어도 하나님이 채워주시는 곳이 교회일 것이다. 내 것을 아낌없이 주는 곳이 교회이다. 왜냐하면, 그리스도께서 그렇게 사셨기 때문이다.

오늘날 일부 한국교회는 특정 정치 세력과의 결탁을 통해 신앙 공동체로서의 정체성을 상실하고 있지 않은가? 극우 정치와 종교가 결합된 현상이 우리를 안타깝게 만들고 있지는 않은가? 이는 단순한 정치적 성향의 문제가 아니라, 교회의 공공성과 예언자적 사명의 상실이라는 더 깊은 신학적 위기를 내포하고 있다. 특히 반공주의적 이데올로기, 반지성주의, 문자주의적 성경 해석 등이 정치적 극단성과 결합되면서 교회는 더 이상 복음의 본질을 전달하지 못하고 있다. 한국 교회는 제대로 가고 있는가?

필자는 이러한 현상이 발생한 역사적, 신학적 경로를 조명하고, 교회 본연의 기능 회복을 위한 신학적 대안을 모색하고자 한다. 구체적으로는 한국교회의 반공주의적 신학(사회주의를 반대하는 것은 너무 중요하지만, 무조건 좌파로 몰아가는 것은 주의해야 함) 형성, 미국 뉴라이트 복음주의 수용과 그 왜곡을 살펴볼 것이다. 코로나 19 및 광화문 집회와 같은 사건에서의 교회의 역할, 그리고 결과적으로 드러난 대중과의 단절 현상을 중심으로 논의를 살펴보려 한다.

극우 정치와 보수 기독교의 불편한 결합

한국 개신교는 미국 보수 복음주의와 밀접한 관계 속에서 성장했다. 특히 6.25 전쟁 이후 반공주의는 교회의 핵심 이데올로기로 자리 잡았다. 수도권을 중심으로 대형교회 다수의 목회자는 월남하여 교회를 일구었던 분들이었다. 그러다 보니 자연스럽게 반공이 주된 화두였다. (공산주의의 폐해를 경험한 분들이기에 충분히 이해는 간다). 또한, 미국 복음주의 우파와의 신학적, 정치적 연대를 형성하게 되었다. 미국 복음주의는 20세기 중반 이후 "도덕적 다수(Moral Majority)", "기독교 우파(Christian Right)" 등의 정치 운동을 통해 낙태 반대, 동성애 반대, 전통 가족 옹호를 주요 의제로 삼으며 공화당과 결합하였다. 이러한 흐름은 한국 보수 기독교에도 강력한 영향을 미쳤고, 결국 교회는 특정 정치 담론의 전달 통로가 되었다.

 배덕만은 《태극기를 흔드는 그리스도인》에서 "1960년대 한국전쟁과 함께 미국 사회를 집어삼킨 '매카시 광풍'[98] 속에서 근본주의자들은 반공주의의 우산 아래서 대중의 관심을 끌었다. 이후 흑인 인권 운동, 히피 문화와 성 혁명, 베트남전쟁, 낙태 허용 등으로 1970년대까지 미국 사회가 급진적 변화를 겪었다. 이때 성속이원론과 비관적 역사관에 사로잡혀 사회와 일정한 거리를 유지해 온 근본주의자들이 '기독교 미국'(Christian America)을 수호한다는 명분 아래 현실 정치에 뛰어들기 시작했다. 그들은 당대의 변화를 치명적 위협으로 간주하면서, 그 원인을 '세속적 인본주의'(Secular humanism)에서 찾았다. 그리고 근본주의 내의 이런 움직임은 1970년대 '기독교 우파'(Christian Right)의 탄생으로 이어졌다."[99]라고 진단한다.

특별히 한국 개신교는 초기 미국 선교사들의 지대한 영향을 받았다. 선교사들은 미국에서 일어난 근본주의 운동의 후예들이었다. 신앙적으로는 신실한 사람들이었으나, 신학적으로는 세대주의 또는 근본주의 신학을 가르쳤다. 그러므로 한국 개신교는 다분히 미국의 영향으로 근본주의적인 신학 스탠스를 갖게 되었다.

대한민국에서도 2004년 뉴라이트(New Right)라는 용어가 등장한다. 동아일보 이동관 정치부장은 뉴라이트를 "동유럽 사회주의권 해체 이후 반공 일색인 종전 우파를 대체해 우파 진영을 세련되게 이끌 새로운 우파"[100]라고 소개한다. 미국의 뉴라이트와 한국의 뉴라이트가 접점을 갖게 되는 계기가 만들어진 것이다. 반공, 근본주의 신학, 그리고 정치적 영향력 확대로 서로 손을 잡게 된 것이다. 자연히 한국의 독재 정권은 한국의 보수주의 교회에 손을 내밀게 된다. 이때부터 국가를 위한 조찬기도회가 만들어지면서 정치와 교회는 서로 연대하게 되었다.

그 출발의 취지는 좋았다. 하지만, 정권의 비리에는 눈을 감아주고 보수 교단의 기득권을 유지하려는 시도는 좋지 못한 관례를 만들었다. 독재 군사정권이 몰락하면서 보수 교회들은 사회적으로 비판의 대상이 되곤 하였다. 군사정권 때는 큰 소리를 내지 않다가 진보 정권이 권력을 잡을 땐 소리를 내기 시작했기 때문이다. 교회는 진보건, 보수건 성경적으로 잘못할 때는 목소리를 내야 한다. 공정성을 유지해야 했다. 이런 점에서 아쉬움이 크다. 이런 스탠스가 일반 시민들로부터 비난의 소리를 듣게 된 계기가 되었다.

반지성주의와 교회 내 권위주의 구조

반지성주의란 무엇인가? 지성을 경계하고 적대시하는 문화적 경향이다. 일부 한국교회 목회자는 이러한 태도를 수용한다. 성경에 대한 역사적 성찰, 사회과학적 해석을 배격하고, 목회자의 직관적 해석과 권위에 절대적으로 의존하기도 한다. 성경은 역사적, 신학적, 문예적으로 연구해야 한다. 그래야 그 의미를 잘 드러내게 됨에도 불구하고 반지성적 해석이 진실인 양 부르짖는 사람들이 있다.

이러한 구조는 특히 전광훈 목사를 중심으로 한 교계 정치 운동에서 극명히 드러났다. 그는 "하나님도 까불면 죽는다"라는 발언으로 논란을 일으켰음에도 불구하고 여전히 대규모 지지를 받았다. 이는 이성이나 신학이 아닌, 카리스마와 확신에 기반한 '종교적 포퓰리즘'의 실례로 볼 수 있다.

최경환은 공공신학의 관점에서 "예언자적 증언은 세상에 앞서 자기 공동체를 향해야 한다. 예언자적 증언의 1차 대상은 세상이 아니라 기독교 공동체다. 세상을 향해 하나님의 말씀을 선포하기 전에 먼저 기독교 공동체가 하나님 말씀을 제대로 실천하고 있는지 돌아봐야 한다."[101]라고 주장한다. 교회가 내부 성찰 없이 외부를 정죄할 때 그 신뢰성을 상실하게 된다고 지적한다.

한국교회는 선교 140여 년의 역사를 갖고 있다. 이제는 좀 더 성숙한 신학과 신앙을 가져야 할 때이다. 에베소 교회처럼 첫사랑을 잃어버리면 안 되지만, 이단을 분별하며 성숙한 신학적 견해를 가져야 하지 않겠는가? 성숙한 신학을 견지하면 권위주의는 발을 못 붙이게 된다. 신학을 제대로 할수록 더욱 겸손해지기 때문이다. 반지성주의와 권위주의로 성도들을 억박지르지 말아야 한다. 목소리 큰 사람이 이긴다는 논리로 세상에 소리를 지르면 곤란하다. 광장에서 숫자를 과시하고 큰 소리로 기도하는 모습도 수정해야 한다. 예수님은 골방에서 기도하라고 말씀하시지 않았는가? 은밀한 중에 들으시는 하나님께 기도하라고 하셨다.

목회자들이 지성과 영성을 겸비해야 할 때이다. 경건한 영성을 위해 기도에 전념해야 한다. 겸손한 지성이 되기 위해 처절하게 공부해야 한다. 그때 우리의 목소리가 세상에 들려지게 될 것이다.

사회적 결과: 청년 이탈과 공공성 붕괴

한국 보수 기독교가 극우 정치와 결탁한 결과는 단지 신학의 왜곡에 그치지 않고, 교회와 사회 전체에 심대한 파장을 일으켰다. 대표적인 사회적 결과는 다음과 같다.

첫째, 청년층의 급속한 이탈을 야기했다. 정치화된 교회는 특히 청년 세대에게 혐오의 대상으로 전락하였다. 통계청과 한국갤럽의 종교 인구 조사에 따르면 20-30대 청년층의 종교 이탈률이 급격히 높아지고 있다. 특히 개신교에 대한 부정적 인식이 심화되고 있다. 극우 성향의 정치 발언과 반지성주의가 일상화된 일부 교회는 더 이상 "소통 가능한 공간"으로 인식되지 않는다. 청년들이 교회를 떠나는 이유로는 "정치 편향", "권위주의적 구조", "시대 감수성 결여" 등이 가장 자주 언급된다.

둘째, 교회가 공공성을 상실했다. 코로나19 팬데믹 기간 동안 일부 보수 교회들은 방역지침을 무시하고 집회를 강행하거나, 정치집회(예:

광화문 집회)에 조직적으로 참여하였다. 이는 교회가 생명과 이웃 보호보다 특정 정치적 이념을 우선시한다는 사회적 이미지를 심어주었다. 그 결과 교회는 공적 신뢰를 상실하고, 오히려 사회 갈등의 한 축으로 인식되었다.

셋째, 선교와 복음 전도가 위축되었다. 교회가 복음의 본질보다 이념과 정치를 강조하면서, 비신자들에게 기독교는 '배타적이고 과격한 집단'이라는 인상을 주고 있다. 이는 선교의 문을 좁히고, 전도 대상자들의 반감을 불러일으키게 되었다.

넷째, 사회적 분열의 촉매가 되었다. 일부 목회자와 교회가 선거 시기마다 특정 정당이나 후보를 지지하거나 반대하는 활동에 나선다. 교회 내부는 물론, 교인 가족 내에도 정치적 갈등을 초래하고 있다. 신앙 공동체가 더 이상 하나 됨의 공간이 아니라 진영 논리의 전장이 되어 간다. 공동체성 자체가 해체되고 있다.

다섯째, 지도자의 권위가 위기를 맞았다. 극우 정치에 편승하거나 이를 방관한 목회자에 대한 비판이 거세지고 있다. 특히 '전광훈 현상' 이후, 일부 교회 지도자들이 성경보다 정치 발언에 더 열을 올리는 모습은 목회자의 도덕성에 심각한 의문을 던지고 있다.

이러한 사회적 결과들은 단순한 이미지 실추를 넘어, 교회의 존재 이유와 사명을 근본적으로 흔드는 위기로 해석될 수 있다. 교회가 공적 신뢰를 상실하고 있는 이때 교회가 세상의 소금과 빛이 아니라, 걱

정의 대상이 되어버렸다.

대안은 무엇인가: 예언자적 공동체로서 회복해야 한다

한국교회가 복음의 본질을 회복하고 예언자적 역할을 감당하기 위해서는 무엇이 필요한가? 실제적이고 구체적인 실천이 있어야 한다.

첫째, 정치적 중립성을 회복해야 한다. 교회는 특정 정당의 선거 운동이나 특정 정치인의 지지 선언과 같은 행위에서 벗어나야 한다. 이를 위해 교단 차원의 정치적 중립성 선언과 윤리적 가이드라인이 마련되어야 할 것이다. 목회자는 정치적 이데올로기보다 성경적 올바른 가치를 말해야 한다. 또한, 교인 대상의 선거철 정치 강의는 공정성과 사실 중심으로 운영되어야 한다. 성경적 가치관에 부합한 공약이 무엇인지를 잘 파악해야 한다.

둘째, 비판적 신앙교육을 강화해야 한다. 목회자는 기독교 교육에서 질문과 토론을 환영하는 분위기를 조성해야 한다. 신학교에서는 해석학, 사회윤리, 정치 신학 등의 교육을 강화해야 한다. 예를 들어, 성경공부 교재에 다양한 신학적 견해를 담아 성도들이 한 가지 해석에만 갇히지 않도록 하는 것은 어떤가? 교회 내 북클럽이나 공개강좌를 통해 성도들이 사회문제를 신앙적으로 성찰할 수 있는 장을 열어주면 어떨까?

셋째, 공공성 회복을 위해 실천적 사역을 강화한다. 교회는 단지 설교나 성경공부에 그치지 않고, 지역 사회의 필요에 응답하는 구체적 사역을 조직해야 한다. 예컨대 취약계층 아동 대상 교육 지원, 독거노인 도시락 나눔, 이주민 의료 지원 캠페인, 지역 환경 정화 등은 정치적 논쟁과는 무관하지만, 복음의 공공성과 윤리를 실천하는 장이 될 수 있다.

넷째, 지도자는 책임있는 민주적 교회운영을 확립해야 한다. 지도자는 스스로 권위를 내려놓고 공동체와의 수평적 관계를 형성해야 한다. 교회운영의 민주화를 위해서는 정기적인 재정보고, 회중 의견 청취 제도, 공동의사결정 구조를 갖추어야 한다. 청년들의 의견도 기꺼이 청취해야 한다. 교회 내 의사 결정기구인 당회의 연령을 다양화할 필요가 있다. 60대의 경험도 필요하지만, 40대, 50대 장로들도 많이 나와야 한다. 그래야 다음 세대의 소리를 잘 들을 수 있고 그에 따른 정책을 결정할 수 있게 될 것이다.

다섯째, 기독 시민으로서의 참여문화를 형성한다. 교회는 정치 무관심도, 맹목적 정치 추종도 아닌, 성숙한 기독 시민 의식을 교육해야 한다. 이를 위해 공적 토론회, 기독 시민 포럼, 지역 사회 리더 양성과정 등을 기획하고 운영할 수 있다. 독일과 북유럽의 디아코니아 제도도 도입할 필요가 있다. 교회 안에 복지사와 더불어 사회목지사 역할을 하는 디아코니아가 협업하면 좋겠다. 디아코니아는 대 사회적인 사역을 개발하는 사람이다. 지역에 무엇이 필요한지 연구하고 연구계획서를 시에 제출하여 프로젝트를 개발할 수 있을 것이다. 그래서 복음과 빵을 함께 나누는 교회가 되면 어떨까?

이러한 대안들은 단기적으로는 교회의 저항을 받을 수도 있지만, 장기적으로는 교회가 신뢰를 회복하고 복음의 본질을 회복하는 길이다. 교회가 교회다울 수 있는 유일한 길은 예언자적 정체성을 회복하는 데 있다. 이는 세상을 향한 꾸짖음보다 자신을 향한 회개에서 출발해야 한다. 자신을 돌아보고 이웃을 섬기는 교회가 되어야 한다.

박윤성 목사

기쁨의교회 담임목사이자 총회 교회자립개발원 이사장이다.
저서로 《요한계시록 어떻게 가르칠까》, 《포스트 코로나시대의 리더십, 정의로운 교회》 등이 있다.

6_하나님을 빙자해 사익을 채운다

당회는 비만인데 MZ세대는 영양실조

교회 강단은 당회원만 오를 수 있는 히말라야 정상이어야 하는가? 당회원 중에는 일반 교인은 강단에 오를 수 없다고 목에 힘을 주어 말한다. 그럴 수도 있다. 장로 고시를 통과한 사람들이니까! 아직도 장로만이 교회 강단에 올라 대표기도를 하게 하는 교회도 있다. 일반 교인들은 강단 아래쪽이나 앞자리 의자(기도자 석)에서 기도해야 한다는 생각에 빠져 있다. 당회원들만 가진 생각 비만이다.

    교회, 특히 당회원은 사고의 다이어트가 필요하다. 기득권을 가진 사람들의 생각 비만과 MZ세대들의 영양실조 상태는 비례한다. 예수께서 말씀하신 내 집은 만민이 와서 기도하는 집이라는 말씀을 어떻게 받아들여야 할까? 교회는 당회원의 주장만을 받아들여 그들만으로 연중 순번을 짜서 기도하는 기회를 제공한다. 당회원의 기도는 원래 취지에서 벗어나고 있다. "사람을 의식하여 사람 들으라고 하는 기도가 되었다. 다듬고 다듬어 미사여구로 만든 작문을 낭독하는 것이 되고 만 것이다. 어떤 경우에는 다른 사람이 적어준 기도문을 읽기도 한다. 그 결과 대표 기도자는 하나님께 올리는 기도라기보다 사람의 감각을 즐겁게 해 주는 작문 한 편을 유창하게 낭독하게 된다."[102] 당회원의 대표기도 훈련이 필요하다. 당회원의 훈련되지 못한 기도가 계속된다면 성도가 기도 편식에 빠질 우려가 있다.

조직 교회는 건강한 공동체를 위해 당회를 조직한다. 당회가 건강한 공동체를 세우는데 일조한다. 하지만, 당회가 건강하지 못한 것이 더 많다. 당회원의 직무로 아홉 가지가 있다. 그 중 두 가지는 다음과 같다. "당회는 교인의 신앙과 행위를 통찰하며 세례, 입교할 자를 문답하며 세례식과 성찬식을 관장한다. 당회는 범죄자를 소환 심문하고 증인의 증언을 청취하며 범죄 증거가 명백할 때는 권징한다."

당회원의 잘못된 행위을 권징하는 교회가 있지만 그 수는 적다. 즉 건강하지 못한 당회가 많다. 당회원이 범죄를 저지른 증거가 명확하면 권징해야 한다. 당회원 중에 신앙 행위가 온전하지 않거나 범죄 행위가 드러났을 때 자기를 성찰하는 기회를 갖게 해야 한다. 권징을 하려고 하면 교회를 옮기면 된다는 인식이 팽배하다. 다른 교회는 행위가 온전하지 않은 이들을 협동 장로로 기꺼이 받아준다.

당회가 건강하지 않지만 권징 없이 당회를 두는 것은 목회자가 교회를 성장시키겠다는 비만증세일 뿐이다. 이런 것을 지켜본 MZ세대들은 불만을 품는다. 비정상적인 방법으로 비대해진 당회를 보고 MZ세대들은 견디지 못하고 교회를 이탈한다. 잘못된 당회로 인해 MZ세대들은 영적인 영양실조에 시달린다. 교회 생활에 적응 못 하는 허약 체질이 된다.

MZ세대들은 불의한 방법으로 비만해진 당회를 지켜보려 하지 않는다. "MZ세대들이 교회 출석을 하지 않는 가장 큰 이유는 목회자 때문이다. 이들이 교회 출석을 꺼리는 이유를 보면 1위가 교회 지도자들의 권위주의적인 태도(34.9%), 4위가 교회 지도자들의 언행 불일치의 삶(23.3%)"[103]이다.

이들은 당회원들이 주일 하루만의 퍼포먼스를 원하지 않고 진정한 공동체 일원이 되기를 원한다. 이를 실현하려면 교회는 인구의 38%를 차지하는 MZ세대들 생각과 마음을 알고자 해야 한다. 하지만 당회원은 일방적으로 그들을 가르치기만 하려 든다. 강압적으로 강요할 뿐 그들의 이야기에 귀를 기울이지 않는다. 그들의 소리를 경청하지 않고자 하며 심지어는 불청객 취급을 한다.

세대 분리 전문가들은 MZ세대는 단군 이래 가장 똑똑하고 스펙이 좋은 세대라고 한다. 따라서 문제해결 능력도 탁월하다. 이들은 교회 떠나는 것을 주저하지 않는다. 이전과 다른 MZ세대를 품지 못하니

MZ세대는 영양실조 상태다. 화석처럼 굳어진 제도화된 당회 때문에 영적인 영양실조에 시달리다가 결국 교회를 떠난다. 제도권 안에 있는 당회는 비만인데 MZ세대는 영적 영양실조로 아사 직전이다.

MZ세대가 당회에 원하는 것은 교회의 시설개선이 아니다. MZ세대와 소통할 수 있는 생각 개선이다. 다양성을 인정하고 구성원 모두를 존중해주길 원한다. 교회 내 청년들이 비만 당회로부터 듣는 말은 "너희들이 뭘 안다고"이다. MZ세대는 자기가 뭘 원하는지 분명하게 아는 세대이며, 의미 발견을 가장 중요한 가치로 여기는 세대이다.

MZ세대들의 건강한 신앙을 위해 영양 보충이 절박하다. MZ세대의 영양 보충을 위해 기득권을 중심으로 하는 비만형 사업이 아니라 모든 세대를 품을 수 있는 사람 중심의 사역으로 방향키를 돌려야 한다.

교회의 사명이 사업으로 가고 있다

교회의 기준이 있다. 이 기준은 숫자로서의 기준이다. 교회를 개척교회, 소형교회, 중형교회, 대형교회, 초대형교회로 나뉜다. 개척교회는 30명 미만, 소형교회는 성도 100명 미만, 중소형 교회는 100-500명, 중형교회는 성도 500-1,000명, 중대형 교회는 성도 1,000-3,000명, 대형교회는 3,000-10,000명, 초대형교회는 성도 10,000명 이상이다.

성도가 많으면 성도를 인격이 아니라 숫자로 취급한다. 숫자로 취급하기 시작하면 교회가 기업체처럼 된다. 그렇게 되면 경영 전문가가 교회 행정을 해야 한다. 숫자로 취급받는 교회는 영성을 잃기 쉽다. 영적인 것보다는 숫자와 손익 계산을 먼저 한다. 숫자로 본다는 것은 우리가 놓친 것이 있다는 것이다. 모판에서 벼를 수확할 수 없다. 묘목장에서 과일을 얻기 힘들다. 콩나물시루에서 콩을 거두지 못한다.[104]

교회의 사명은 예수 그리스도의 복음이 예루살렘과 유대와 사마리아와 땅끝까지 가는 것이다. 교회는 이를 위해 부지런히 달려왔다. 코로나 19가 발생하기 전까지 한국교회는 성장에 초점을 두었다. 성장이 이루어지지 않자 교회는 비만의 후유증을 앓게 되었다. 교회가 사명 완수가 아니라 사업의 장으로 변질되었다.

교회가 숫자적으로만 비대해지기 시작하면 사명이 아니라 사업으로 바뀐다. 바울은 "내가 달려갈 길과 주 예수께 받은 사명 곧 하나님 은혜의 복음을 증언하는 일을 마치려 함에는 나의 생명조차 조금도 귀한 것으로 여기지 아니하노라(행 20:24)"고 한다. 교회의 중요한 사명은 "우리가 그를 전파하여 각 사람을 권하고 모든 지혜로 각 사람을 가르침은 각 사람을 그리스도 안에서 완전한 자로 세우려 함이니(골 1:28)"이다. 각 사람을 온전하게 세우는 것이 교회 사명이다. "이는 성도를 온전하게 하여 봉사의 일을 하게 하며 그리스도의 몸을 세우려 하심이라(엡 4:12)"고 했다.

교회는 하나님의 사람들을 세우는 곳이다. 오늘날 교회가 보여주는 교회 모습은 건물을 세우려 한다. 교회는 건물 평수보다 각 사람을 사회 속에 우수한 인물로 세우려 해야 한다. 세상의 빛이 되는 교회는 건물을 세우는 사업보다 세상의 인물을 세우고자 해야 한다.

교계에 사도행전 교회를 주장했던 하용조 목사는 서빙고와 양재 두 곳에 대형교회를 이루는 것으로 끝내지 않고 전국 각 지역에 온누리 브랜드 교회를 세웠다. 이동원 목사는 두 지역에 대형교회를 이룬 후, 타 교회에서 오는 기존 성도를 받지 않는다고 했다. 홍정길 목사는 CBS〈크리스천 NOW〉에 출연하여 자신의 40년 목회 생활을 회고하면서 대형교회를 본으로 삼아 성장주의를 추구해 온 것을 후회했다. 그는 목표를 잘못 설정하고 그동안 허상을 좇아 왔다고 고백했다. 그는 속아서 여기까지 왔다고 한다. 우리는 모르고 여기까지 왔다. 다음 세대는 속지 않기를 바랐다. 그는 자신이 평생 이룬 목회 과업을 실패로 규정한다. 대부분 한국교회가 성장 지상주의라는 광기 어린 비전 추구로 일탈 현상이 교회 이미지를 손상했다.[105]

코로나 19 이전까지는 1년에 두 차례 모이는 노회에 교회 설립 또는 기도처 설립을 위한 청원이 계속되었다. 지금은 그 반대 현상이 두드러진다. 교회 폐지 청원이 계속되고 있다. 이것은 교회 사명을 상실한 채 교회 사업을 추구한 결과다.

신학대학교에서는 신입생 정원을 채운 것을 자화자찬한다. 이를 사업적으로 접근하면 정원 채운 것이 좋은 현상이다. 이제는 정원 타령이 아니라 사명을 감당하는 신학대학교로 거듭나야 한다. 신학교부터 한국교회 현장을 사명감으로 불타오르게 해야 한다.

신학대학교와 교회는 빈자리 채우기를 위해 급급할 것이 아니라 장원급 인재를 훈련하는 곳으로 바뀌어야 한다. 장원급 인재 양성은 사명감을 고취할 때 가능해진다. 사명감으로 훈련된 사람이 세상에 선한 영향력을 끼칠 수 있다고 확신한다.

성도는 신앙 양심이 아니라 개인 욕심을 채우려 한다

양심이 사라지면 욕심이 판을 친다. 성경은 말한다. "욕심이 잉태한즉 죄를 낳고 죄가 장성한즉 사망을 낳느니라(약 1:15)." 양심이 마비되면 감춰진 욕심이 설친다. 톰 필립스는 《진실의 흑역사》에서 이렇게 말한다. "돈 벌 기회가 있는 곳에는 진실을 왜곡해 돈을 벌려는 사람이 항상 있기 마련이다. 세상에서 돈은 중요하다. 돈이 있으면 먹고 살 수 있고, 욕구를 채울 수 있으며, 돈이 아주 많으면 권력을 누릴 수 있다. 돈도 많고 권력이 강하면, 남들을 내 뜻대로 움직일 수 있고, 주변 세상을 변화시킬 수 있다. 그리고 권력이 더욱 커지다 보면 어느 순간부터는 현실을 내 욕구에 맞게 바꿀 수 있다는 생각마저 든다."[106] 사람들은 먼저 자기 욕심을 채우려 한다. 이는 양심이 마비되었다는 것을 말해준다.

2,000년대 한국교회 부흥의 시기에 한 안수집사가 있었다. 그는 교회 충성도 1위, 교회 봉사에도 으뜸이었다. 어느 날 교회 이전을 위한 건축 헌금 수억 원은 물론 가까운 성도들 여러 명의 돈을 빌려 안개처럼 사라졌다. 교인을 친절하게 대하는 태도(밥 잘 사주기)와 교회의 섬김은 개인의 욕심을 채우기 위한 미끼였다. 봉사는 자기 욕심을 챙기는 떡밥이었다. 지금은 같은 광역시의 교단이 다른 교회에 출석 중이란다. 들려오는 소문은 여전히 떡밥 봉사와 교회 내부에서 봉사 넘버원(number one)으로 활동 중이다. 예수님은 "거짓 선지자들을 삼가라 양의 옷을 입고 너희에게 나아오나니 속에는 노략질하는 이리라 (마 7:15)"고 하셨다.

예수님 당시에만 노략질 봉사자가 있지 않았다. 한국교회 부흥의 황금 시기였던 20세기나, 21세기 SNS 시대에도 개인의 욕심만을 채우려는 성도가 있다. 그들은 교회를 어지럽힌다. 욕심을 채우려는 사람들이 교회에 소낙비처럼 왔다가 구름처럼 사라진다. 이들로 인해 성도들의 순수한 신앙생활이 마비된다. 필자의 45년이라는 목회 현장에 욕심을 채우려는 성도가 끊이질 않고 있다.

읍 단위에 있는 교회에 교사로 근무하는 성도가 발령받고 교회에 등록했다. 주일 성수와 십일조 등으로 모범교인으로 돋보였다. 일정 기간이 지나 장로로 임직까지 받았다. 여기까지는 100점짜리 교인이다. 새로운 담임 목사가 부임했는데 그 장로가 세례도 받지 않은 것을 알게 되었다. 담임 목사가 자신을 알자 문제가 불거지기 시작했다. 그 장로는 담임 목사가 사임하도록 하는 일까지 저질렀다. 이처럼 권력에 대한 욕심, 장로직에 대한 욕심, 읍 단위 교회 안에서 대장질하려는 욕심 등이 교회 공동체를 아수라장으로 만든다. "너희 중에 누구든지 으뜸이 되고자 하는 자는 너희의 종이 되어야 하리라(마 20:27)"는 말씀이 삶에 드러나지 못한 결과이다.

성도 중 일부는 겉으로는 종인데 속으로는 권력 창고를 짓는 데 열중이다. 외적으로는 서비스맨이지만 내적으로는 욕심을 챙기는 비즈니스이다. 한국교회는 이제부터라도 권력 욕심, 비즈니스 욕심을 줄이고 양심의 평수를 늘리려 해야 한다. 그 안의 욕심의 포장지를 뜯어내야 한다. 대신 양심 내용물로 채워야 한다. 하나님을 빙자해 사익을 챙기는 게 아니라 하나님 영광을 위한 사명을 이루려 해야 한다.

사심으로 뿌리내린 목회자가 있다

진심을 담아 전심으로 목회하는 이들이 많다. 현장에서 전심으로 목회하는 이들은 잘 드러나지 않는다. 오히려 사심을 위해 날뛰는 이들의 모습이 질 드러난다. 신싱님은 《어찔//사나 한국교회》에서 목회사가 양들을 먹고 있다고 한다. "목회자가 양들을 먹이는 것이 아니라 도리어 양들을 먹고 있다. 한국교회가 영적 비만에 걸린 가장 큰 이유는 대형 축사들을 지어 육류용 목축에 몰두하는 거짓된 목동들 때문이다. 결국, 문제의 핵심은 먹이기 위한 목회가 아니라 먹기 위한 목회를 하는 데 있다. 이런 '밥벌이 목회'가 자신을 망치고 동시에 교회를 망치고 있다."[107]

밥벌이 목회자로 전락했지만 이런 목회자도 처음엔 하나님의 부르심에 순종했다. 초심을 잃지 않고 죽도록 충성하려 했다. 그러나 초심을 지키지 못하고, 어느 날 덩치가 큰 교회, 좋은 차종을 추구하는 목회자로 전락해 버렸다.

종교개혁 초기 목회자는 섬김의 모습으로 교회의 진리와 순결을 지키는 데 앞장섰다. 성직자라는 명칭과 함께 지역 유지로 예우받았다. 교회가 성장하면서 비대해지자 역기능이 드러났다. 어떤 목회자는 교회 공금을 유용한다. 하지만 누구도 이를 반박할 수 없다. 목회자 세습이 광범위해졌다. 안타까운 것은 목회자 세습을 지나 그다음 세습까지도 준비하는 추세다. 성추행한 목회자가 목회를 당당하게 한다. 어떤 목회자는 여과 없이 거친 말, 내뱉지 않아야 할 말을 강단에서 쏟아낸다. 그런 말에도 성도는 '아멘'으로 반응을 보이는 기현상이 벌어진다. 교단이나 노회 활동은 이권에 따라 움직인 지 오래되었다. 뇌물이 오가지만 권징이란 찾아볼 수 없다. 교단이나 노회에서 이권을 따라 살아가는 목회자의 특징이 있는데 돈이 많은 부자라는 사실이다. 변질된 목회자는 겉으로는 성직자라고 하지만 뒤로는 수시로 제물을 위해 살아간다.

이주헌은 《난 이런 이야기 처음 들어》에서 설교시간은 목회자의 지배욕이 드러나는 시간이라고 말한다. "목사라는 직업을 이해할 필요가 있어, 사람은 모이면 '서열' 같은 것을 정하게 되는데 교회는 이러나저러나 서열의 가장 꼭대기엔 '목사'가 있어 목사는 자기 서열을 확인받고 싶어 할 때, 보통 설교시간에 자신이 전달하는 말에 따른 성도의 반응을 보고 확인하게 돼. 설교시간이 목사에게는 서열이 확인되는 시간이지. 설교할 동안에는 반론이 허용되지 않는데 그 시간을 통해서 목사 안에 있는 '지배욕'이 고개를 드는 거야."[108]

목회자 비극의 시작은 하나님을 향한 사랑이 증발하고 그 빈자리에 성공과 명예와 권력에 대한 야망이 가득할 때부터이다. 온갖 정욕이 차기 시작하면 죄를 짓게 만드는 온상이 된다. 일상에서 목회자가 은혜로 무장하지 않을 때 육신의 정욕, 안목의 정욕과 이생의 자랑에 노출된다. 목회자의 사심은 그를 파멸의 길로 들어가게 만든다.

신성남은 《어쩔까나 한국교회》에서 목회자의 외부 강의에 대해 이렇게 비판한다. "틈만 나면 주중에 교회를 비우고 외부 집회 강사로 나선다. 일부 교인들은 이런 목회자를 자랑스럽게 여긴다. 말씀이 은혜로워서 집회 요청이 있다는 것이다. 왜 외부 집회에 열심을 낼까? 순수하게 헌신하는 분도 있다. 만일 강사 사례비를 전혀 안 드려도 열심히 다닐까? 외부 집회 인맥을 늘이기 위해 교단 선후배나 친구를 접촉하고 필요하면 서로 교차초빙을 하거나 순환초빙을 한다. 이런 형태의 목회자들은 상대교회의 재정을 돌아가며 사이좋게 나누어 쓰는 셈이다. 유명 목회자들의 외부 집회가 연중 예약되어 있는 이유가 이런 현실과 무관하지 않다."[109] 반대로 생활고에 시달리는 목회자들도 많다. 목회자들의 사치스러운 주머니를 개혁해야 한다. 그렇지 않으면 사회에 선한 영향력을 미칠 수 없다.

복음을 전하는 목회자들에게 큰 주머니가 따로 필요할까? 예수님도 세례요한도 주머니를 챙기지 않았다. 돈주머니를 챙긴 자는 가룟 유다였다. 그의 종말은 생명을 살리는 제자였지만 스스로 파멸의 길로 걸어갔다. 참된 목회자는 사심을 버리고 상심한 사람들에게 진심으로 예수님 사랑을 파종하는 목회자이다. 목회자는 "너희 전대에 금이나 은이나 동을 가지지 말고(마 10:9)"라는 말씀을 기억해야 한다. 금과 은, 동이 필요하겠지만 중요한 게 아님을 명심해야 한다. 목회자는 하나님을 빙자하여 돈에 뿌리내리는 사심(私心)이 아니라 양심에 깊은 뿌리를 내려야 함이 마땅하다. 교회가 보여주고 있는 교회 모습은 사심이 아니라 양심이어야 한다. 사심보다 진심이라야 한다.

석근대 목사

대구동서교회 위임목사이자,
저서로는 《삶을 쓰는 글쓰기》, 《일상에서 신앙 찾아가기》 등이 있다.

7. 분쟁을 해결할 능력이 없다

화평의 능력을 상실한 교회

오늘날 한국교회는 분열과 분쟁으로 얼룩지고 있다. 대형교회들의 세습 논란, 목회자의 언행불일치로 인한 윤리성 상실, 교회 안에서의 권력 다툼 등은 외부에까지 부끄러움을 끼치고 있기에, 신뢰를 잃은 교회는 더 이상 '화평의 복음'을 전할 자격조차 의심받는다. 교회는 본질적으로 '화평케 하는 자(마 5:9)'로 부름 받은 공동체다. 예수 그리스도의 십자가는 하나님과 사람, 사람과 사람 사이의 막힌 담을 허물기 위한 화해의 사건이었기 때문이다.

작금의 한국교회는 본연의 역할 중 하나인 '화평케 하는 자'의 모습을 잃고 있다. 교회는 평화와 화해를 이루어야 하는 공동체임에도 불구하고, 안타깝게도 교회 내외적으로 수많은 분쟁과 갈등이 지속되고 있으며 이를 해결할 능력이나 의지를 상실한 것처럼 보인다.

교회 내 갈등과 분쟁이 끝없이 지속되고 있다

대한민국의 대표교단 중 하나인 A교단 B노회 소속인 C교회에 관한 이야기다. 담임목사가 은퇴를 하자마자 교회사건이 불거져 나왔다. 시무장로 5명이 담임목사와 D 장로에 대한 고발을 진행하면서 교회 문제가 터져 나왔다. 지역방송도 C교회 사건을 방영하였을 정도다.

시무장로 5명은 다음과 같은 혐의로 담임목사를 고발했다. 업무상 배임, 업무상 횡령, 사문서 위조, 사문서 변조 등에 관한 위반이다. 그 이후 담임목사 측과 원만한 합의를 한다. 당회에서 결의하고 제직회를 거치지 않은 것에 대해 인정하고 공동의회에서 늦게 추인받기로 결정하면서 합의가 된 것이다. 양측은 서로 간에 합의문에 사인하고, 공증까지 받았다. 그러나 합의문을 작성하고도 사태는 진정이 되지 않았고 어렵게 맺었던 합의가 파기되었다.

이번에는 안수집사들이 재정장로와 재정서기를 대상으로 다시 고소고발로 이어졌다. 이러한 과정에서 시무장로 9명중 5명이 교회를 떠났다. 그 이유는 성도들과의 갈등이 계속되었기 때문이다.[110]

경기도 안산의 모교회 역시 담임목사 측과 성도들 간의 갈등이 수년째 계속되고 있다. 갈등의 원인은 담임목사의 성 스캔들이다. 공영방송에도 방영되었던 사건이지만, 담임목사측은 부정하며 억울하다 하소연하지만 성도들은 사퇴하라며 공방이 펼쳐지고 있다.

대한민국 사람이라면 누구나 알 수 있는 서울 서초동의 모교회 역시, 수년째 갈등이 계속되고 있다. 하나의 교회였으나, 예배처소를 다르게 모이고 있으며, 서로가 서로를 비방한다.

이처럼 현재 한국교회는 교회 내부의 갈등과 분쟁이 끝없이 지속되고 있다. 갈등의 요소들도 다양하다. 리더십 문제, 재정 관리 문제, 부자 세습문제, 성도 간의 갈등 등 다양한 형태의 분쟁이 발생하고 있다. 많은 경우 이를 적극적으로 해결하기보다는 무마하거나 방치하여 오히려 갈등을 키우고 있다. 교계뉴스를 넘어 이제는 공영방송에서도 보도되고 있고, 심지어 특별방송으로까지 편성되어 방송되기도 한다.

이러한 소식들은 '분쟁 없는 교회는 없다'는 인식조차 무기력하게 교회를 마비시키고 있다. 하지만 분쟁을 공론화하거나 조정하는 구조도, 중재 기관도 부재한 경우가 많아 오히려 더 큰 상처로 남는다. 이로 인해 교회의 신뢰성을 떨어뜨리고 성도들의 신앙생활과 교회 활동에도 큰 악영향을 미친다. 이런 것들이 예수 그리스도의 사랑과 구원의 복음을 전하는데 커다란 걸림돌이다.

분쟁 해결을 위한 성경적 접근 방식을 상실했다

사람이 살아가는 공동체 속에서 분쟁이 없을 수는 없다. 사도바울이 개척했던 고린도 교회 역시 분열과 갈등이 있었다. 이에 바울은 "너희는 아직도 육신에 속한 자로다 너희 가운데 시기와 분쟁이 있으니 어찌 육신에 속하여 사람을 따라 행함이 아니리요(고전 3:3)."라고 지적하며 회복을 촉구했다. 이처럼 성경 속에서도 갈등을 전제하고 있으며, 그것을 어떻게 다루는가에 대해 구체적으로 가르친다. 그러나 많은 교회가 이를 간과하거나 외면한다.

예수님께서는 마태복음 18장 15-17절에서 만일 형제가 형제에게 죄를 범하였을 때 갈등과 죄의 문제를 해결하는 구체적이고 실천적인 방법을 제시하셨다. "네 형제가 죄를 범하거든 가서 너와 그 사람과만 상대하여 권고하라 만일 들으면 네가 네 형제를 얻은 것이요. 만일 듣지 않거든 한두 사람을 데리고 가서 두세 증인의 입으로 말마다 확증하게 하라. 만일 그들의 말도 듣지 않거든 교회에 말하고 교회의 말도 듣지 않거든 이방인과 세리와 같이 여기라."

뿐만 아니라, 마태복음 6장에서는 용서를 말씀하셨다. 용서는 복음의 핵심이며, 십자가 위에서 보여주신 예수님의 사랑이다. 용서의 대표적인 사람은 구약성경에 나타난 요셉이나. 형들의 미움을 받아 노예로 팔려가고, 종살이와 감옥살이 등 수많은 세월을 고통가운데 보냈다.

하나님의 은혜로 애굽의 총리가 되었을 때, 양식을 구하러 왔던 형들을 만나게 된다. 자신을 왕따시키며 외국 상인에게 팔아넘겨 모진 고통을 겪게 했던 형들에게 복수하며 자신이 당했던 설움을 되갚아줄 수 있는 위치에 있었음에도 불구하고 요셉은 형들을 용서한다.

용서를 넘어 하나님께서 자신을 이곳에 먼저 보내신 것이라며 하나님의 섭리를 고백한다. 갈등과 분쟁이 아닌 용서를 선택함으로 가족공동체는 계속되는 기근 속에서 미래를 이어가며 하나님의 계획을 이루는 통로가 되었다.

용서없는 공동체에는 생명력이 나타날 수 없다. 골로새서 3장에서는 사랑으로 참으라고 하신다. 오래 참고, 사랑으로 덮는 것이 공동체의 본질이기 때문이다. 뿐만 아니라 갈라디아서 5장에서는 9가지 성령의 열매를 말씀하시며 성령의 아홉 가지 열매는 그리스도인의 삶에서 실천되어져야 한다고 말씀한다. 화평은 성령의 열매로 자연스럽게 흘러나오는 삶이다. 예수그리스도의 이름으로 부름 받은 사람들이 모인 교회 공동체는 사랑으로 하나 되어 이러한 성령의 열매가 자연스럽게 나타나야 한다.

한국교회는 분쟁 해결을 위한 성경적 접근 방식을 상실했다. 오늘날 교회는 이러한 성경적 원칙 대신 세속적인 힘과 권위에 기대어 문제를 해결하려는 경향을 보이고 있다. 왜냐하면 교회는 구원의 복음을 강조하지만, 갈등을 어떻게 해결할 것인가에 대한 구체적인 성경적 실천은 간과하는 경우들이 많다. 교회안의 갈등과 문제들을 드러내기도 조심스럽고, 그렇다고 숨길 수도 없다. 결과적으로 교회 안에서 갈등이 생기면 말씀에 따라 풀자고 말은 하지만, 말씀이 실제로 무엇을 요구하는지 모른 채, 소문을 내고, 파벌이 생기며, 세상의 방식대로 법적 투쟁을 하게 되는 경우들이 생겨난다.

과거의 역사를 보면 장로교, 감리교 등 제도권 교회 구조는 본래 협의제와 책임성을 지향했지만, 현실에서는 담임목사 중심의 수직 권위 체계가 자리 잡고 있다. 갈등이 생겨도 목회자에게 불경하다거나, 교회 공동체의 질서를 해친다는 이유로 문제 제기 자체를 억제시키는 문화가 강하다. 또한 사역자와 장로 그룹에 대한 견제장치도 부족하고, 견제장치가 있다하더라도 목회자와의 갈등의 문제를 드러내기에 쉽지 않다. 살짝 만이라도 드러나게 되면 앞에서 소개한 것처럼 세상의 질타와 비난을 감수해야 하므로 쉬쉬하는 경우들이 대부분이다. 이로 인해 교회는 더욱 세속화되고 분열과 갈등은 더욱 심화되고 있다.

분쟁 해결을 위한 성경적인 방법을 알면서도 실천되지 않는 이유는 복음의 공동체성을 상실한 개인주의 신앙 때문이다. 신앙을 개인의 문제로만 여기는 사회문화 속에서, 공동체 회복과 화해의 책임은 등한시되고 있다. 건강한 공동체를 세우기 위해 노력하기 보다는 개인의 권리와 입장을 우선하게 되면서, 갈등 상황에서 참고 기다림이나 용서 보다는 정의 실현, 개인 권리 보호에 더 무게를 둔다.

교회 안에 들어온 세속적 리더십의 문화와 경영마인드는 효율, 경쟁, 생존을 우선시한다. 이로 인해 갈등이 생기면 성경적으로 풀기보다는 권력으로 밀어붙이거나, 불편한 사람을 배제하는 방식이 관행처럼 여겨진다.

서울의 한 대형교회에서 있었던 일이다. 교구로 편성된 공동체의 일원인 직분자들끼리 분쟁이 생겼다. 목회자가 나서서 중재하며 갈등을 해결하기 위해 노력했지만 결국 해결하지 못했다. 그렇게 2년 가까이 원수처럼 지냈고, 새로운 교구로 편성되면서 갈등은 수면 아래로 감춰지게 되었다. 갈등을 풀기 위해 노력했던 이들도 교구가 새롭게 편성되기를 기다리는 것이 더 지혜로운 것이라고 했다.

한국교회의 "속도"와 "성장 중심 문화"는 갈등을 풀기보다, 갈등을 회피하거나 덮는 것이 유익하다고 착각하게 만들었다. 결과적으로 예수님께서 보여주신 용서와 화해는 비현실적으로 이상적인 미덕으로 전락하고 만다.

교회는 세상을 향해 분쟁 해결의 모범을 제시해야 한다

오늘날의 사회는 혐오와 분열로 갈라져 있다. 정치, 세대, 지역, 젠더 등의 갈등이 첨예하다. 교회는 이 가운데 화해의 본을 보여야 할 사명을 지닌다. "모든 것이 하나님께로서 났으며 그가 그리스도로 말미암아 우리를 자기와 화목하게 하시고 또 우리에게 화목하게 하는 직분을 주셨으니 곧 하나님께서 그리스도 안에 계시사 세상을 자기와 화목하게 하시며 그들의 죄를 그들에게 돌리지 아니하시고 화목하게 하는 말씀을 우리에게 부탁하셨느니라(고후 5:18-19)."

교회는 갈등을 조장하는 자가 아니라, 화해의 중재자가 되어야 한다. 교회는 세상을 향해 분쟁 해결의 모범을 제시해야 하지만, 현실은 정반대이다. 오히려 세상 법정으로 문제를 가져가는 사례가 늘고 있으며, 교회 내 갈등이 사회적 스캔들로까지 번지고 있다. 이는 복음의 권위를 훼손할 뿐 아니라 세상 사람들에게 교회의 이미지를 심각하게 손상시키고 있다.

한국기독교화해중재원(이하 한기중)은 교회 내 갈등과 분쟁을 성경적 원리에 따라 해결하기 위해 설립된 기관이다. 한기중은 법률가와 목회자로 구성된 조정위원회를 통해, 교회 분쟁을 세상 법정이 아닌 교회 내에서 해결하도록 돕고 있다. 한기중은 "'성경에서 가르쳐 준 화해가 교회 갈등을 해결하는 최선의 방법'이라 말하며, '최선은 분쟁 예방, 최고는 화해'"라고 한다.[111] 한기중에 소속된 곽종훈 변호사는 '국가 재판이 근간으로 삼는 법 원칙은 근본 이념에 있어서 교회법과 일치하지 않는 면이 적지 않고 신앙공동체의 특성상 국가재판이 근본 해결책을 제시할 수 없다. 교회 분쟁 당사자들이 국가재판에 전적으로 의지해 분쟁을 해결하려는 생각을 떨쳐야한다'

면서 '특히 종교적 지도자일수록 자기 의나 신념을 앞세우기보다 자기희생의 헌신적 자세로 신앙 공동체의 화합과 회복에 힘써야 한다'고 제안한다. 한기중의 박재윤 원장(전 대법관)은 "성경은 성도들 사이에서 송사를 세상 법정으로 가져가는 일을 경계하고 성도들 앞에서 해결하도록 권면하고 있다"며 '법원의 판결은 필연적으로 패소한 사람에게 깊은 상처를 안겨 준다. 세상 법정으로 성경이 가르치는 방법으로 분쟁을 해결하는 것이 최선의 방법'이라고 강조했다.

다음은 필자가 직접 겪었던 내용이다. 교회 초창기 건물 내 산부인과에서 있었던 일이다. 산부인과 내 분쟁위원회가 열릴 때, 목사님께서 참석하셔서 도와달라는 것이다. 필자를 부른 이유는 분쟁위원회의 규칙상 제3자가 동석하여 의견을 제시해야 한다는 것이다. 참석해 도와주면 좋겠다는 생각으로 아무것도 알지 못한 상태에서 회의에 참석했다.

    회의 안건은 병원을 운영하는 임원들과 병원을 청소하는 직원들과의 분쟁이었다. 핵심 쟁점은 청소직원들에게 문제가 있으므로 강제로 퇴사시켜야 한다는 의견이었다. 회의에 참석해서 안건을 듣는 순간 잘못 왔다는 생각이 들었다. 하지만 이미 참석했고, 필자가 목사인 것을 알고 있기에 이러지도 저러지도 못하는 상황에서 조용히 기도하며 기다렸다. 서로간의 주장이 오가며 결론을 내지 못하는 상황에서 원장님께서 말했다. "목사님의 의견에 따라서 결정하겠습니다." 순간 당황했다. 물론 청소직원들이 잘못한 부분이 있었기에 운영진의 입장에서는 퇴사시키는 것이 맞다. 하지만, 직원들도 사람인지라 실수할 수 있고, 한 번 더 기회를 줄 수도 있는 상황에서 잘 모르는 목사가 와서 문제의 직원들을 퇴사시키라고 말하는 것도 어울리지 않았다.

바로 그 때 필자에게 주신 지혜는 예수님의 십자가였다. 복음을 설명했다. 인간은 죄를 지었기에 죄값을 치르고 죽어야 마땅하다. 하지만 우리를 사랑하신 예수님께서 자신의 몸을 내어주시면서 십자가에 돌아가심으로 말미암아 우리를 용서해 주셨고, 그렇게 우리는 구원을 얻으며, 다시 기회를 얻게 되었다.

직원들의 잘못은 분명히 있다. 당연히 벌을 받아야 하고 징계가 있어야 한다. 하지만 직원들도 사람이기에 실수임을 인정하고 징계를 달게 받는다면 퇴사까지는 하지 않아도 되지 않을까 생각된다. 그리고 다시는 이런 일이 발생되지 않도록 약속하고, 혹시라도 동일한 문제가 다시 발생된다면 그 때는 퇴사조치 하는 것이 좋겠다고 조언했다.

원장님은 박수를 쳤고, '목사님의 조언대로 하자'면서 분쟁위원회가 마무리 되었다. 당시 문제가 되었던 청소직원들은 10년이 지나는 지금도 청소하는 일을 하고 있다. 산부인과가 다른 곳으로 이사 갈 때, 원장님은 우리교회가 공간을 인수했으면 좋겠다고 했다. 지금은 우리교회가 산부인과 자리를 매입하여 자녀세대들의 공간으로 사용 중이다.

요한복음 17장은 예수님의 대제사장적 기도이다. "아버지여, 아버지께서 내 안에, 내가 아버지 안에 있는 것 같이 그들도 다 하나가 되어 우리 안에 있게 하사 세상으로 아버지께서 나를 보내신 것을 믿게 하옵소서 내게 주신 영광을 내가 그들에게 주었사오니 이는 우리가 하나가 된 것 같이 그들도 하나가 되게 하려 함이니이다. 곧 내가 그들 안에 있고 아버지께서 내 안에 계시어 그들로 온전함을 이루어 하나가 되게 하려 함은 아버지께서 나를 보내신 것과 또 나를 사랑하심 같이 그들도 사랑하신 것을 세상으로 알게 하려 함이로소이다(요 17:21-23)." 성부, 성자, 성령께서 하나가 된 것 같이 우리도 다 하나가 되어 세상으로 하여금 하나님의 사랑을 알게 되는 것이다.

사람이 살아가는 사회 속에서 갈등은 피할 수 없다. 교회 역시 사람들이 모여 있는 공동체이므로 갈등을 피할 수는 없다. 그러나 교회는 갈등을 통해 더 깊은 성숙과 연합의 길로 나아갈 수 있어야 한다.

교회는 이제 다시 성경적인 갈등 해결 원칙을 회복해야 한다. 교회는 세상을 향해 분쟁 해결의 모델의 본을 보여줘야 한다. 교회가 진정한 화해와 평화를 이루기 위해서는 먼저 성도들 간의 소통과 용서, 회개와 화해의 문화를 조성해야 한다. 교회의 지도자들과 리더들은 예수님이 제시하신 분명한 원칙을 따라 성도들이 서로의 죄를 고백하고 용서하며, 진정한 연합과 화목을 이루도록 해야 할 책임이 있다.

성경적 원칙으로 돌아가는 것이 분쟁 해결 능력을 회복하는 첫걸

음이다. 이를 통해 한국교회는 다시금 세상에 '화평케 하는 자'로서의 교회 본연의 모습을 회복할 수 있을 것이다.

손병세 목사

더행복한교회 담임목사이자 3040세대의 회복을 꿈꾸는 현장형 목회자이다. 저서로 《3040 심폐소생》이 있다.

Chapter 3.
성경이 보여주라는
교회

세상이 원하는 교회,
교회가 그리는 교회

1. 하나님 나라를 세워야 한다

교회는 자신이 아닌 세상을 위해 존재한다

예수님께서는 교회를 향해 "너희는 세상의 소금, 세상의 빛이다"라고 말씀하셨다. 소금과 빛으로서 교회의 정체성은 오직 세상과의 관계성 안에서 선명해진다. 즉 교회는 교회 자신이 아닌 세상을 위해 존재한다. 장로회신학대학교 선교학 교수인 한국일은 "교회의 목표가 하나님 나라라는 것은 교회 자체나 성장이 최종 목표가 되어서는 안 된다는 것이다. 또한, 교회는 스스로 자신 안에 머물려 하는 내향성으로부터 하나님 나라의 건설을 위해 해방되어야 한다."[112]라고 말한다.

교회는 세상 안에서 실현되는 하나님 나라를 건설하는 사명 공동체이다. 릭 워렌 목사는 《목적이 이끄는 삶》에서 '세속적인 그리스도인'(Worldly Christian)과 '세계적인 그리스도인'(World-class

Christian)을 구분한다. 자신의 이익에만 집중하면서 내세 천국만 바라보는 '세속적인 그리스도인'이 아닌, 사명을 붙들고 이 땅에 하나님 나라를 건설하는 '세계적인 그리스도인'이 될 것을 권면한다.

예수님께서 말씀하신 하나님 나라의 의미는 통전적이다

하나님께서는 인간에게 두 가지 핵심 명령을 주셨다. 창세기 1장에서 주어진 최초의 명령으로 "땅에 충만하라 땅을 정복하라"이다. 흔히 '문화명령'이라 불린다. 인간이 타락하기 전에 주어진 이 명령은, 하나님께서 피조세계를 경영하도록 인간에게 위임하신 사명이다. 하지만 아담의 불순종으로 죄가 들어왔고 죄는 하나님의 창조 세계를 망가뜨렸다.

죄로 인해 깨어진 세상을 위해 하나님은 제자들에게 두 번째 명령을 주셨다. 사도행전 1장 8절의 '선교명령'이다. "오직 성령이 너희에게 임하시면 너희가 권능을 받고 예루살렘 땅끝까지 이르러 내 증인이 되리라 하시니라." 여기서도 땅이 등장한다.

교회의 존재 목적을 이해하려고 할 때 반드시 알아야 할 본문이 마태복음 28장 18절이다. '지상명령'이라 불리는 이 말씀은 "하늘과 땅의 모든 권세를 내게 주셨으니"라는 말로 시작한다. 여기서도 땅이 등장한다.

예수님은 하나님 나라가 이 땅에 임하고, 하늘의 뜻이 땅에서 이루어지도록 기도하라고 주기도문을 가르치신다. 여기서도 땅이 등장한다.

성경은 절대로 땅을 포기하고 이 땅에서 영혼만 빼내어 내세적 공간으로 데려가라고 하지 않는다. 즉 이원론을 말씀하지 않는다. 지금의 교회는 이원론을 내세운다. 위대한 신학자 톰 라이트는 이원론은 기독교 신앙에 침투한 영지주의 사상이라고 규정한다. 따라서 교회는 힘써 "이 세상이 하나님으로부터 분리되는 것, 육체와 영혼이 분리되는 것, 하늘과 땅이 분리되는 것을 최종적 목표로 보는 모든 세계관을 거절해야 한다."[113]라고 강조한다. 하늘과 땅은 남자와 여자처럼 서로를 위해 만들어졌다. 즉 하늘과 땅은 그리스도 예수 안에서 다시 하나로 합쳐져야 한다.

마지막 날, 완성될 새 하늘과 새 땅을 어린양의 혼인 잔치라고 말한다. 그 이유는 그날이 그리스도 안에서 만유가 통일되는 날이기 때문이다. 하늘과 땅은 동양사상과 서양의 이원론처럼 현세와 내세로 구분된 공간이 아니다.

하나님께서 창조하신 에덴의 세계는 하늘과 땅이 통합된 공간이었다. 하지만 죄가 들어오면서 하늘과 땅이 갈라졌다. 더 정확하게 말하면 하늘과 땅이 갈라진 것이 아니라 땅이 하늘의 현존을 인식할 수 없는 상태가 되었다.

구원도 이원론적이지 않다. 기독교가 말하는 구원이란 육체를 벗은 영혼이 땅에서 탈출하여 하늘이라는 내세적 공간으로 탈출하는 것이 아니다. "하나님 나라는 사후의 운명을 일컫는 말도 아니고 우리가 이 세상에서 벗어나 다른 세상으로 가는 것을 의미하는 말도 아니다. 이것은 '하늘에서와같이 땅에서도' 임하는 하나님의 주권적 통치를 일컫는 말이다."[114] 따라서 구원은 우리 곁에 있는 하늘을 다시 인식하고 땅이 하늘의 통치에 다시 편입되는 사건이다.

톰 라이트는 《마침내 드러난 하나님 나라》에서 "하늘은 땅의 통제실이며 이 세상을 다스리는 최고 경영자의 사무실"이라고 말한다.[115] 땅을 다스리는 최고 경영자의 사무실에는 부활하시고 승천하셔서 하늘 보좌 우편에 앉으신 예수님이 계신다.

마태복음 28장 18절에서 예수님이 '하늘과 땅의 모든 권세를 가지셨다'라고 할 때, 하늘은 이미 왕 되신 예수의 통치 아래 있다는 뜻이다. 하지만 땅은 여전히 예수님의 통치에 반역한다. 땅은 예수님의 통치에 반역할 것이 아니라 그 통치를 받아들여야 한다. 예수님이 주기도문에서 "나라가 임하옵시며 뜻이 하늘에서 이룬 것처럼 땅에서도 이루어지이다"라고 기도하라 하신 이유가 여기에 있다.

어떻게 하나님 나라가 이 땅에 임하고 하늘의 뜻이 이 땅에서 이루어질 수 있는가? 교회를 통해서 이룰 수 있다. 교회를 통해 하나님 나라를 이루고자 하신 예수님은 그 통치권을 교회에 위임하셨다.

예수님으로부터 세상의 통치권을 위임받은 교회는 선교명령을 통해 하나님의 통치를 받는 사람들을 불러내야 한다. 그다음, 교회는 세상 속에서 문화명령을 수행하는 자들을 파송함으로써 이 땅에 하나님 나라를 이루어야 한다. 마태복음 28장 18-19절은 "하늘과 땅의 모든 권세를 내게 주셨으니 그러므로 너희는 가라"고 하신다. 하늘과 땅의 권세는 부활하신 예수님께서 받으셨는데 그 통치권을 실행하는 주체로서 교회를 세상에 파송하신다.

예수님께서 행하신 사역의 목표는 교회의 확장이 아니라 하나님 나라의 재건이다. 하나님은 예수그리스도의 부활과 승천을 통해 이미 이 땅에 실현된 하나님 나라를 확장하도록 제자를 부르시고 제자 공동체인 교회를 세우신 것이다.

한국교회는 반대의 길을 걷고 있다. 이를 박영돈 교수는 《일그러진 한국교회의 얼굴》에서 한국강단에서 선포되는 협소하고 내세적인 복음을 비판한다. "한국교회에서 제대로 된 하나님 나라의 복음을 듣기 힘들다. 하나님 나라의 복음을 '예수 천당 불신 지옥'이라는 단순 구도 속에 축소시킨 메시지가 지난날 한국교회 강단에 만연했을 뿐 아니라 아직도 그 기세가 꺾일 줄 모르고 있다. '예수 천당 불신 지옥'이라는 외침은 기독교 신앙을 죽은 후의 운명과 연결시킨 채 그리스도와 성령 안에 현실화된 하나님 나라의 부요한 내용들을 공중 분해시켜 버린 심각한 복음의 파편화다."[116] 하나님 나라의 비전이 부재한 설교는 하나님 나라 안에서 하늘 시민으로 살아야 할 그리스도인의 책임을 고스란히 미래의 천국에 대한 현실 도피적인 소망으로 해체해 버린다. 그와 동시에 이 세상의 원리에 한없이 나약하게 순응해 버리는 소시민적이면서도 광신적인 신앙을 부추긴다.[117]

교회는 하나님 나라 개념을 편협하고 협소하게 해석할 것이 아니라 통전적으로 해석해야 한다. 하늘만 외치면 안 된다. 땅만 외쳐도 안 된다. 하늘과 땅 둘을 하나로 받아들여 예수님의 뜻을 세상에서 이루어야 한다.

교회는 만물 회복의 주체로서 사명을 감당해야 한다

바울은 에베소서 1장 22-23절에서 우주적 교회론을 말한다. "또 만물을 그 발아래 복종하게 하시고 그를 만물 위에 교회의 머리로 삼으셨느니라 교회는 그의 몸이니 만물 안에서 만물을 충만하게 하시는 이의 충만함이니라." 만물이라는 단어가 네 번이나 등장한다. 여기서 만물은 세상을 뜻한다. 하나님이 창조하신 세계 전체이다. 하나님이 만드신 자연뿐 아니라 그 자연을 기초로 인간이 만드는 문화와 사회 전체를 의미한다.

구원이란 심판받고 멸망당할 세상에서 인간의 영혼만을 구원해 내는 사건이 아니다. 정확히 그 반대이다. 한 사람의 영혼을 복음으로 구원하신 후에 '교회'라는 소명 공동체(예배와 교제)를 만들어 그들을 세상 안에 존재하는 사명 공동체(선교와 섬김)로 파송하신다.

교회의 사명은 인간의 영혼만 구원하는 제한적인 복음이 아니라 인간의 전인격이 자리 잡고 있는 삶의 모든 영역을 복음으로 구원해 내야 한다. 이것이 참된 복음 전도이다. 물론 복음으로 한 영혼을 거듭나게 하는 것이 첫 번째 스텝이다. 하지만 그렇게 구원받은 사람들의 섬김을 통해 이 세상 전체를 그리스도의 통치로 충만하게 해야 한다. 여기서 '충만하다'라는 단어는 헬라어 '플레로오'인데 '가득 채우다, 완성하다, 온전하게 하다'라는 뜻이다. 부활의 주님은 교회를 통해 이 세상 전체를 그분의 사랑과 은혜로 채우셔서 세상을 온전하게 하신다. 만물 주체로서 교회의 사명은 부분적이지 않고 온전해야 한다. 인간 안에서만 이루는 것이 아니라 세상 안에서도 이루어야 한다.

교회는 총체적 구원 개념으로 회복하는 곳이다

이 땅에 하나님 나라를 실현하는 교회는 총체적 구원 개념을 회복해야 한다. 로마서 8장 10-11절은 총체적 구원의 필요성을 말한다. "또 그리스도께서 너희 안에 계시면 몸은 죄로 말미암아 죽은 것이나 영은 의로 말미암아 살아 있는 것이니라 예수를 죽은 자 가운데서 살리신 이의 영이 너희 안에 거하시면 그리스도 예수를 죽은 자 가운데서 살리신 이가 너희 안에 거하시는 그의 영으로 말미암아 너희 죽을 몸도 살리시리라." 영의 구원과 함께 몸의 구원을 해야 한다.

영의 구원은 구원의 종착역이 아니라 출발점이다. 영의 구원으로부터 시작된 하나님의 통치가 몸의 영역으로 확장되는 것이 구원이다. 구원의 완성이란 역사 현실 안에서 우리 몸으로 행하는 일을 통해 이루어지는 것이다. 그래서 로마서 12장 1-2절에 "너희 몸을 하나님이 기뻐하시는 산 제물로 드리라 이는 너희가 드릴 영적 예배"라고 말한다.

구원을 누리는 삶이란 예배이고, 참된 예배는 일상의 자리에서 몸으로 행하는 삶의 총체성을 통해 이루어진다. 고린도전서 6장 19-20절은 다음과 같이 말한다. "너희 몸은 너희가 하나님께로부터 받은 바 너희 가운데 계신 성령의 전인 줄을 알지 못하느냐 너희는 너희 자신의 것이 아니라 값으로 산 것이 되었으니 그런즉 너희 몸으로 하나님께 영광을 돌리라." 그래서 바울은 구원받은 성도가 몸을 가지고 행하는 모든 영역이 다 하나님의 영광과 직결되어 있기 때문에 "먹든지 마시든지 무엇을 하든지 다 하나님의 영광을 위하여 하라."고 말한다.

총체적 선교 개념의 회복

총체적 선교란 이 세상의 모든 영역 가운데 하나님의 통치를 실현하는 것이다. 성경은 이 땅에 실현되는 하나님 나라를 온 땅을 덮는 강의 이미지로 형상화한다. 요한복음 4장 14절과 요한복음 7:37-38절을 보라. "내가 주는 물을 마시는 자는 영원히 목마르지 아니하리니 내가 주는 물은 그 속에서 영생하도록 솟아나는 샘물이 되리라.""명절 끝날 곧 큰 날에 예수께서 서서 외쳐 이르시되 누구든지 목마르거든 내게로 와서 마시라 나를 믿는 자는 성경에 이름과 같이 그 배에서 생수의 강이 흘러나오리라." 요한복음 4장 14절에 내부로부터 '영생하도록 솟아나는 샘물'은 한 사람의 영혼 속에 시작된 하나님의 통치이다.

하나님의 통치는 한 존재 안에 갇혀 있을 수 없다. 요한복음 7장에서는 그 샘물이 강이 되어 세상을 덮는다. 그래서 성경은 그 처음과 중간과 끝에 온 세상을 덮는 강물의 이야기로 형상화된다.

최초의 에덴동산은 네 근원으로 갈라지는 강이 온 땅을 적신다. 에스겔서에서는 성전의 네 문턱에서 흘러나온 물이 세상을 덮는다. 역사의 끝날 완성될 새 하늘과 새 땅을 묘사하는 요한계시록 22장은 수정같이 맑은 생명수의 강이 어린양의 보좌로부터 흘러나와 만국에 치유와 열매를 맺는 이미지로 완결된다. 물로 의인화되어 나타난 하나님 나라는 전부 하나님의 통치를 상징하는 그림 언어다.

선교란 무엇인가? 언제나 이 땅에 하나님의 샬롬을 이루는 것이다. 샬롬이란 영혼 구원뿐 아니라 몸을 가지고 살아가는 인간의 전 영역에서 하나님의 정의와 평화를 실현해 내는 것이다. 한국의 최초 선교사님들이 조선 땅에 와서 복음만 전한 것이 아니다. 학교를 세워서 무지로부터 해방시키고, 병원을 세워 질병으로부터 해방시키고, 공의로운 법을 제정하여 악습과 관습으로부터 해방시켰다.

하나님의 통치의 강이 물이 바다를 덮음같이 온 세상을 덮은 모습이 어떻게 실현되는가? 하나님의 법을 통해 이 땅이 정의로운 사회, 공의로운 사회가 되는 것이다. 교회와 성도는 이 세상이 더 정의로운 사회가 되고 공의로운 사회가 되기 위해서 싸워야 한다.

한국교회는 하나님의 나라의 관점에서 복음을 재정립하고, 하나님 나라 복음에 기초한 교회관을 정립해야 한다. 박영돈 교수는 말한다. "교회를 하나님 나라가 실현되는 공동체라는 관점에서 새롭게 이해하지 않는 한 성경적인 교회관의 핵심을 놓치고 만다. 교회는 하나님 나라의 현실이 모범적으로 드러나 세상에 그 나라의 도래를 증거하며 확장하는 하나님 나라의 전초기지다. 그러므로 교회는 그리스도의 십자가와 부활을 통해 하나님 나라가 이 땅에 실현되었다는 복음을 전파하여 사람들을 하늘의 신령한 복을 누리는 천국 잔치로 초청하고 하늘의 비전과 가치와 원리를 따르는 하늘 시민으로서의 삶을 가르쳐야 한다."[118]

하나님 나라의 복음을 회복한다는 것은 교회가 선교적 공동체로서 자기 정체성을 회복하는 것을 의미한다. "선교적 교회는 어떻게 성도들을 세상으로부터 물러 모을 것인가에 대한 관심에서 어떻게 다시 세상으로 보낼 것인가를 고민한다. 모이는 교회에서 흩어지는 교회로, 불러 모으는 사역에서 보내는 사역으로 초점이 옮겨지는 변화를 경험하게 된다."[119] 가장 긴급하고 실질적인 선교지는 물 건넌 해외가 아니라 우리가 서 있는 지역 사회다. 삶의 현장에서 복음을 증거하고 악의 권세 아래에 놓인 지역 사회를 변화시키기 위해 교회 공동체는 세상 속으로 침투해야 한다.[120]

하나님 나라를 지향하는 교회는 '액체교회'여야 한다

그렇다면 하나님 나라를 지향하는 교회의 구체적인 사역 방향은 무엇인가? 리퀴드교회의 예를 들고 싶다. 팀 루카스가 창립한 '리퀴드 교회'는 그 이름처럼 '고체' 교회가 아닌 '액체' 교회이다. '고체교회'는 건물을 세워 고정된 자리에서 기다리는 교회라면 '액체교회'는 흘러가는 교회이다. 세상 안으로 흘러 들어가 도시의 구석구석을 생명의 강물로 적시는 교회이다. 리퀴드 교회는 도시 속에 하나님 나라를 이루기 위해 어떻게 사역을 했을까?

  리퀴드교회의 사역 방식은 기존교회와 다르다. 보통 교회는 그리스도인이 되라고 한 후에 등록 절차를 거쳐 공식적으로 교인이 되면 성경공부를 하고 그다음에 봉사나 선교를 한다. 리퀴드교회는 먼저 봉사와 헌신의 자리를 이웃과 함께한다. 오늘날 현대인들은 믿기 전에 소속되기를 원한다. 그들은 긍휼에 의한 봉사활동과 섬김에 마음이 끌리며 복음의 의미를 선포하기 전에 복음의 실증을 경험하고 싶어 한다. 리퀴드교회에서 지역 사회 봉사는 복음 전도를 위한 가장 중요한 도구가 되었다.

팀 루카스의 말이다. "당신의 도시를 적시도록 도와줄 봉사의 물줄기를 어떻게 발견할 것인가? 탈기독교 문화에서 헌신적인 봉사는 회의적인 사람들과 냉소적인 사람들에게 엄청난 호의를 얻는다."[121] 세상 안에서 세상과 함께 세상을 섬기는 사역들을 시작해보라. 세상은 교회의 말이 아니라 교회의 섬김에 반응하기 때문이다.

교회가 하나님 나라 신학을 붙들고 하나님 나라를 건설하고자 하는 선명한 목적을 붙들기 시작한다면, 성령께서 지역 사회 안에서 어떻게 사역할 것인가에 대한 번뜩이는 지혜를 주실 것이다. 하나님 나라를 꿈꾸는 교회가 되는 것, 액체교회로서 지역 사회 봉사부터 하는 것에서부터 한국교회의 갱신은 시작될 것이다.

권오국 목사

이리신광교회 담임목사이다.
《행복, 다시 정의하다》, 《목회트렌드 2026》 등이 있다.

2_ 하나님 나라가 교회를 통해 구현되어야 한다

교회, 진짜를 잃고 가짜에 취하다

오늘날 교회는 진짜는 잃고, 가짜에 취해 있다. 진짜는 하나님 나라 복음이고, 가짜는 세속적 신념이다. 제라드 윌슨은 《탕자 교회(The Prodigal Church)》에서 "교회를 지배하는 두 가지 이념"을 말한다. 첫째, 실용주의로 효과가 있으면 하라고 한다. 실용주의란 교회 성장을 위해 "효과가 있으면 그렇게 하자"는 사고방식이다. 실용주의는 동기와 목적보다 결과를 중시한다. 교회 건물을 채우는 일에 치중한다.[122] 실용주의는 숫자가 곧 부흥이라고 말한다. 출석 인원, 헌금액, 프로그램 수를 부흥의 척도로 삼는다. 이것은 바로 세속적 신념이다. 둘째, 고객 중심주의로 고객이 원하는 것을 제공하라고 한다. 고객 중심주의의 이념이 작동하면 '느낄 필요(felt needs)'를 강조한다. 선택의 자유를 중시한다. 고객 즉 교회에 가는 사람이 자신의 기호와 취향에 맞춰 교회를 선택하게 한다. 교회는 점점 개인의 취향에 맞추는 상품을 제작한다. 그 결과 더 교회가 아니라 일종의 종교 자원 센터가 된다.[123] 현대 교회는 마치 기업처럼 소비자의 취향에 맞는 프로그램을 제공한다. 매력적인 제안이지만 이것은 진짜가 아니라 가짜다. 이것 역시 세속적 신념이다.

교회는 실용주의와 고객 중심주의라는 가짜를 버리고 진짜를 회복해야 한다. 세속에 물들지 않고, 하나님 나라의 복음을 전해야 한다. 하나님이 주신 땅에서 하나님 나라를 구현하고 확장해야 한다. 교회는 가짜 즉 허상을 배제한다. 허상이란 '숫자가 부흥이다. 마케팅과 브랜드로 교회를 세울 수 있다. 교회는 세상의 인기를 얻어야 한다'는 세속화된 신념을 말한다. 교회의 참된 부흥은 회개와 성화의 열매로 나타난다. 교회는 소비자를 위한 공간이 아니다. 십자가를 따르는 제자를 부르는 공동체다. 진정한 교회는 때론 시대를 거슬러 예언자적 목소리를 내야 한다. 하지만 진정한 교회를 찾기가 쉽지 않다. 세상은 교회에 묻는다. "너희가 말하는 하나님 나라는 어디 있는가?", "왜 너희가 믿는 하나님은 세상 속에서 정의와 사랑을 이루지 않는가?", "그토록 예배를 드리면서도 왜 이웃을 외면하는가?" 등이다. 이 물음은 단지 외부인의 비난이 아니다. 교회 안의 신자들조차도 '하나님 나라'라는 말과 오늘의 현실 사이에서 깊은 혼란과 괴리를 느끼고 있다.

믿음은 남아 있지만, 소망은 사라지고 있다. 이런 현실 앞에서 우리는 묻지 않을 수 없다. '하나님 나라와 복음은 무엇인가?' '하나님 나라는 어디서, 어떻게 구현되어야 하는가?' 이 질문에 답을 찾을 때 교회는 가짜를 버리고, 진짜를 회복할 수 있다.

하나님 나라, 교회로 피어나다

교회는 하나님 나라를 중심에 둔 공동체다. 하나님 나라의 핵심요소 3가지가 있다. 첫째, 백성(People)이다. 하나님 나라에는 하나님의 백성이 반드시 존재한다. 이들은 하나님의 통치를 기꺼이 받아들이며 순종한다. 하나님의 뜻을 삶으로 실현하는 사람들이다. 구약에서는 이스라엘, 신약에서는 예수 그리스도를 믿는 자들이다. 교회는 이 백성의 현재적 표현이다.

둘째, 주권(Kingship)이다. 하나님 나라의 중심은 '하나님의 주권(통치)'이 있다. 이는 단순한 종교적 지배가 아니다. 사랑과 정의, 자비와 진리로 이루는 구속적 통치다.

셋째, 땅(Place)이다. 하나님 나라는 단지 '마음속' 나라가 아니다. 구체적인 삶의 자리에서 펼쳐지고 실현되는 구체적인 장소로서의 땅이다. 이 땅은 하나님 백성의 순종 여부에 따라 확장되고 축소된다. 하나님 나라는 땅을 통해 구체화된다. 그러나 종말이 새 하늘과 새 땅에서 완전히 실현된다(계 21:1).

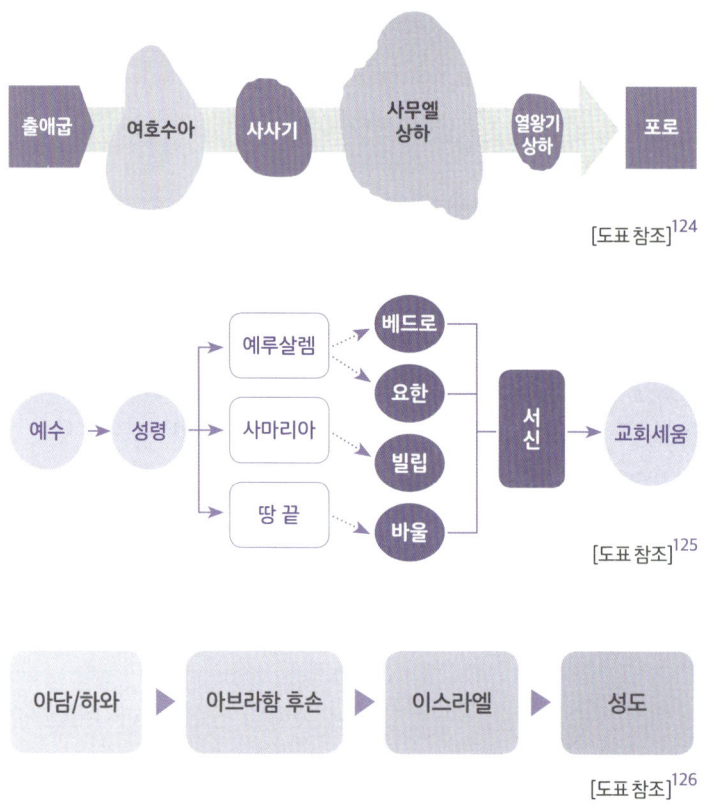

[도표 참조]124

[도표 참조]125

[도표 참조]126

하나님 나라란 '하나님이 선택하신 백성이, 하나님이 주신 땅에서, 하나님의 주권을 지키며 즉 하나님의 통치에 순종하는 나라'로 정리할 수 있다. 하나님 나라에서도 가장 중요한 개념은 주권이다. 이는 통치를 의미한다. 주님이 가르치는 기도에서 "나라가 임하옵시며(마

6:10)"라는 구절은 하나님의 통치가 이뤄짐을 뜻한다. 하나님 나라는 하나님의 백성에 대한 통치로 이루어지는 영역이다.[127] 통치를 받을 때 땅은 하나님 나라가 된다.

교회는 하나님 나라 복음을 전하는 공동체다. 복음은 '오늘 밤 죽으면 천국, 한 번 구원은 영원한 구원'에 묶이지 않는다. 이것이 복음의 정의라면 구원파가 주장하는 구원과 다를 바가 없다. 하나님 나라의 복음은 예수 그리스도께서 우리를 구원하셨다는 좋은 소식이다. 예수 그리스도를 통해 구원받은 백성이 하나님의 통치 안으로 들어서는 것을 의미한다. 하나님의 백성에게 통치가 하나님의 통치가 이루어지는 영역이 바로 하나님 나라다.

게오르그 엘던 래드는 말한다. "하나님 나라는 예수 그리스도 안에서 시작되었지만, 아직 완전히 실현되지 않았다."[128] 여기에 하나님 나라의 '이미(Already)'와 '아직(Not Yet)'의 개념이 들어온다. "이미"는 하나님 나라가 예수의 오심으로 역사 속에 침투했다는 의미다. 하나님이 주신 땅(가정, 교회 그리고 세상)에 임한 하나님 나라의 현재성을 보여준다. '아직'은 완전하게 실현되지 않는 하나님 나라의 개념이다.

바울은 하나님 나라의 완성을 '예수 그리스도의 재림'과 함께 연결한다(고전 15). 교회는 '이미와 아직'의 긴장 안에서 교회는 부름을 받았다. 우리는 하나님 나라의 백성으로 이미 그 통치 아래 살아간다. 동시에 그 나라의 완성을 소망하며 살아가는 이중적 정체성을 갖고 있다.

첫째, 예수님은 땅에서 하나님 나라를 구현하셨다. 예수님은 공생애 기간 '이미' 임한 '하나님 나라 운동'을 구현하였다. 그의 가르침, 치유, 용서, 기적, 만남 등 모든 사역은 하나님 나라가 어떻게 이 땅에 나타나는지를 보여주는 삶의 방식이었다. 예수님은 단순히 교리를 전한 것이 아니라, 하나님 나라를 '살아내신 분'이다. 예수님은 제자들을 단지 가르치지 않으셨다. 하나님 나라를 배우고, 살아내고, 전파하는 초기 공동체의 시초였다. 예수님은 "가서 제자로 삼으라"는 명령(마 28:19)을 통해 제자공동체를 통해 하나님 나라가 확장되기를 기대하셨다. 제자는 예수님의 지식을 배우는 자가 아니다. 예수님의 삶을 따르는 자다. 즉, 하나님 나라의 가치를 몸으로 증언하는 자다. 예수님의 하나님 나라 사역은 교회 정체성과 사명의 원형이 되었다.

둘째, 초대교회는 땅에서 하나님 나라를 구현했다. 하나님 나라의 특징 네 가지는 다음과 같다.

첫 번째, 네 가지 핵심 사항을 실천했다. (행 2:42)

사도의 가르침	말씀 중심의 공동체. 성경적 진리를 배우고 따름
서로 교제함	재산과 생명 그리고 삶을 나누는 실질적 공동체
떡을 뗌	예수 그리스도의 죽음과 부활을 기억하며 성찬 공동체 강화
기도의 전념	하나님과의 지속적 관계 유지, 공동체를 위한 중보와 예배

두 번째, 공동체의 모습과 열매를 보여주었다. (행 2:43-47)

두려움과 경외감이 모든 사람에게 임함	하나님의 임재와 능력을 실제로 느낌 사도들을 통해 기적과 표적이 나타남
물질을 나누는 삶	모든 것을 공동으로 사용하며, 각 사람의 필요를 따라 나눠 줌 개인 소유를 넘어선 사랑의 실천
예배와 삶의 일치	날마다 성전에 모이고, 집에서 떡을 떼며 기쁨과 순전함으로 교제. 경건과 일상이 분리되지 않음
하나님을 찬미하며 사람들에게 칭송을 받음	세상으로부터 존경받는 공동체 구원받는 사람을 날마다 더하게 하심-전도의 열매

세 번째, 사회적 약자와 연대하였다. (행 6:1-6)

헬라파 과부를 구제 사건과 집사 임명	구제에 소외된 소수민 과부 문제를 공동체가 조직적으로 해결 교회의 구조가 약자 보호를 중심으로 형성됨 구제를 위해 조직을 세움-일곱 집사 임명
사회적 약자를 돌보는 참된 경건	하나님 앞에서 정결하고 더러움이 없는 경건은 고아와 과부를 그 환난에서 돌보는 것

네 번째, 복음을 확장하였다. (행 8:26-13:3)

빌립과 에디오피아 내시	아프리카계 고위 관료에게 복음 전파 복음이 인종과 사회 계층을 넘어 전파됨
고넬료와 베드로	이방인 최초의 세례
안디옥교회에서 선교 시작	바울과 바나바 - 이방 세계를 향한 복음 확장 운동이 시작됨

초대교회는 말씀, 교제, 성찬, 기도에 헌신하며 물질을 나누고, 예배와 삶이 일치된 공동체로 하나님 나라를 이 땅에서 드러낸 교회였다. 초대교회는 예수의 정신을 따라 소외된 자들을 돌보는 공동체로 살았다. 동시에 복음은 민족과 계층, 문화의 경계를 넘어 예루살렘에서 땅끝까지 확장되는 하나님 나라의 운동이었다. 세속적 이념으로 하나님 나라를 구현하지 않았다. 예수 그리스도를 선포하고, 하나님을 바라보는 예배하고, 사역을 단순화했고, 사람들의 마음을 목회했다.

오늘을 사는 교회는 하나님 나라의 회복을 꿈꾼다

교회는 예수님처럼, 초대교회처럼 하나님 나라를 살아내야 한다. 그러기 위해서는 먼저 지역성(Locality)을 회복하여 '땅에 뿌리내린 교회'가 되어야 한다. 예수님은 나사렛, 가버나움, 사마리아, 예루살렘 등 구체적인 지역 안에서 사역하셨다. 초대교회도 예루살렘, 안디옥, 고린도, 에베소 등 지리적 공동체에 깊이 뿌리내린 교회였다. 오늘날 교회는 '지역 기반'의 정체성을 잃고 '브랜드화된 대형교회' 중심으로 흘러가고 있다. 하지만 하나님 나라의 구현은 항상 '어디에 있는가? (where)'와 연결된다. 교회 건물만 지역에 존재하지 말고, 교회의 관심과 사랑도 그 지역을 향해야 한다. 시역 아동, 청년, 녹서노인, 삭는 상권, 지역 문화예술 등 동네의 고통과 가능성을 읽고 그곳에 복음을 실현해야 한다.

　기독교윤리실천운동 사회복지 위원회는 2011년 지역 사회와 함께 하는 교회 상(賞)을 수여했다. 수상교회는 농어촌교회 3곳, 중소도시 교회 2곳, 대도시교회 3곳, 그리고 특수목회 사역 2곳이었다. 흥미로운 점은 농촌교회 2곳이었다. 물금읍교회와 동면교회는 교인 수가 50명 이하다. 물금읍교회는 해마다 경로잔치, 효도관광, 무료급식 그리고 반찬 나누기를 한다. 동면교회는 농촌 지역과 함께 하는 생협을 만들어 농촌 살리기에 앞장서고 있다. 또한, 노인들과 함께 뜨개질해서 아프리카에 있는 저체온증 아이들을 살리는 일을 하고 있다.[129]

　필자가 섬기는 교회는 100여 명이 모이는 작은 교회다. '브랜드화된 대형교회'처럼 지역 사회를 섬기지는 못한다. 하지만 매월 마지막 주에는 점심 식사를 제공하지 않는다. 모든 성도가 소그룹 중심으로 지역 상권 살리기를 실현한다. 또한, 주말마다 '십대라면'으로 청소년들을 섬긴다. 다양한 종류의 컵라면을 청소년들에게 무료로 제공한다. 중고등학교 4 곳을 정하여 추천 받은 학생들에게 학비를 지원하기도 한다. 하나님 나라는 크기에 있지 않다. 하나님 나라는 지역 사회의 필요를 채워주는 것에서 구현된다.

　다음으로 교회는 세대통합의 공동체가 되어야 한다. 초대교회는 모든 세대가 한 몸으로 연결된 공동체였다. 오늘날 교회는 세대별 프로그램, 예배, 교육, 교제가 분리되면서 공동체성이 약화되고 있다. 특히 노년과 청년 세대는 서로 고립되고, 단절된 채로 교회 안에 존재한다. 교회는 '세대를 잇는 이야기와 지혜의 공동체'를 회복해야 한다. 장년은 경험과 신앙의 유산을 나누고, 청년은 비전을 더 해 함께 하나님 나라를 설계해야 한다. 함께 예배하고, 함께 식사하며, 함께 사명을 나누는 구조가 필요하다. 하나님 나라는 세대 간 장벽이 무너지고, 함께 걷는 신앙의 여정 안에 임한다. 더 나아가 초대교회는 세상과 세대를 잇는 공동체로 확장해 나갔다. 이를 위한 실천 방안을 몇 가지 제시하고자 한다.

첫째, '공감' 중심의 이야기 플랫폼을 만들어야 한다. 세대 간 통합은 감정과 경험의 공유에서 시작된다. 세상과의 통합은 공감과 연결에서 가능해진다. 이를 위해 교회 내 세대 공감 콘텐츠를 제작한다. 예를 든다면 〈할머니의 기도-신앙유산〉, 〈아빠의 신앙일기-직장 속 믿음의 고백〉, 〈청년의 일터 일기〉이다. 실행방안으로는 주제 인터뷰를 촬영: 각 세대(노인, 장년, 청년, 청소년)의 대표 성도를 선정해 삶의 신앙 이야기를 인터뷰 형식으로 촬영한다. 편집 후 영상을 3~5분의 짧은 영상으로 만들어 예배 전, 소그룹 모임, 유튜브에 게시한다. 이를 통해 세대 간 공감과 존중의 분위를 형성한다.

둘째, 마을 이야기 아카이브를 구축해야 한다. 이 사역의 목적은 지역 수민과 교회가 연결되고 공동체적 기억을 함께 쌓는 문화 사역에 있다. 실행방안은 다음과 같다. 마을주민 인터뷰를 통해 동네의 변화,

기억, 고통, 기쁨에 관한 이야기를 수집한다. 기록 방법은 사진과 구술기록을 PDF 형태의 아카이브 북 제작 또는 전시회를 연다. 인터뷰 중 하나를 교회 성도와 함께 촬영해 신앙적 해석으로 재구성한다. 교회가 지역을 '듣는 공동체'로 변화시키는 효과를 기대할 수 있다. 세대와 지역, 교회와 세상이 이야기를 통해 연결된다. 교회가 지역 사회에서 하나님 나라를 구현하려면, 예배와 프로그램으로만 세대를 연결할 수 없다. 이야기를 듣고, 삶을 나누며, 함께 말할 수 있는 구조가 회복되어야 한다.

셋째, '노동' 속에서 하나님 나라를 찾아야 한다. 예수님은 목수셨고, 베드로는 어부, 바울은 천막장인이었다. 하나님 나라는 직업 없는 '종교 공간'에서만 임하지 않았다. 노동과 일상 속에서도 임했다. 오늘 교회는 일터와 직장, 직업윤리, 소명으로서의 노동에 대한 신학적 반영이 부족하다. 직업 자체가 하나님 나라의 일터가 되도록 돕는 것이 교회의 사명이다. 거룩한 153 신효철 대표는 "삶의 예배자란 월요일부터 토요일까지 주와 함께하며 일상을 살아가는 믿음, 주일예배를 하나님께 드리는 믿음을 말한다. 삶의 자리에서 '일터 선교사'로서 사랑을 전하며 가난한 자에게 베푸는 삶을 살아야 한다."라고 강조했다.[130] 하나님 나라는 교회 울타리를 넘어, 월요일 출근길에 구현되어야 한다.

첫 번째, 직업을 하나님 나라의 소명으로 해석해야 한다. 마틴 루터는 "하나님은 우리의 이웃을 돌보시기 위해 일하는 자의 손을 사용하신다."라고 말했다. 설교, 소그룹, 제자훈련에서 '직업 = 사명'의 신학을 반복적으로 가르친다. "목사만이 부름을 받은 사람이 아니다. 간호사도, 교사도, 요리사도, 바리스타도 하나님의 부르심을 따라 일하는 사명자다." 실천 방안은 다음과 같다. 매월 1회, 다양한 직업군이 설교 전에 짧은 간증을 한다. 또한, 매월 1회, 소그룹에서 동종 직업군끼리 모여 신앙적 적용과 실천을 나눈다. 필자의 교회는 일터 사역자를 양성하려고 노력한다. 매월 1회 마지막 주 토요일에 "BRC_아름다운 부자 그리스도인"의 모임을 한다. 한국재무심리센터의 대표인 정우식 박사와 연계해서 '복음 경제, 경제 심리검사, 경제습관의 변화를 위한 테라피'와 같은 훈련을 한다."[131] 경제습관과 변화를 통해 하나님 나라를 구현하는 모임이다. 이곳에서 하나님 나라를 구현하기 위한 대화와 기도의 시간을 가진다. 삶의 현장 이야기를 나눈다.

두 번째, '일터 예배'와 '직장 중심 공동체'를 만들어야 한다. 하나님 나라는 일터 교회와 직장 중심의 공동체를 통해 구현된다. K 목사는 '쉼이 있는 신우회'를 섬긴다. 이들은 서울종합청사, 중앙지방법원에서 근무하는 그리스도인들이다. 목요일 12시에 모여서 예배와 교제를 통해 하나님 나라를 구현하고 있다. 교회 절기마다 복음과 사랑을 담은 신물을 진딜한다. 1년 1회 불신자 초청 찬양 예배를 드린다. 직장 내 신자들이 점심시간에 짧은 예배 또는 말씀을 나눈다. 기존교회 중심의 신앙과 구별되는 일터 중심의 신앙은 4가지 두드러진 특성이 있다. "목회자 중심의 사역이 평신도(직장인) 중심의 사역으로, 주일(하루) 중심의 신앙생활이 평일(6일) 중심의 신앙생활로, 교회 중심의 삶이 직장 중심의 삶으로 확장된다. 그리고 예배 중심의 신앙생활이 전도중심의 신앙생활로 발전하게 된다."[132] 이처럼 하나님 나라는 일터와 직장에서 구현되어야 한다.

끝으로, 제라드 윌슨은 말한다. "이 세상이 끝나면 주님이 우리를 고향으로 부르실 것이다. 우리는 그 앞에 서게 될 것이다. 그때 우리가 그분 발아래 내놓을 수 없는 것은 그분의 나라에 가져갈 수도 없을 것이다. 교인 수, 프로그램, 건물, 컨퍼런스, 우리가 쓴 책 등은 그 대상이 될 수 없다."[133] 마지막 날 하나님을 만날 때 교회는 무엇을 드려야 하는가? 그것은 하나님 나라의 열매. 열매는 사람이다. 이를 위해 교회는 탕자들이 돌아올 집이 되어야 한다.

하상훈 목사

부천하나교회 담임이자 영적습관 디자이너이다.
저서로 《ALL-IN-ONE-NOTE》가 있다.

3. 하나님 말씀의 역사를 이루어야 한다

건조한 교회는 조직 고착화에 빠진다

사막은 수많은 모래로 된 허허벌판이다. 그 많은 모래사막이 산을 이루어도 바람 한 번 불면 산 같은 사막이 평야가 된다. 또한, 그 넓은 사막평야가 바람 한 방으로 산으로 바뀐다. 이처럼 사막의 모래는 변화무쌍하다.

 넓은 모래사막이 바람 앞에 지형지물이 한순간에 바뀌는 원인은 사막의 건조함 때문이다. 건조함으로 모래가 쉽게 무너진다. 건조함은 산과 평야를 한순간에 사라지게 한다. 교회는 건조하지 않은가? 건조한 교회는 오래가지 못한다.

 건조한 교회의 특징이 있는데 조직에 목숨을 건다. 조직이 무너지면 큰일 나는 줄 안다. 그런 교회는 조직만을 강조한다. 때론 교회는 조직된 교회여야 한다. 문제는 조직이 중요하다고 강조하는 순간 교회가 건조해진다.

교회는 건조한 조직보다는 말씀이 우선이어야 한다. 말씀 위에 교회를 세우면 건조해지지 않는다. 이스라엘 백성들이 애굽 땅에서 생활할 때 말씀이 없었다. 출애굽 이후에는 하나님께서 이스라엘 백성에게 십계명 말씀을 주셨다. 60만 장정을 대상으로 조직을 구성하기 전에 말씀을 먼저 주셨다. 출애굽한 후 새로운 조직사회를 이끌어 가는 기초는 말씀이다. 교회는 조직보다 하나님 말씀이 선행되어야 한다.

마틴 린드스트롬은 《고장난 회사들》에서 조직에 접근하는 절차는 아주 까다롭다고 말한다. "우리는 어릴 적부터 이런 메시지를 접한다. '수영금지, 잔디밭 출입 금지, 발 빠짐 주의, 탑승객은 여권을 보여줄 것.' 성인이 되어 조직에 들어가면 규칙과 정책은 배로 늘어난다. 계좌 비밀번호를 3회 잘못 입력하면 접근이 금지된다. 비밀번호는 최소한 여섯 자리 이상이어야 하며 대문자 하나와 숫자 두 개, 특수 문자가 들어가야 한다."[134]

조직은 절차가 까다롭다. 요구사항이 많다. 고객의 안전보다는 조직이 우선이다. 교회 조직도 세상 조직과 다르지 않다. 한 사람을 세우려면 절차가 까다롭다. 먼저 제직회를 거친다. 다음으로 당회를 통과해야 한다. 마지막으로 공동의회에서 과반수 또는 2/3 이상 찬성을 얻어야만 한 사람을 세울 수 있다. 이처럼 까다로운 조직체계를 거쳐 사람을 세웠기에 좋은 일만 있어야 하는데 그렇지 않다. 종종 좋지 않은 일이 발생한다.

사람이 안전한 조직을 구성했는데 왜 불안전한 일들이 자주 발생할까? 이는 조직을 위한 조직이 되었기 때문이다. 하나님 말씀은 뒷전이고 조직력을 강화하기 위한 목적이 앞섰기 때문이다. 교회는 사람이 있고 조직이 있어야 한다. 그러면 조직이 불안정해진다. 교회의 조직은 사람을 위한 조직이어야 한다.

교회 안에 존재하는 대표적인 조직이 당회, 제직회, 공동의회다. 3개 조직 가운데 당회원 조직의 힘은 막강하다. 당회원이 되지 않았을 때 성도는 교회에서 대체로 잠잠하다. 하지만 당회원이 되면 그 순간부터 기세, 음성, 목소리에 크레센도가 더해지며 강해지고 세진다. 당회 구성원 안에 들어오는 순간부터 잠잠하던 사람이 점점 더 말이 많아진다. 교회 일에 간섭하기 시작한다. 사람의 간섭이 많아지면 교회는 건조해진다. 당회원의 결정권이 강해지면 교회는 더 건조해진다.

당회는 교회를 건조하게 만들기 위해 존재하면 안 된다. 성도들의 신앙생활을 원활하게 하기 위해 필요하다. 교회의 사역에 협조보다 당회원이란 막강한 권력을 행사하려 한다. 좋은 교회는 성도들이 서로 협조하려 한다. 교회와 당회가 건조해지지 않으려면 은혜, 평안, 공정 등 중요한 사역에 집중함으로 된다. 중요한 것을 가볍게 여기면 교회는 건조해지기 시작한다.

당회가 건조한 조직이 되지 않으려면 당회에 말씀이 우선되어야 한다. 하나님께서는 모세의 손에 친히 십계명을 들려주셨듯 당회원에게 말씀이 머물러 있어야 한다.

건강한 교회는 말씀의 토착화가 일어난다

말씀을 제쳐두고 교회 조직을 강조하면 문제가 생긴다. 초대교회 사도들은 말씀보다 구제를 위한 강한 조직에 주력하다가 문제에 봉착한다. "그 때에 제자가 더 많아졌는데 헬라파 유대인들이 자기의 과부들이 매일의 구제에 빠지므로 히브리파 사람을 원망하니 열두 사도가 모든 제자를 불러 이르되 우리가 하나님 말씀을 제쳐 놓고 접대를 일삼는 것이 마땅하지 아니하니(행 6:1-2)"라고 한다. 초대교회가 원망의 도가니에 빠지게 된 것은 말씀을 뒤로하고 구제하는 조직에 신경 쓸 때였다. 성도들의 원망의 파도 소리가 높아지기 전에 사도들은 건강한 교회를 세우기 위해 말씀을 전하는 사역에 집중한다. "우리는 오로지 기도하는 일과 말씀 사역에 힘쓰리라 하니(행 6:4)"라고 결심하고 실행하자 초대교회 분위기가 달라진다. 초대교회는 건강한 교회가 되었다. "하나님의 말씀이 점점 왕성하여 예루살렘에 있는 제자의 수가 더 심히 많아지고 허다한 제사장의 무리도 이 도에 복종하니라(행 6:7)."라고 기록한다.

건조한 교회는 조직을 강조하는 조직 고착화 현상이 일순위지만, 건강한 교회는 말씀 토착화를 제일 중요한 것으로 생각한다. 건강한 교회는 말씀이 최우선이다. 그 결과 공동체가 점점 더 왕성해진다.

에티오피아에서 온 의료인 연수생이 겪은 충격적인 한국 문화가 있다. "커피 생산국인 에티오피아보다 커피를 생산하지 않는 한국이 커피 소비량이 훨씬 많아서 놀랐다는 것이다. 에티오피아에서는 커피를 전통적으로 다려서 소주잔으로 1-2잔 정도만 먹는데 한국에서는 1리터 커피잔에 마신다. 한국인이 아침에 커피를 받아서 길거리를 다니는 모습은 올림픽에서 트로피를 들고 자랑스럽게 걷는 운동선수 모습과 같다."[135] 이러한 한국인에 대해 '모닝커피 세레머니 하는 한국인'이라고 말한다.

건강한 교회는 '말씀 세레머니'가 일어나야 한다. 그러려면 하나님의 말씀이 교회 안에 토착화되어야 한다. 바울은 건강한 에베소 교회를 세우기 위해 말씀 토착화에 힘쓴다. "바울이 회당에 들어가 석 달 동안 담대히 하나님 나라에 관하여 강론하며 권하되(행 19:8)"라고 한다. 바울은 자신의 출세를 위해 회당을 조직화하는 일에 매달리지 않는다. 회당에서 하나님 나라를 세우기 위한 말씀 강론에 집중한다. "그러므로 여러분이 일깨워 내가 삼 년이나 밤낮 쉬지 않고 눈물로 각 사람을 훈계하던 것을 기억하라. 지금 내가 여러분을 주와 및 그 은혜의 말씀에 부탁하노니 그 말씀이 여러분을 능히 든든히 세우사 거룩하게 하심을 입은 모든 자 가운데 기업이 있게 하시리라(행 20:31-32)"고 한다.

바울은 에베소 교회에 말씀 토착화를 위해 전심전력한다. 건강한 교회를 세우기 위해 바울은 에베소 교회를 향한 '말씀 세레머니' 훈련을 게을리하지 않았다. 바울이 예수님을 만나기 전에는 대제사장 조직에 더 관심이 많았다. "사울이 주의 제자들에 대하여 여전히 위협과 살기가 등등하여 대제사장에게 가서(행 9:1)"라고 한다. 말씀이 육신이 되어 이 땅에 오신 예수님을 만나기 전에는 사막처럼 건조한 조직 강화에 에너지를 쏟았지만, 예수님을 만나고 난 이후에는 건강한 교회를 세우기 위해 말씀 토착화에 시너지를 불러일으켰다.

건전한 교회는 프로그램보다 말씀의 프로 정신이 있다

운동선수들은 국가대표 선수를 목표로 삼고 훈련한다. 국가 대표선수가 되려면 프로 정신이 투철해야 한다. 프로 정신을 지니면 쿼터리즘에 빠지지 않는다. 유영만은《생각사전》에서 쿼터리즘을 이렇게 말한다. "한 가지 일에 15분 이상 집중하지 못하는 현대인의 촐싹거리는 성향을 가리켜 쿼터리즘이라고 한다. 쏟아져 나오는 정보, 사방에서 날아드는 정보에 시시각각 반응하는 뇌도 팝콘이 튀겨진 모양처럼 바뀌고 있다고 한다. 스마트폰과 인터넷에 빠질수록 몰입하고 집중할 수 있는 뇌 기능이 없어지고 있다. 두꺼운 인문 고전을 붙잡고 진득하게 앉아서 읽어 내려가는 인내심이 있어야 고전 속에 담긴 선각자들의 향연에 참여할 수 있다. 고전(古典)을 읽지 않으면 고전(苦戰)을 면치 못한다."[136]

진득하지 못하고 기다리지 못하는 사람들로 인해 텔레비전 방송은 계절마다 프로그램을 개편하는 것 같다. 시청자들의 지루함을 차단하기 위해서이다. 그리고 시청자들의 욕구를 충족시키기 위해서이다.

교회의 신뢰도가 추락했다. 신뢰도를 회복하려면 프로그램 개편으로는 부족하다. 말씀에 대한 프로 정신 의식을 가져야 한다. 프로그램은 수명이 짧다. 하지만 말씀은 수명이 길다. 목회가 프로그램에 의존하면 일시적인 효과는 있다. 늘 새로운 것을 제공해야 하는 고충이 뒤따른다. 성경은 해 아래 새것이 없다고 한다. "이미 있던 것이 후에 다시 있겠고 이미 한 일을 후에 다시 할지라. 해 아래에는 새것이 없나니(전 1:9)"라고 말한다. 과거나 현재, 미래에도 여전히 신제품은 계속 나온다. 오늘의 신제품이 내일이면 이월상품으로 밀려난다. 오늘의 신제품이 어느 날 골동품이 된다.

해 아래 새것이 없다는 것은 성경의 진리다. 교회는 프로그램이 아니라 말씀으로 무장되어야 한다. 교회가 프로그램 중심이면 얼마 지나지 않아 시들어가는 꽃이 된다. 진진한 교회는 프로그램보다 말씀의 프로 정신 의식 제공에 힘써야 한다. 말씀의 프로 정신 의식은 긴 시간이 필요하다.

프로그램 중심 교회는 앵무새 교회와 같다. 프로 정신 교회는 자기 말을 한다. '프로는 불을 피우지만, 아마추어는 불을 쬔다.'라는 말이 있다. 프로는 불을 피우기 위해 마른 나무를 준비한다. 불이 잘 타오르도록 장작을 팬다. 불을 피우기 위한 불쏘시개를 마련한다. 점화를 위해 성냥도 챙긴다.

프로그램 중심 교회는 아마추어에 불과하다. 건전한 교회는 프로다운 교회이다. 프로다운 교회는 프로그램보다 프로 정신 의식에 중점을 둔다. 성경이 말하는 교회는 프로그램이 아니라 프로 정신을 강조한다. 프로 정신 의식이 강한 교회는 결국 건설적인 방향으로 나아간다.

건설적인 교회는 하나님 말씀으로 도배한다

건설적인 교회는 하나님 말씀으로 도배한다. 실내 인테리어할 때 거치는 과정이 도배이다. 도배는 일반 종이가 아니라 도배지로 한다. 도배지가 접착제를 만나야 아름답게 꾸밀 수 있다. 도배는 내부 인테리어의 최종 마감 과정이다.

교회는 말씀으로 도배되어야 한다. 성경은 교회를 건축하는 집으로 비유한다. 건축 마무리를 제대로 해야 한다. 제대로 할 때 하나님의 집이 된다. 건축할 때 상가가 아니라 하나님의 집으로 해야 한다.

"그러므로 누구든지 나의 이 말을 듣고 행하는 자는 그 집을 반석 위에 지은 지혜로운 사람 같으리니 비가 내리고 창수가 나고 바람이 불어 그 집에 부딪히되 무너지지 아니하나니 이는 주초를 반석 위에 놓은 연고요 나의 이 말을 듣고 행치 아니하는 자는 그 집을 모래 위에 지은 어리석은 사람 같으리니 비가 내리고 창수가 나고 바람이 불어 그 집에 부딪히매 무너져 그 무너짐이 심하니라(마 7:24-27)."고 한다. 하나님의 집은 모래가 아니다. 반석 위에 지어져야 한다. 반석 위에 지어질 때 하나님의 집이 된다.

구약 성경에는 성소가 하나님의 집이었다. "내가 그들 중에 거할 성소를 그들이 나를 위하여 짓되 무릇 내가 네게 보이는 모양대로 장막을 짓고 기구들도 그 모양을 따라 지을지니라(출 25:8-9)." 하나님께서는 성소를 모세와 이스라엘 백성에게 짓도록 명령하셨다. 즉 하나님의 허락 때문에 세워졌다. "그가 내 이름을 위하여 성전을 건축할지라 그는 내 아들이 되고 나는 그의 아버지가 되어 그 나라 왕위를 이스라엘 위에 굳게 세워 영원까지 이르게 하리라 하셨나니 이제 내 아들아 여호와께서 너와 함께 계시기를 원하며 네가 형통하여 여호와께서 네게 대하여 말씀하신 대로 네 하나님 여호와의 성전을 건축하며(대상 22:10-11)."

다윗은 성전을 짓고자 했으나 하나님은 허락하시 않으셨다. 그 기회는 그의 아들 솔로몬에게 주어져 지었다. 신약에 교회를 세운 것도 하나님의 계획이다. "또 내가 네게 이르노니 너는 베드로라 내가 이 반석 위에 내 교회를 세우리니 음부의 권세가 이기지 못하리라(마 16:18)." 예수님께서 친히 교회를 세우셨다.

하나님은 성소, 성전 그리고 교회를 세우도록 하셨다. 하나님께서 세우셨기에 성막 입구엔 모세의 문패가 없다. 성전 문설주에 솔로몬 이름을 새기지 않았다. 교회 머릿돌엔 베드로의 이름이 없다. 교회에 사람을 앞세우지 않아야 한다.

교회를 개척한 목회자는 자기를 앞세우는 해프닝을 버려야 한다. 재정으로 교회 설립에 앞장 선 사람도 주도권 싸움이라는 해프닝을 멈춰야 한다. 교회 안에서는 인간의 공로와 업적을 앞세우는 해프닝을 중단해야 한다. 교회는 사람의 흔적은 없고 하나님 말씀의 역사가 드러나는 곳이다.

우리는 건설적인 교회를 세워야 한다. 건설적인 교회는 돈, 권력, 명예, 학연, 지연으로 세우면 안 된다. 성경에서 말씀하는 하나님 말씀으로 세워야 한다. 그리고 하나님의 말씀이 도배되어야 한다.

교회가 하나님 말씀이 도배되면 말씀이 교회의 기초가 된다. 그런 교회에 하나님 말씀의 역사가 일어난다. 말씀의 역사가 없으면 인간의 탐욕 역사가 그 자리를 차지한다. 만약 교회가 사람들의 중심이 되면 건달들의 집합체와 다름없게 된다.

하나님의 말씀이 도배되지 않으면 프로그램이 강조된다. 그러면 인간의 욕심, 욕망 그리고 야망이 판을 치는 건방진 공동체가 된다. 교회는 하나님 말씀의 역사가 일어나야 한다. 건조한 조직보다는 하나님 말씀이 먼저여야 한다.

말씀이 교회에 토착화되어야 한다. 말씀이 도배되어야 한다. 그런 교회가 건강한 교회가 된다. 건전한 교회는 프로그램으로 움직이지 않는다. 하나님 의식으로 움직인다. 그런 교회가 되려면 성도들은 하나님 말씀에 프로 정신을 가져야 한다.

바울은 교회가 하나님의 감동으로 돼야 한다고 말한다. "모든 성경은 하나님의 감동으로 된 것으로 교훈과 책망과 바르게 함과 의로 교육하기에 유익하니 이는 하나님의 사람으로 온전케 하며 모든 선한 일을 행하기에 온전케 하려 함이니라(딤후 3:16)." 하나님의 감동으로 된 교회는 성도를 온전케 만든다. 교회에 하나님 말씀의 역사가 일어나야 한다. 이런 교회가 되려면 목회자와 성도들이 하나님 말씀으로 도배할 때 가능하다. 하나님 말씀의 도배는 선택 사항이 아니라 필수 사항이다. 이런 교회가 건강하고 건전하며 건설적인 교회가 된다.

성경이 말하는 교회는 하나님 말씀의 역사가 일어나는 바로 이런 교회로 마태복음 7장 25절과 같은 교회이다. "비가 내리고 창수가 나고 바람이 불어 그 집에 부딪히되 무너지지 아니하나니." 세상의 파도에 무너지지 않는다. 하나님의 역사가 너 견고해신다.

석근대 목사

대구동서교회 위임목사이자,
저서로는 《삶을 쓰는 글쓰기》, 《일상에서 신앙 찾아가기》 등이 있다.

4_ 하나 됨을 추구해야 한다

하나 됨은 같은 방향이다

성경이 말하는 교회는 하나다. 에베소서 4장 4절 "몸이 하나요 성령도 한 분이시니 이와 같이 너희가 부르심의 한 소망 안에서 부르심을 받았느니라"는 말씀처럼 교회의 하나 됨은 하나님의 말씀을 근거로 삼는다. 머리이신 그리스도와 몸 된 교회를 분리할 수 없듯이 교회의 각 지체도 유기적으로 연결되어 하나의 몸을 이룬다.

교회의 하나 됨은 오순절 성령 강림으로 태동하였다. 성령이 하나이듯 교회도 하나다. 하나 되는 것은 같은 목표를 세우고 앞으로 나가는 것을 말한다. 우리는 '한 소망' 안에서 부르심을 받았기 때문이다.

우리나라 속담 가운데 '백지장도 맞들면 낫다'라는 말이 있다. 가벼운 일도 함께하면 더 쉽고, 효율적으로 성과를 이룰 수 있다는 뜻이다. 그러나 방향이 어긋나면 아무리 가벼운 백지장도 찢어진다. 서로 다른 방향은 하나가 아닌 둘이 되어 불편한 관계로 치닫는다. 교회는 둘이 아닌 하나 됨을 위해 같은 보폭을 맞추어야 한다. 하나님 나라를 위해 같은 방향으로 이동해야 한다. 교회는 하나 될 때 살아 있는 유기체로서 동력을 발휘해야 한다. 동력으로 움직인 교회가 있다. 예루살렘 교회이다.

예루살렘 교회는 오순절 성령 강림 이후 세워진 첫 교회다. 처음이라 어수선하고 갈피를 잡지 못할 수 있었지만, 사도의 가르침을 따라, 서로의 필요를 채워 주었다. 하나 된 모습에서만 볼 수 있는 초대교회 모습이다.

초대교회는 이전의 공동체와는 달랐다. 군림이 아닌 하나 되는 일에 같은 방향으로 힘을 모았다. 오늘날 교회도 같은 방향으로 걸어가는 초대교회를 따라가야 한다. 하나 된 모습은 우리가 하나가 될 때 누릴 수 있다. 하나 된 기쁨이 다른 공동체로 퍼져 나갔다. 바로 수리아 안디옥교회다.

안디옥교회는 이방인에게 복음을 전하기 위해 선교사를 파송한다. 파송은 교회가 하나 되었다는 증거다. 하나 되었기에 마음이 갈라지는 잡음이 없었다. 교회는 바울과 바나바를 선교사로 파송한다. 교회가 하나의 마음으로 같은 방향을 향하자 많은 지역에 복음의 씨앗이 뿌려졌다.

예루살렘 교회와 수리아 안디옥교회는 방향이 같았다. 초대교회는 정원 안에 있는 화초를 가꾸었다면, 수리아 안디옥교회는 산과 들로 찾아가 씨앗을 뿌렸다. 대상이 다르고, 토양이 다르지만, 하나님 나라를 세우고자 하는 한 방향이었다.

실존주의 철학자 장 폴 사르트르는 "공동체는 단순히 함께 있는 것이 아니라, 서로를 위해 존재하는 것이다."라고 말했다. 공동체는 단순히 같은 공간에 있다고 해서 자석처럼 자동으로 달라붙지 않는다. 같은 방향으로 나아가고자 하는 목표가 생길 때 서로 배려하고 돕는 관계로 변한다. 너와 나는 하나라는 방향이다.

가정도 마찬가지다. 단순히 한 지붕 아래 산다고 가족이 아니다. 얼굴 보며 이야기를 나누고, 대화 가운데 사랑을 전달하고, 아픔과 상처를 털어놓고 감싸줄 때 비로소 진정한 가족이 된다. 들어주고 품어주는 것이 하나가 된 증거고, 이 모습을 유지하기 위해 같은 방향으로 가족 구성원이 움직인다. 움직일 때 가족 공동체로서 존재 가치가 확연하게 드러난다.

교회는 세상에 존재 가치를 드러내는 공동체다. 방향을 세상으로 정하고 움직여야 한다. 그 증거는 '세상의 빛'이며 '세상의 소금'이다. 빛이 없거나 맛을 잃어버리면 존재 가치도 함께 상실된다. 빛이 있고 맛이 있어야 세상을 향해 교회의 가치를 말할 수 있나. 빛을 밝히고 맛을 유지하기 위해서 교회는 계속해서 하나 되어 같은 방향으로 나아가야 한다.

어떻게 하면 하나 되어 같은 방향으로 나아갈 수 있을까? 교회가 공통의 비전과 목표를 세워야 한다. 목표는 현재를 미래로 이끌어가는 힘을 가지고 있기 때문이다. 교회가 실행을 위해 움직일 때 하나 된 모습을 보여줄 수 있다.

전주 ○○ 교회가 '사랑의 밑반찬'이라는 사업을 진행하고 있다. 다문화 가정, 한부모 가정, 조손 가정, 생활이 어려운 가정을 향해 일주일에 한 번 밑반찬과 간식을 제공한다. 명단은 동사무소나 학교 사회복지담당자로부터 받는다. 교회가 세운 목표를 발표하면 봉사자가 자원한다. 음식 조리, 도시락 포장, 개인 차량을 이용한 배달, 간식 준비를 섬긴다. 대부분은 젊은 층이다. 사랑의 밑반찬이라는 좋은 목표가 생기면 성도는 움직인다.

교회는 하나 된 목표를 정하고, 같은 방향으로 움직여야 한다. 한 방향으로 움직일 때 교회는 세상과 다른 가치를 추구할 수 있다. 한 방향을 정해 한 길로 걸어가는 교회는 세상의 빛과 소금으로 존재한다.

하나 됨은 어깨동무다

교회는 장성한 어른과 같아야 한다. 에베소서 4장 7절에 "우리 각 사람에게 그리스도의 선물의 분량대로 은혜를 주셨나니"라고 기록되어 있다. 주님께서 우리 각 교회와 사람에게 할당하신 선물의 분량대로 은혜를 주셨다는 말씀이다. 분량대로 주신 은혜를 가지고 서로의 짐을 감당해야 한다. 서로의 짐을 감당하려면 어른이어야 한다.

여기서 짐을 감당하는 일은 선물을 주신 그리스도를 위한 것과 연결된다. 에베소서 4장 12절에는 "이는 성도를 온전하게 하여 봉사의 일을 하게 하며 그리스도의 몸을 세우려 하심이라"고 말한다. 교회는 부어 주신 은혜를 통해 그리스도의 몸을 세워야 한다.

교회는 그리스도의 몸이다. 그 몸을 세우려면 서로의 짐을 져야 한다. 짐을 진다는 것은 손과 어깨가 연결되어 있고, 발과 무릎이 함께 움직이는 것과 같다. 함께 움직이면 서로가 진 짐을 견딜 수 있다. 갈라디아서 6장 2절에도 "너희가 짐을 서로 지라"고 권면한다. 서로 짐을 지기 위해서 교회는 어깨동무해야 한다. 교회와 교회가, 교회와 성도가, 성도와 성도가, 더 나아가면 교회와 세상이 서로에게 어깨를 내어주어야 한다. 어깨를 내어주려면 우리는 먼저 하나가 되어야 한다. 반목과 다툼이 있는 상태로는 어깨를 내어줄 수 없다.

클레멘트 스톤은 "우리가 가진 것을 나눌 때, 우리는 잃는 것이 아니라 더 많이 얻는다."라고 말한다. 나눔은 손해 보지 않고 도리어 더 큰 보상을 가져온다. 물질적인 것을 나누더라도 기쁨과 만족과 감사를 얻고 정신적으로도 충만해진다. 어깨동무하자 삶이 더 풍성해진다.

사도 바울은 풍성한 삶을 사도행전 20장 35절에서 이렇게 요약한다. "주 예수께서 친히 말씀하신 바 주는 것이 받는 것보다 복이 있다 하심을 기억하여야 할지니라." 서로의 짐을 감당하기 위해 상대에게 내어주는 어깨가 복이 있다.

어깨동무하면 함께 가게 된다. 아프리카 속담 가운데 "빨리 가려면 혼자 가고 멀리 가려면 함께 가라"는 말이 있다. 교회는 경쟁하면서 독주하는 단거리 선수가 아니라 하나님 나라를 향해 함께 달리는 마라토너이다. 훈련은 혼자서 하는 것보다 함께 할 때 좋은 성적을 거둘 수 있다. 코치와 선수가 함께 연습하고, 동료끼리 함께 땀을 흘리면 좋은 결과가 나온다. 어깨동무함으로 함께 하면 동료로 인해 포기하지 않는다. 교회도 다른 교회와 어깨동무를 할 때 교회의 사명을 지속할 수 있다.

어깨동무는 하나 되게 하는 교회의 힘이다. 그 힘은 힘의 집중으로 되지 않고 균형을 이루므로 된다. 균형이 유지될 때 목적지까지 함께 도달할 수 있다. 힘의 균형을 유지하려면 교회에 파레토 법칙이 적용되어야 한다. 이를 일반적으로 '20대 80의 법칙'으로 부른다. 어떤 사회, 조직은 상위 20%가 하위 80%를 이끌어 간다는 말이다. 이 개념을 교회에 적용할 수 있다.

교회가 하나 되려면 열심을 내는 20%와 따르는 80%가 균형을 이루어야 한다. 리더가 교회의 핵심 구성원으로 이루어지고 80%는 방관자처럼 구경만 하는 것이 아니다. 교회는 하나의 몸이므로 몸의 20%

는 건강하고 80%가 건강하지 못하면 몸 전체에 문제가 생긴다.[137]

교회는 모두가 자기 역할을 감당해야 한다. 20%가 먼저 연대를 자처해 하나 됨을 이루어야 한다. 80%는 내민 어깨를 기대고 보폭에 맞추어 함께 나아가야 한다. 이렇게 움직이면 교회 전체가 하나 되어 목표를 향해 갈 수 있다. 문제는 20%와 80%가 균형을 이루지 못하면 단절의 폭이 커지면서 큰 혼란에 빠진다. 혼란을 겪은 교회는 괴리감에 빠진다. 괴리감은 하나 되려는 교회를 두세 조각으로 잘라놓는다.

최재천의 《희망수업》에 나오는 이야기다. 사막에 '꿀단지 개미'가 산다. 이 개미는 곤충이나 식물로부터 채취한 꿀을 저장한다. 문제는 꿀을 저장할 수 있는 커다란 항아리가 없다는 것이다. 개미는 살아 있는 꿀단지를 만든다. 만들려면 먼저 일개미 몇 마리가 개미굴 천장에 올라가서 입으로 천장을 물고 매달린다. 다음으로 일개미 동료들이 계속 꿀을 갖다 넣어준다. 개미의 배는 100배 정도 커진다. 이 상태로 몇 달간 매달려 버틴다. 그러다 배고픈 동료들이 오면 거꾸로 매달린 자세에서 꿀을 게워 내어 먹여준다.[138] 억압이 아닌 자발적인 희생이다.

교회도 어깨동무하려면 개미처럼 자발적인 희생이 있어야 한다. 교회는 서로의 부족함을 밟고 올라서지 않고 부족한 부분을 자발적인 희생으로 서로 받쳐주어야 한다. 자발적으로 서로의 약함을 감싸주고, 어깨를 내어줄 때 교회는 하나 될 수 있다.

교회가 어깨동무하려면 어떻게 해야 하는가? 십자가를 만들어야 한다. 십자가는 교회가 짊어지고 가야 하는 어깨동무이다. 먼저 힘 있고, 능력을 갖춘 교회가 기둥이 돼야 한다. 다음에 다른 교회를 높게 올려주어 십자가를 만들어야 한다. 십자가는 교회가 하나가 되는 길이며, 함께 복음을 위해 감당해야 할 어깨동무이다.

주님은 십자가를 통해 우리에게 생명을 주셨던 것처럼, 교회도 십자가를 만들어 청중과 세상에 생명을 공급해 주어야 한다.

하나 됨은 새로운 이름이다

교회는 새로운 이름을 가진 공동체여야 한다. 새로운 이름은 새로운 삶을 살아가는 자에게 주어진 호칭이다. 에베소서 4장 21-24절은 "진리가 예수 안에 있는 것 같이 너희가 참으로 그에게서 듣고 또한 그 안에서 가르침을 받았을진대 너희는 유혹의 욕심을 따라 썩어져 가는 구습을 따르는 옛사람을 벗어 버리고 오직 너희의 심령이 새롭게 되어 하나님을 따라 의와 진리의 거룩함으로 지으심을 받은 새 사람을 입으라"는 말씀이다. 교회 안에 들어왔다는 것은 그리스도 예수를 믿고 새로운 사람이 되었다는 것이다. 신분과 소속과 권리가 완전히 바뀐 사람이 된 것이다.

새로운 이름은 그리스도인이다. 사도행전 11장 26절에 "그를 만나 안디옥에 데리고 와서 둘이 교회에 1년간 모여 많은 사람을 가르쳤다. 그리하여 제자들이 안디옥에서 처음으로 그리스도인이라 불리게 되었다."[139]라고 말한다. 제자들 스스로가 붙인 이름이 아니라 세상이 붙여준 이름이다. 그리스도에게 속한 사람이란 의미이다.

당시 그리스도인이라는 이름은 어쩌면 조롱과 무시가 섞여 있었을지도 모른다. 지금은 교회를 통해 믿음 생활하는 자에게 영광스럽게 붙여진 이름이다. 하나님이 주신 명예로운 훈장이다. 세상에도 명예로운 이름이 있다. '100년을 견딘 담장', '100년 된 장독대'가 그렇다.[140] 담장은 오랜 세월 동안 무너지지 않고 집 지키는 역할을 했다. 장독대는 100년이라는 시간 속에서도 맛과 본질을 지켜냈다. 교회도 세월의 흐름 속에서 거룩한 이름을 지켜내 왔다. 이 이름을 앞으로도 지켜내야 한다. 그리고 교회를 하나로 만들기 위해 붙들어야 한다.

새로운 이름이 붙었다는 것은 모방할 대상이 되었다는 뜻이다. 누군가가 따라가야 할 삶의 기준이 되었다는 것이다. "교회는 예수 그리스도의 삶을 모방하는 사랑공동체다."[141] 누군가가 모방한다는 것은 대상을 인정하고, 그런 삶을 끝까지 따라가겠다는 결단이다. 에베소서 5장 2절은 "그리스도께서 너희를 사랑하신 것 같이 너희도 사랑 가운데서 행하라. 그는 우리를 위하여 자신을 버리사 향기로운 제물과 희생제물로 하나님께 드리셨느니라"고 한다.

누군가가 모방하는 것에는 서툴함이 붙어있다.[142] 수님께서 가르쳐 주신 기도 가운데 배워야 할 거룩함이 있다. 마태복음 6장 9절은 "너희는 이렇게 기도하라 하늘에 계신 우리 아버지여 이름이 거룩히 여김을 받으시오며"라고 기록되어 있다. 우리는 하나님의 자녀로서 하나님을 거룩하게 여기는 삶을 살아야 한다. 거룩한 생각과 거룩한 성품을 가질 때 우리가 새로운 이름을 가졌음을 증명한다.

어떻게 새로운 이름에 맞게 하나 될 수 있을까? 정체성의 변화이다. 하나 됨은 외적인 연합을 넘어 새로운 이름을 향한 내적 정체성의 일치에서 시작된다. 정체성의 시작은 새로운 이름의 시작이다. 우리에게 붙여진 새로운 이름은 나와 너라는 구분을 넘어 '그리스도인'이라는 새로운 이름으로 살아가게 한다. 새로운 이름은 관계의 회복이자 삶의 새로운 시작이기 때문이다.

허진곤 목사

무주 금평교회 담임목사이다.
저서로《설교트렌드 2025》,《다음 역도 문학녘》 등이 있다.

5_ 이웃과 함께해야 한다

바로 옆에 있지만 먼 이웃이 된 가족

가족은 가장 가까이 있지만 먼 이웃이다. 강재현 시인의 《공감》에 〈가족〉이라는 글이 있다. "맑은 공기나 물처럼 늘 함께 있기에 그 소중함을 모르고 지나치는 사람들이 있습니다. 너무 익숙해진 탓에 배려하지 않고 내뱉는 말들로 가장 큰 상처를 주게 되는 사람들. 늘 그 자리에 있는 사람들이라고 믿기에 기다릴 필요도, 이유도 없기에 그리움의 이름을 붙여주지 않는 사람들. 함께 있을수록 더 많이 보아야 할 사람들. 가까이 있을수록 더 깊이 보아야 할 사람들. 익숙해서 편안할수록 더 살뜰히 챙겨야 할 사람들. 더 뜨겁게, 서로의 가슴을 안고 살아가야 할 사람들 바로 '가족'이라는 이름입니다."

가족은 하나님의 선물이다. 부모는 나를 있게 해 준 하나님의 선물이다. 부모에게 자녀는 하나님께서 보내주신 선물이다. 내가 태어났기 때문에 한 남자가 아버지가 될 수 있었다. 한 여자가 어머니가 될 수 있었다. 한 남자가 할아버지가 되고, 한 여자가 할머니가 될 수 있었다. 형제자매도 마찬가지다. 가족을 생각할 때마다 마음이 따뜻해지고 눈시울이 붉어질 때가 있다. 가족은 그만큼 소중한 존재다.

아이러니한 것은 소중한데 가장 함부로 대하고 배려하지 않는 것이 가족이다. 표현하지 않아도 다 안다고 생각한다. 너무 가까이, 함께 있기에 소중함을 잊어버린다. 예수님은 "네 이웃을 네 자신 같이 사랑하라(막 12:31)"고 하셨다. 예수님께서 말씀하신 첫 번째 이웃은 가족이다. 가장 가까운 이웃이 가족이다. 가족을 네 자신처럼 먼저 사랑해야 한다. 안타까운 것은 성도들이 교회에서 헌신하고, 이웃들에게 봉사하면서 가족을 방치하는 경우가 있다. 교회에서 충성하느라 집안은 엉망진창인 성도가 있다. 남편과 자식들을 챙기지 않는다. 제사 문제로 가족들과 단절되기도 한다. 가족 행사에 참석하지 않아 왕따를 당하기도 한다.

김홍식 목사의 《우리에게 가장 소중한 것은》에 나오는 내용이다. "가족을 위해 희생할 줄 모르는 사람은 누구와도 바른 관계를 맺을 수 없습니다. 가족보다 다른 것을 소중히 여기는 사람은 결코 성공할 수 없는 사람입니다. 그에게는 행복이란 없습니다. 가족을 떠난 행복은 착각일 뿐입니다. 가족을 외면한 사람은 세상 어느 곳에서도 환영

받을 수 없습니다. 가족은 세상의 기초이니까요." 가장 먼저 함께하고 사랑해야 할 이웃은 가족이다.

교회는 영적 가족의 공동체이다. 성도는 혈육을 넘어 영적 가족들과도 사랑해야 한다. 교회에서 함께 신앙생활을 하는 성도는 예수의 피로 맺어진 영적 가족이다. 교회 안의 가족에는 의외로 소외된 가족이 많다. 영적 가족이라고 하면서 마음에 맞는 사람들끼리 어울린다.

어려운 성도의 사정을 알고도 모른 척하는 교회는 없겠지만 대체로 적극적으로 손을 내밀지 못한다. 특히 교회가 무작정 도움만 주면 된다는 생각으로 다가갔는데, 오히려 마음에 상처를 입고 교회를 떠나는 성도들도 종종 발생한다.

경기도 일산에 위치한 모 교회는 어려운 성도를 돕다가 곤란한 경우를 당했다. 제법 규모 있는 아파트에서 남부럽지 않게 살았던 이 모 집사는 보증을 잘못 서 하루아침에 빈털터리가 됐다. 이 집사는 이 사실을 숨기고 교회에 다녔다. 이를 알게 된 동료 집사가 목회자에게 얘기해 교회 차원에서 이 집사를 돕기로 했다. 그러나 이 집사는 곧바로 교회를 떠나 버렸다. 모든 성도가 다 알게 돼 자존심에 상처를 받은 것이 문제였다. 동광교회 김양흡 목사는 "각 교회들이 교회 내 어려운 성도를 돕는 일을 소홀히 해서는 안 된다."라며 "도움을 줄 때에도 받는 사람이 상처를 받지 않도록 자신을 낮추고 겸손한 자세로 다가가는 지혜가 필요하다."[143]라고 조언한다. 교회는 교회 안에 소외된 이웃과 함께하고 돕는 일을 좀 더 적극적으로 해야 한다. 상처받지 않도록 겸손히 조심스럽게 감당해야 한다.

절실한 이웃, 강도 만난 사람

교회는 교회 안을 넘어 교회 밖 모든 이웃과 함께해야 한다. 특히 강도 만난 이웃과 함께해야 한다. 《모리와 함께 한 화요일》의 작가 미치 앨봄은 "타인이란 아직 미처 만나지 못한 가족일 뿐이다."라고 했다. 예수님께서는 선한 사마리아인의 비유를 통해 교회가 누구의 이웃이 되어야 할지를 말씀하셨다. 교회는 강도 만난 사람의 이웃이 되어야 한다. 강도 만난 이웃은 사회에서 소외된 이웃이다. 도움이 절실히 필요한 이웃이다.

이 시대에 강도 만난 이웃은 어떤 사람들일까? 장애인, 다문화 가정, 독거노인, 가난한 사람, 난치병으로 고생하는 사람, 난민, 동성애자, 외국인 노동자, 탈북자, 북한 주민, 미혼모, 비행 청소년, 노숙인, 소녀 소년 가장, 고아들, 한 부모 가정 등, 사회 곳곳에는 도움이 절실히 필요한 사람들이 강도 만난 이웃들이다.

신학자인 라인홀드 니버는 기독교의 본질을 두 가지 차원에서 말한다. 첫째, 위로 하나님을 향한 수직적 신앙의 차원이다. 둘째, 옆으로 이웃을 향한 수평적 사회성의 차원이다. 니버는 두 차원이 조화가 이루어질 때, 기독교가 세상 속에서 온전히 실현될 수 있다고 한다. 그는 교리적 신앙만을 주장하는 보수적인 교회를 향해 이웃에 대한 사회적 책임의 결함을 지적하고, 사회적 참여만을 강조한 자유주의 교회를 향해 하나님을 향한 순수한 신앙의 부족을 지적한다.

배움의 과정은 보통 초급반, 중급반, 고급반으로 나뉜다. 최고의 명강사였던 최윤희씨는 인생에도 초급반, 중급반, 고급반이 있다고 했다. 초급반은 '척생척사'다. 척에 살고 척에 죽는 인생이다. 있는 척, 아는 척, 잘난 척하며 사는 한심한 사람은 초급반 인생이다. 중급반은 '땀생땀사'다. 땀에 살고 땀에 죽는 인생이다. 죽기 살기로 열심히 일만하는 사람은 중급반 인생이다. 고급반은 '공생공사'다. 이는 '공수래공수거(空手來空手去)' 빈손으로 왔다가 빈손으로 가는 것이 인생이라고 생각하면서 사는 사람이다. 곧 고급반 인생은 '공생공사' 정신으로 이웃과 더불어 나누며 사는 위대한 인생을 말한다.[144] 교회와 그리스도인들은 이웃과 더불어 사는 고급반 인생을 살아야 한다.

대구에서 코로나 19 확진자 수가 급격히 증가하던 시절 필자는 대구에서 목회하고 있었다. 필자의 아들과 딸도 코로나 19에 확진되었다. 2020년 2월 25일 대구시 의사회 이성구 회장은 전국에 있는 의사들에게 호소의 글을 전했다. "존경하는 5,700명의 의사 동료 여러분, 지금 대구는 유사 이래 엄청난 의료 재난 사태를 맞고 있습니다. 선별 검사소에는 불안한 시민들이 넘쳐 나는 데다가 의료 인력은 턱없이 모자라 입원 치료 대신 자가 치료를 하고 있는 실정입니다. 우리 모두 생명을 존중하는 히포크라테스 선서의 선후배 형제로서 우리를 믿고 의지하는 사랑하는 시민들을 위해 지금 바로 선별진료소로, 대구 의료원으로 격리병원으로 그리고 응급실로 와 주십시오. 한 푼의 대가, 한마디의 칭찬도 바라지 말고 피와 땀과 눈물로 시민들을 구합시다."

이 호소를 듣고 많은 의료진이 대구로 달려와 묵묵히 이름도 없이 환자들을 돌보았다. 환자이송을 위해 전국에 있는 119 구급대원들이 차를 끌고 대구로 모였다. 눈물이 났다. 함께 한다는 것이 이런 것이라는 생각이 들었다.

바울은 로마교회 성도들을 향해 "즐거워하는 자들과 함께 즐거워하고 우는 자들과 함께 울라(롬 12:15)"고 한다. 예수님도 무리를 보시고 목자 없는 양 같이 늘 불쌍히 여기신다. 같이 아파해 주시고 울어 주신다. 먹을 것을 주시고 치유해 주신다. 말씀을 전해 주신다. 교회는 즐거워하는 이웃들과 즐거워할 줄 알아야 하고 강도 만나 울고 있는 이웃과는 함께 울 수 있어야 한다.

말뿐인 위로가 아니라 공감의 눈물 한 방울이 필요하다

교회가 이웃과 함께하기 위해 가장 필요한 것은 눈물 한 방울이다. 눈물 한 방울은 공감을 의미한다. 도움이 필요한 이웃의 입장을 이해하고 공감해야 한다. 인간이 공감할 수 있는 이유는 뇌 속에 '거울 뉴런'이 들어있기 때문이라고 한다. 거울 뉴런이란 남의 행동을 보는 것만으로도 자신이 행동할 때처럼 똑같이 반응하는 신경세포를 말한다.

올림픽 경기에서 대한민국 선수가 금메달을 딸 때, 마치 자신이 그 경기를 뛰는 것처럼 느끼고 기뻐하는 것도, 감동적인 영화나 드라마를 볼 때 주인공의 슬픔과 기쁨과 행복을 함께 느끼는 것도, 고통당하는 이웃의 상처와 아픔을 공감하는 것도 거울 뉴런 덕분이다.

공감은 영어로 'empathy'다. 'empathy'는 'em'와 'pathy' 합성어다. 'em'은 '안'을 뜻하고 'pathy'는 길을 뜻하는 'path'에서 왔다. 어원적으로 보면 공감이란 '다른 사람의 길을 걷는 것'을 의미한다. 다른 사람이 간 길을 걸어 보지 않으면 진정으로 공감할 수 없다.

2013년 7월 당시 89세의 부시 전 대통령이 갑자기 삭발한 모습으로 나타났다. 미국의 전·현직 대통령이 일부러 삭발한 것은 그가 처음일 것이다. 미국의 전직 대통령은 백악관 비밀경호실 직원들의 경호를 받는다. 부시 전 대통령 경호원의 아들 가운데 만 두 살이었던 패트릭이 백혈병으로 치료를 받으며 머리카락을 다 밀었다. 패트릭 아버지의 동료들이 아이에게 용기를 주려고 다 같이 삭발을 했다. 이들과 늘 함께 지내던 부시 전 대통령도 삭발했다. 삭발은 이럴 때 한 나는 것을 보여주기라도 하듯이 패트릭과 함께 찍은 부시의 표정은 밝고 해맑기까지 했다.[145] 부시 전 대통령과 다른 경호원들은 패트릭이 가는 길을 같이 걸으면서 공감했다.

동정과 공감은 다르다. 동정은 상대방을 나의 입장과 생각대로 이해하는 것이라면 공감은 상대방의 입장과 생각대로 이해해 주는 것이다. 동정은 결과에 이끌리지만, 공감은 과정에 충실하다. 동정은 상대방의 마음에 부끄러움의 흔적을 남기지만, 공감은 그의 아픔과 상처를 감싸고 보듬어 준다. 동정심은 나쁜 것이 아니다. 동정심이 없는 세상을 상상할 수도 없다. 동정심이 사라진다면 버스나 지하철의 노약자석은 사라질 것이다. 자선단체에 기부하는 사람도 존재하지 않을 것이다. 하지만 교회는 강도 만난 이웃에게 동정을 넘어 공감해야 한다.

고(故)이어령 선생님은 조선일보 김윤덕 기자와의 인터뷰에서 이런 말을 했다. "우리는 피 흘린 혁명도 경험해봤고, 땀 흘려 경제도 부흥해 봤어요. 딱 하나 아직 경험해보지 못한 것이 눈물, 즉 박애(fraternity)예요. 나를 위해서가 아니라 모르는 타인을 위해서 흘리는 눈물, 인간의 따스한 체온이 담긴 눈물. 인류는 이미 피의 논리, 땀의 논리를 가지고는 생존해갈 수 없는 시대를 맞이했어요. 대한민국만 해도 적폐 청산으로, 전염병으로, 남북문제로 나라가 엉망이 됐지만 독재를 이기는 건 주먹이 아니라 보자기였듯이 우리에겐 어느 때 보다 뜨거운 눈물 한 방울이 절실합니다."[146] 그는 생을 마감해 가는 시점에서 이 시대에 타인을 위해 흘리는 눈물 한 방울이 절실하다고 말한다. 인간의 따스한 체온이 담긴 눈물은 공감할 때만 흘릴 수 있다. 공감은 생각보다 힘이 세다. 정혜신 정신과 의사는 "사람의 마음을 움직이는 힘, 상처 입은 마음을 치유하는 힘 중에서 가장 강력하고 실용적인 힘은 공감이다."[147]라고 한다. 교회는 이웃의 상처와 아픔을 먼저 공감해야 한다.

쌓는 교회가 아니라 유통하는 교회가 되어야 한다

교회가 이웃을 공감했다면 행동해야 한다. 필자는 가끔씩 땅속이 궁금할 때가 있다. 가정마다 쓰는 물이 얼마나 많은가? 목욕탕 같은 데는 얼마나 많은 물을 쓰는가? 그 물이 어떤 경로를 통해 어디로 흘러가는가가 궁금해진다. 땅속에는 수많은 파이프들이 묻혀있어 물이 어디론가 흘러가게 만들어 놓았을 것이다.

물과 같이 삶도 흘러가야 한다. 서울여자대학 장경철 교수는 《축복을 유통하는 삶》에서 자신을 '축복을 유통하는 유통업자'라고 소개한다. 그러면서 인간의 존재 목적은 하나님의 사랑과 은혜를, 축복을 유통하는 데 있다고 말한다.

하나님은 하나님의 나라를 세우고 하나님의 복을 유통시키기 위해 아브라함을 갈대아 우르에서 부르셨다. 이방인에게 복음을 유통시키기 위해 바울을 선택하셨다. 교회도 하나님의 사랑과 은혜를, 복음과 축복을 잘 흘려보내는 유통업자가 되라고 세우신 것이다.

자연계에는 먹이사슬이 있다. 먹이사슬은 생태계를 움직이는 흐름이다. 먹이사슬 가운데 어느 한 부분이라도 제대로 흘러가지 못하면 생태계는 파괴된다. 고여 있는 물은 썩게 되어 있다. 흐르지 않기 때문이다. 흐르는 물은 썩지 않는다. 흐르는 물속에는 생명이 약동한다. 갈릴리 호수는 만년설이 뒤덮여 있는 헬몬산으로부터 내려오는 물을 받아 아래로 흘려보낸다. 갈릴리 호수는 물이 맑고 많은 물고기가 살고 있다. 반면 사해 호수는 갈릴리 호수에서 내려오는 물을 받기만 하고 물을 흘려보내지 않는다. 사해 호수는 물고기들이 살 수 없는 죽은 호수가 되었다. 생명력 있는 교회가 되기 위해서는 흘려보내야 한다. 하나님께 받은 사랑을 강도 만난 이웃에게 흘려보내야 한다. 하나님께서 주신 복과 물질을 흘려보내야 한다. 거룩한 낭비를 해야 한다.

마더 테레사 수녀가 1979년 노벨평화상을 받았다. 그때 한 기자가 이런 질문을 했다. "세계 평화를 위해 우리는 무엇을 할 수 있을까요?" 테레사 수녀는 이렇게 대답했다. "사랑의 반대말은 증오가 아니라 무관심입니다. 빈곤을 만드는 것은 신이 아니라 인간입니다. 우리가 서로 나누지 않기 때문입니다."

기쁨의 하우스는 익산 기쁨의교회와 여성가족부 및 익산시가 주관해 설립한 한부모 가정을 위한 복지시설이다. 기쁨의 교회는 시설을 짓기 위한 땅을 제공했으며 설립할 때 필요한 재정의 일부를 부담했다. 시설을 찾는 미혼모의 출산 치료비용도 지원한다. 2020년 시설이 완공된 이후 4년 동안 40여 명의 아이가 이곳에서 태어났다. 기쁨의 교회 박윤성 목사는 "미혼모 대부분은 10대 후반에서 20대 초반이다. 산모가 어리다 보니 낙태하거나 신생아를 베이비박스에 보내는 경우가 많다."라고 말한다. 문제는 미혼모 시설 운영에 관한 관심이 꾸준하지 않다는 점이다. 박 목사는 "전국에 200여 개 있던 미혼모 시설은 현재 60개뿐"이라며 "교회가 사회적 공공성에 관심을 두고 이웃사랑을 실천할 때라고 생각한다."라고 밝혔다. 기쁨의 교회는 2020년 성도들이 받은 재난지원금을 차상위계층을 위한 지원금으로 환원했다. 교회는 또한 익산시 장학재단을 통해 지역 청소년들에게 장학금을 지급하고 있다. 박 목사는 "지역 사회를 위한 장학재단을 설립을 계획하고 있다."라며 "더불어 교육관을 건설해 모두가 이용할 수 있는 영어도서관 휴게 및 작업 공간 등을 만들 것"이라고 전했다.[148] 기쁨의교회는 유통업자로서 거룩한 낭비를 잘하고 있다.

 교회는 가장 가까운 이웃인 가족과 함께해야 한다. 교회 안에 있는 소외된 이웃과 함께해야 한다. 교회 밖 강도 만난 이웃과 함께해야 한다. 함께하는 것이 사랑이다. 사랑하기 위해 먼저 공감해야 하고 하나님께서 받은 사랑과 복을 그들에게 유통하는 거룩한 낭비를 해야 한다.

이재영 목사

〈아트설교연구원〉 부대표이다.
저서로《신앙은 역설이다》,《설교트렌드 2025》등이 있다.

6_희생, 헌신, 감사가 넘쳐야 한다

희생이 넘치는 교회가 되어야 한다

교회는 그리스도의 몸이며, 예수 그리스도의 희생과 헌신 위에 세워진 공동체이다. 이 땅의 교회가 진정한 그리스도의 공동체로 존재하려면, 자기중심적인 사고방식과 이기적인 욕망을 내려놓고 서로를 섬기고 돌보는 삶을 살아야 한다. 성경은 교회가 진정한 그리스도의 공동체가 되기 위해서는 반드시 희생과 헌신, 감사의 삶을 살아야 한다고 명확히 가르친다. 예수 그리스도께서 보여주신 희생과 헌신의 본을 따라, 교회는 자기중심적 사고와 욕심에서 벗어나 서로를 섬기고 돌보는 공동체가 되어야 한다.

교회의 시작은 예수 그리스도의 희생에서 비롯된다. 교회는 예수 그리스도의 대속적인 희생으로 시작되었다. 사도 바울은 로마서 5장

8절에서 "우리가 아직 죄인 되었을 때에 그리스도께서 우리를 위하여 죽으심으로 하나님께서 우리에 대한 자기의 사랑을 확증하셨느니라"고 기록했다. 예수님의 십자가는 단지 고통의 상징이 아니라, 하나님께서 인간을 향한 희생적 사랑을 실현하신 사건이었다. 예수께서 지고 가신 십자가는 실제 삶을 통해 나타나야 한다. 교회는 이 십자가 희생의 정신을 이어받은 공동체이며, 따라서 희생이 교회의 정체성이자 본질이 되어야 한다.

하지만, 오늘날 많은 교회가 성장을 추구하고 영향력을 확대하려는 데 몰두하는 사이, 희생과 자기를 비우는 삶은 점점 멀어지고 있다. 프로그램은 많아지고 건물은 커졌지만, 정작 '자기를 부인하는' 제자의 삶은 희귀해졌다. 교회의 리더십조차도 하나님의 뜻보다는 자신의 안위와 자리보전에 더 민감해지며, 때로는 명예나 권력, 조직의 확장에 집중하느라 공동체의 상처를 외면하기도 한다.

현대 교회는 마치 세상의 경영 원리를 따르듯 수치와 성과를 강조하며 본질을 잃어가고 있다. 그러나 주님은 "누구든지 나를 따라오려거든 자기를 부인하고 자기 십자가를 지고 나를 따를 것이니라(막 8:34)."고 말씀하셨다. 이는 단지 개인의 신앙적 결단이 아니라, 교회 전체가 삶으로 살아내야 할 공동체적 부르심이다. 교회는 이 말씀을 실천하는 살아 있는 현장이 되어야 하며, 구성원 모두가 자기를 비우고 그리스도의 마음으로 서로를 섬기는 삶을 살아가야 한다.

아프리카 우간다의 왓토토교회(Watoto Church)는 1980년대 후반 내전으로 인해 부모를 잃은 고아들과 폭력으로 고통받는 여성들을 돌보기 위해 시작된 교회로, 희생과 헌신의 본을 보여주는 대표적인 공동체이다. 왓토토는 '아이들'이라는 뜻의 우간다어로, 이 교회는 '아이 하나를 구하면 한 나라가 바뀐다'라는 비전 아래 고아들을 돌보는 마을을 세우고, 자립을 위한 교육과 훈련, 예배 중심의 삶을 제공한다. 성도들은 단순한 교회 참석자가 아니라 각 마을의 부모 역할, 교사, 사역 동역자로서 공동체 속에서 능동적으로 참여하고 있다. 이를 통해 하나님의 사랑과 회복의 복음이 지역 사회에 실제적으로 실현되고 있다.

그뿐만 아니라 미국의 세이비어교회 또한 그러하다. 고든 코스비 목사에 의해 지난 1947년 시작된 세이비어교회는 '작지만 깊이 있는 공동체'로 현재 200여 명이 되지 않는 소그룹 공동체. 이 교회의 멤버가 되기 위해서는 고도의 영적 훈련과 함께 사회봉사를 위한 서약식 등 복잡한 절차를 거쳐야 한다. 하지만 지역 사회를 위한 사역에 연간 총 1천만 달러 이상의 예산을 집행하는 등 미국에서 큰 영향력을 발휘하며, 세상과 함께하는 교회의 새로운 모델로 주목받고 있다.[149]

현재 커피숍과 서점 등을 운영하는 등 지역 사회를 위한 사역 프로그램만 200여 개에 달한다. 특히 실업자를 훈련시켜 취업할 수 있도록 돕는 사역, 24시간 운영되는 노숙자 병원 사역, 가난한 노인들을 대상으로 하는 복지사역, 마약중독 치료와 회복을 도모하는 사역, 에이즈 환자를 위한 사역, 빈민 지역 저소득층 주민들을 위한 주거 사역 등 다양한 활동으로 지역 사회 변화를 주도하고 있다.

예수님께서는 십자가의 희생을 통해 사랑의 가장 위대한 모범을 보여주셨다(요 15:13). 교회는 이러한 희생을 따라 개인적 욕심과 이기심을 내려놓고 이웃과 공동체의 필요를 먼저 생각하며 실천해야 한다. 그리스도의 희생을 본받아 성도들이 자발적으로 자신의 시간과 재정, 재능을 이웃과 공동체를 위해 희생하는 삶을 살아갈 때 세상에 영향을 미칠 수 있을 것이다.

헌신이 가득한 교회여야 한다

헌신은 교회의 생명력을 나타낸다. 성경은 헌신이 단순한 봉사가 아니라, 하나님과 공동체를 향한 사랑의 표현이며, 교회가 살아 숨 쉬는 유기체로서 기능하기 위한 핵심요소임을 강조한다. 로마서 12장 1절은 "그러므로 형제들아 내가 하나님의 모든 자비하심으로 너희를 권하노니, 너희 몸을 하나님이 기뻐하시는 거룩한 산 제물로 드리라 이는 너희가 드릴 영적 예배니라"고 말하며, 헌신의 삶 자체가 예배임을 선언한다. 또한, 마태복음 25장에서 예수님은 지극히 작은 자에게 한 것이 곧 자신에게 한 것이라 하시며, 실제적인 헌신의 삶이 곧 주님을 향한 섬김임을 보여주신다.

앞에서 언급한 미국의 세이비어교회는 모든 성도가 기도와 훈련을 통해 사명을 발견하고, 지역 사회 빈민과 중독자, 노숙자, 병든 자들을 위한 다양한 돌봄 사역에 직접 참여한다. 이들은 단순한 후원이 아닌 삶을 들여 헌신하며, 교회가 지역 사회의 빛과 소금이 되어야 한다는 비전을 실제로 구현하고 있다.[150]

한편, 한국교회의 예배 중에는 헌신예배가 있다. 교사 헌신예배, 학생부 헌신예배, 직분자 헌신예배 등 전통적인 '헌신예배'는 이러한 삶의 헌신을 격려하고 동기를 부여하는 데 긍정적인 역할을 해 왔다. 그러나 헌신예배가 일회성 행사로만 그치거나, 헌신의 기준이 너무 추상적이거나 형식화될 경우, 실제적인 변화로 이어지지 못하는 한계를 지니기도 한다. 헌신예배가 하나의 행사나 특별한 부서만의 시간이 아니라 지속적인 제자훈련, 공동체 사역 참여, 은사 개발 등과 연계될 때에 비로소 진정한 의미를 발휘할 수 있게 될 것이다.

성경은 성도 각 사람에게 성령의 은사를 주셨고, 그 은사는 공동체의 유익을 위해 사용되어야 한다고 말한다(고전 12:7). 교회는 소수의 리더십만이 헌신하는 구조가 아니라, 모든 성도가 은사에 따라 헌신하고 섬기는 공동체여야 한다. 바울은 고린도후서 4장 5절에서 "우리가 우리를 전파하는 것이 아니라 오직 그리스도 예수의 주 되신 것과 또 예수를 위하여 우리가 너희의 종 된 것을 전파함이라"고 고백했다.

헌신은 직분자에게만 요구되는 덕목이 아니다. 모든 성도는 예외 없이 하나님의 부르심을 받은 자들이며, 자신의 자리에서 교회를 위해 시간과 재능, 물질을 드릴 때 교회는 살아 있는 몸처럼 유기적으로 움직인다. 교회는 일부 리더만 헌신하는 조직이 아니라, 모든 지체가 제 역할을 감당하며 협력하는 공동체이다.

현실적으로 바쁜 일상 속에서 시간과 에너지를 드리기가 쉽지 않지만, 직장에서의 전문성을 살려 교회를 섬기거나, 일주일에 단 몇 시간이라도 꾸준히 교회를 위한 기도, 봉사, 상담, 청소, 찬양 등으로 참여할 수 있다. 예를 들어, 은퇴한 교인이 교회 도서관을 관리하거나, 직장인이 주말에 청년 멘토링 사역에 헌신하는 모습은 작지만 큰 감동을 준다. 헌신은 교회의 성장과 확장을 위한 수단이 아니라, 교회 자체가 하나님을 예배하고 세상을 섬기기 위한 존재 목적을 이루는 길이다. 헌신하는 교회는 단순히 '사역이 많은 교회'가 아니라, '살아 있는 교회', '하나님의 뜻을 이루는 교회'가 될 것이다.

감사의 고백이 있어야 한다

감사는 믿음의 열매이며 공동체의 분위기를 바꾼다. 우리가 예수 그리스도를 믿음으로 하나님 나라의 삶을 살기 시작하면서 나타나는 대표적인 반응이 바로 감사와 기쁨이다. 감사와 기쁨은 하나님의 은혜에 대한 반응이며, 은혜를 받으면 사람들은 감사하고 또 기뻐한다. 그리고 이러한 감사와 기쁨이 우리의 영혼을 풍요롭게 할 뿐만 아니라 우리의 육신도 건강하게 한다.

탈 벤 샤하르 하버드대학교 교수는 감사할 때 항암효과를 내는 다이돌핀이 솟아남을 의학적으로 확인했다. 우리 몸에서 분비되는 엔돌핀은 암을 치료하고 통증을 해소하는 효과가 있는 것을 알고 있다. 한편, 엔돌핀의 4,000배 효과가 있는 다이돌핀은 우리가 감사할 때, 감동할 때 솟아난다고 한다. 캘리포니아대학교의 로버트 에먼스 교수는 감사하는 마음은 수면의 질을 개선한다고 말한다. 숙면을 취하고 싶으면 양을 세기보다는 자신이 받은 은혜를 세는 것이 좋다고 말한다. 또 그는 말한다. "우리의 실험에 따르면 감사를 습관화한 학생은 그렇지 않은 학생보다 연봉을 2만 5천 달러를 더 받았고, 감사를 습관화한 사람은 그렇지 않은 사람보다 평균수명이 9년이나 길었다."고 한다.

실제로, 〈KBS 다큐온〉이라는 프로그램에서는 감사가 뇌를 바꾼다는 주제로 방영한 적이 있다. 기독교에서 만든 것이 아니다. 공영방송에서 객관적인 증거를 가지고 했던 실험으로, 김해 율산초등학교 초등학생들이 대상이었다. 감사 표현을 자주 하면 생기는 아이들의 변화를 연구한 영상이다.[151] 이것은 하나님 나라의 질서가 우리의 삶을 얼마만큼 풍성하게 하는지를 보여주는 증거이다.

경기도 안산에 있는 더행복한교회에서는 주일예배 시 설교 전 감사의 고백이 있다. 감사의 고백 시간이지만, 감사, 칭찬, 중보기도 제목 등을 나눌 수 있고, 누구나 참여할 수 있다. 감사의 고백이 한 명도 없는 주일도 있다. 하지만, 1년 중 40주 이상 감사의 고백이 이어진다. 물론 처음에는 쉽지 않았다. 뭔가를 준비해야 할 것 같고, 특별한 누군가가 해야 할 것 같았다. 시간이 흐르면서 감사의 고백은 문화가 되었고, 이제는 자발적으로 참여한다. 코로나 시기에는 핸드폰 문자로도 보내 왔고, 전화를 연결하여 실시간 통화로도 고백한다. 성도들은 고백한다. 감사의 고백이 설교만큼 은혜롭고, 자신도 감사를 고백할 수 있기를 소망한다고 말이다.

감사는 단순히 긍정적인 성품이 아니라, 삶의 방향과 태도를 결정짓는 강력한 정신적 습관이다. 론다 번은 《The Secret(비밀)》에서 '비슷한 것끼리 끌어당긴다'라는 '끌어당김의 법칙'을 설명하며, 감사하는 마음은 감사한 일들을 불러온다고 강조한다. 즉, 힘듦을 고백하면 힘든 일들이 따라오고, 염려를 반복하면 걱정할 일이 더 많아지며, "바쁘다"는 말을 입에 달고 살면 더욱 바빠질 일들만 생겨난다는 것이다. 반대로, 감사를 입에 담고 마음에 품을 때, 삶은 그에 반응하며 감사할 제목들을 계속해서 불러온다.[152]

이러한 심리학적 원리는 실제 신앙생활 속에서도 그대로 적용된다. 하나님께 감사를 고백하는 사람은 하나님이 주신 은혜에 민감하게 반응하며, 작은 일에서도 감사의 이유를 발견하는 영적 눈이 열리게 된다. 현실은 변하지 않았어도 감사의 시선은 상황을 다르게 보게 하며, 결국 그것이 공동체의 분위기와 문화까지 바꾸는 동력이 된다.

이처럼 교회는 감사가 계속되어야 하고, 감사의 태도가 풍성해야 한다. 감사는 신앙의 본질적 태도이며, 성경에서 "범사에 감사하라(살전 5:18)"고 명령하고 있기 때문이다. 교회는 어려움이나 역경 속에서도 하나님께 감사를 표현하는 공동체가 되어야 한다. 감사를 실천할 때, 공동체 내에 기쁨과 평화가 넘치며, 외부적으로도 강력한 증거가 되어 세상에서 빛과 소금의 역할을 감당하게 된다.

이러한 희생과 헌신, 감사의 삶이 풍성한 교회는 진정한 그리스도의 공동체이다. 이 원칙을 통해 교회는 하나님 나라의 본질을 세상에 보여주고, 세상을 향한 빛과 소금의 사명을 효과적으로 감당할 수 있을 것이다.

다시, 예수의 삶을 회복하는 교회가 되어야 한다

예수님은 우리를 위해 자신을 희생하셨고, 기꺼이 종의 모습으로 섬기셨으며, 언제나 하나님께 감사하는 삶을 사셨다. 교회는 예수 그리스도의 몸이므로, 그분의 삶을 그대로 따를 때만 진정한 교회로서의 본질을 회복할 수 있다. 그러므로 희생과 헌신, 감사는 선택이 아니라 교회 됨의 필수 조건이다.

오늘의 교회가 다시 이 본질로 돌아간다면, 세상은 교회를 통해 하나님 나라의 사랑과 능력을 보게 될 것이다. 교회가 세상을 바꾸기 전에, 먼저 교회 안의 문화를 바꾸는 것이 필요하다. 예배당 안에 머무는 신앙이 아니라, 삶으로 흘러나오는 헌신과 희생이 있어야 한다. 감사는 예배 후에도 이어져야 하며, 헌신은 주일만이 아니라 일상의 태도여야 한다.

이를 위해 각 교회는 공동체 안에서 섬김과 봉사를 '일부 사람의 몫'이 아니라 '모든 성도의 사명'으로 재정립해야 한다. 감사를 표현하는 문화를 만들고, 주중에도 감사일기 쓰기, 감사 편지 나눔 등 실천 프로그램을 도입하고, 헌신예배를 넘어서 지속적 헌신 사역을 위한 제자훈련과 소그룹 실천을 강화하는 것이 교회가 다시 회복되는 길이다.

이러한 실천들이 이뤄질 때, 교회는 다시 하나님 나라의 통로가 되며, 세상은 교회를 통해 하나님의 살아계심을 체험하게 될 것이다. 바로 거기에 교회의 회복이 있고, 세상의 소망이 있다. 교회는 예수 그리스도의 몸이므로, 그분의 삶을 그대로 따를 때만 진정한 교회로서의 본질을 회복할 수 있다. 희생과 헌신, 감사는 선택이 아니라 교회 됨의 필수 조건이다.

손병세 목사

더행복한교회 담임목사이자 3040세대의 회복을 꿈꾸는 현장형 목회자이다.
저서로《3040 심폐소생》이 있다.

7. 공익 추구가 교회의 살 길이다

예수님, 제자들, 초대교회는 공익을 추구했다

교회는 사적인 이익을 추구하지 않고 공적인 이익을 추구해야 한다. 한국교회는 공익보다는 사익을 추구하는 경향이 짙다. 교회는 사람을 섬기는 모습이 아니라 군림하는 모습을 보여준다. 군림으로 교회가 보여주어야 할 희생과 겸손이 슬쩍 가려졌다. 최윤식은 《빅체인지 한국교회》에서 "현대 사회에서 가장 크고 강력한 우상은 '힘'과 '자기애'라고 말한다. 한국교회가 무너진 것은 힘과 자기애를 추구했기 때문이다. 여기서 힘이란 돈, 공적 권력, 명예이다. 자기애란 자기 신념, 음욕, 자녀 사랑 등이다. 교회의 강력한 우상인 힘과 자기애를 이기려면 자기희생 정신이 필요하다. 예수님께서 자기를 따르는 자에게 희생을 강조하신 이유이기도 하다. 하지만 한국 교회는 자기희생이 없다.

교회가 자기희생하지 않으니 사익으로 기우는 것은 당연하다. 사익을 추구하는 교회는 물질과 시간의 헌신이 감소하는 다운시프트 신앙이 대세가 되었다. 최윤식은 《빅체인지 한국교회》에서 이렇게 말한다. "'지금 옳고 편한 곳이 내 교회'라는 신 유목 교인, 현실 교회를 극단적으로 부인하고 탈 교회를 외치는 가나안 신앙의 유혹에도 빠진다. 죄에 대한 회개, 하나님의 말씀을 지키는 책임, 헌신과 희생을 도전하는 메시지는 듣기 싫은 내용이 되어 가고, 말랑말랑하고 감각적으로 듣기에만 좋은 메시지가 늘어나면서 성경 지식과 신학 지식도 얕아진다. 그럴수록 이방 종교와 이단의 공격에 흔들리는 빈도도 높아진다. 성도가 말씀대로 살지 않으면 영성만 흔들리는 것이 아니다. 정신도 함께 흔들린다."[153]

교회는 공익을 추구하는 곳이다. 비기독교인은 교회가 공익을 추구하길 바란다. 장로회신학대학교가 지앤컴리서치와 함께 조사한 결과에 따르면, 비기독교인들이 교회에 바라는 모습 1위는 윤리성(41.8%)이었다. 그다음으로 공익성(37%), 배려심(34.7%), 투명성(34.6%), 절제심(25.5%)을 요구했다. 세상은 교회에 공익성을 요구한다. 사익을 추구하는 것을 바라지 않는다.

예수님의 사역을 '공생애'라고 한다. 공적인 사역을 했다. 자신을 위해서 사시지 않았다. 이름도 알 수 없는 병사를 고치시면서 사셨다. 생명의 복음을 전파하시고 사람들을 가르치면서 사셨다. 그의 삶 자체가 공익이다.

　세례요한도 사익을 추구하지 않고 공익을 추구했다. 그가 요한복음 3장 30절에서 이런 말을 한다. "그는 흥하여야 하겠고 나는 쇠하여야 하리라 하니라." 예수님은 흥하고 자신은 쇠하여야 한다고 한 것은 철저하게 사적인 유익을 위해 사역하지 않았다는 반증이다.

　초대교회는 공적인 조직이었다. 초대교회가 어떤 교회였는가를 보여주는 말씀이 있다. 사도행전 2장 44-45절이다. "믿는 사람이 다 함께 있어 모든 물건을 서로 통용하고 또 재산과 소유를 팔아 각 사람의 필요를 따라 나눠 주며." 초대교회는 거의 완벽한 공익을 추구했다. 그들은 물건을 통용하는 것, 재산과 소유를 팔아 필요한 사람에게 나눠주는 것은 교회가 가져야 할 모습을 보여준다.

아브라함은 개인의 욕심을 내려놓았다

믿음의 조상 아브라함도 사적인 이익을 추구하기보다는 공적인 유익을 추구한 사람이다. 창세기 13장 7-10절이다. "그러므로 아브람의 가축의 목자와 롯의 가축의 목자가 서로 다투고 또 가나안 사람과 브리스 사람도 그 땅에 거주하였는지라 아브람이 롯에게 이르되 우리는 한 친족이라 나나 너나 내 목자나 네 목자나 서로 다투게 하지 말자 네 앞에 온 땅이 있지 아니하냐 나를 떠나가라 네가 좌하면 나는 우하고 네가 우하면 나는 좌하리라 이에 롯이 눈을 들어 요단 지역을 바라본즉 소알까지 온 땅에 물이 넉넉하니 여호와께서 소돔과 고모라를 멸하시기 전이었으므로 여호와의 동산 같고 애굽 땅과 같았더라."

재산을 더 많이 갖고 싶은 것은 인간의 본능이다. 아브라함이 공익을 추구했기에 그렇지 않았다. 믿음의 삶을 살기 위해 조카를 더 배려한다. 조카가 먼저 좋은 땅을 선택하라고 한다. 자신은 남은 땅을 선택하겠다고 한다.

아브라함이 개인의 욕심을 내려놓을 수 있었던 것은 공익을 추구하는 그의 정신에서 나왔다. 아브라함이 믿음의 조상이 될 수 있었던 것은 공익을 추구했기에 가능했다.

공자와 맹자도 사익을 추구하지 말라고 한다

맹자가 양혜왕을 만난 뒤 마지막에 이렇게 말한다. "왕께서는 인의를 말씀하셔야지 어째서 이익에 대해서 말씀하십니까?"[154] 맹자는 왕이 인의를 추구해야 한다고 말한다. 이에 대한 맹자와 양혜왕의 대화를 들여다보자. 맹자가 양혜왕을 접견하자 양혜왕이 맹자에게 말한다. "선생처럼 고명한 분이 천 리 길을 멀다 하지 않으시고 찾아주셨으니 장차 우리나라에 이익이 있겠시요?" 그러자 맹사가 이렇게 말한나. "왕께서는 어째서 이익에 대해서만 말하십니까? 진정 중요한 것으로는 인의(仁義)가 있을 뿐입니다. 만약 한 나라의 왕이 '어떻게 하면 나의 나라를 이롭게 할 수 있을까' 그렇게 말하면 그 아래에 있는 대부는 '어떻게 하면 내 집안을 이롭게 할 수 있을까'라고 생각하고, 선비(士)와 서민들은 '어떻게 하면 몸을 이롭게 할 수 있을까'를 생각하게 됩니다."[155] 이처럼 위아래가 다투어 자신의 이익을 취하려 하면 나라는 위태로워진다.

맹자를 번역한 박경환은 '해설'에서 맹자와 양혜왕이 한 대화를 이렇게 설명한다. "공자 이래 유학이 지향하는 정치의 요체는 도덕적 사회를 목표로 하는 어진 정치 혹은 덕치이다. 그것은 곧 통치자가 도덕적 인격을 갖추고 모범이 되어서 백성을 덕으로 교화하는 것이다. 맹자 역시 이러한 유학적 입장에서 당시에 풍미한 이익 추구의 풍조에 일침을 가한 것이다. 그러나 당시의 모든 제후가 한결같이 관심은 둔 것은 부국강병이라는 목표와 그것에 도움이 되는 현실적 이익이었다. 이러한 현실에서 일관되게 이익보다는 인의라는 도덕 원칙이 중요함을 강조하고 그것을 전면에 내세워야 함을 강조한 맹자에게 돌아온 반응은 한마디로 '참 좋은 말씀이긴 하지만 현실성이 없는 이상론입니다'라는 것이었다."[156] 맹자는 양혜왕에게 이익 추구의 풍조에 일침을 가했다.

이익을 추구하면 부패한 나라가 된다. 후진국으로 갈수록 부패가 심하다. 유럽의 발칸반도 중 한 나라에서는 사업을 하기 어렵다. 사업

을 하려면 공무원에게 뇌물을 바쳐야 하기 때문이다. 공무원에게 뇌물을 주고 나면 사업을 운영할 수 있는 형편이 안 된다. 우리나라도 옛날에 뇌물을 주어야 사업할 수 있었다. 불과 20년 전만 해도 교통경찰에게 뇌물을 주면 벌금을 면할 수 있었다. 공익을 추구해야 할 공무원이 타락하면 사회는 사익의 각축장이 된다. 세상은 사익 부패가 낯설지 않다.

교회는 하나님의 영광을 위한 곳이다. 하나님을 위해 존재하므로 사람들이 다르게 본다. 그들은 교회는 세상과 완전히 달라야 한다고 생각한다. 교회를 공익 추구하는 곳으로 보기에 그렇다.

4세기 말 암브로시우스는 교회를 단순한 종교 조직이 아니라 도덕과 사회정의를 지탱하는 마지막 보루로 세우려 했다. 사람들은 성직자가 최상의 윤리를 가져야 한다고 단정한다. 성직자는 청빈, 자비, 정의, 세속 권력과 구별되길 바란다. 교회는 도덕과 사회정의를 지탱하는 마지막 보루라는 생각이 강하기 때문이다.

한국교회가 사익을 추구하니 세상이 원하는 모습을 보여주지 못한다. 도리어 세상에 이익을 추구하는 집단으로 인식한다. 교회가 사익에 매몰되다시피 하니 실망을 넘어 기대를 저버렸다. 더 나아가 절망적으로 바라본다.

누군가 교회가 사익을 추구하는 것을 바로잡으려낸 "참 좋은 말씀이긴 하지만 현실성이 없는 이상론입니다."라고 말할 것이 분명하다.

예수님께서 바리새인들을 잘못을 지적했을 때도 이런 식으로 말한 것이 아니던가?

교회는 공익을 추구해야 한다. 맹자는 의의 길이 사람의 길이라고 한다. "인(仁)은 사람의 마음이고 의(義)는 사람의 길이다. 그 길을 내 버려 두고 따르지 않으며 그 마음을 잃어버리고 찾을 줄을 모르니, 슬프도다. 사람들은 닭과 개를 잃어버리면 찾을 줄을 알면서도 마음을 잃어버리고는 찾을 줄을 모른다. 학문하는 방법은 다른 데 있는 것이 아니라. 자신의 잃어버린 마음을 찾는 것일 뿐이다."[157]

인과 의가 사람의 길이다. 이 둘이 사람의 길이라면 교회는 인과 의의 길을 가는 것을 세상이 의심하지 않는 모습을 보여주고 있어야 한다.

공익 추구가 교회의 살 길이다

한국교회가 한국 사회에서 교회로서의 자리매김하려면 공익을 추구해야 한다. 사익 추구는 교회를 자멸로 빠뜨린다. 윤석열은 아내 김건희만을 지키기 위한 사익만 추구했다. 사익을 추구하니 나라 꼴이 말이 아니었다. 그로 인해 국민은 절망에 빠졌고, 경제는 엉망이 되었다. 결국, 그도 탄핵을 당해 대통령직에서 불명예 퇴직했다.

교회는 공익을 추구해야 하는 곳이다. 공익을 추구해야 할 한국교회가 사익 추구의 각축장이 되었다. 박양규는 《다니엘 수업》의 에필로

그 제목을 이렇게 정했다. "세상을 변화시키자는 말은 그만!"[158] 이런 말을 하는 것은 교회는 세상이나 사람에게 희망을 줄 수 있는 교회가 못 된다는 말이다. 이 말은 교회가 사익을 추구하고 있다는 것이다.

교회가 공익을 추구하지 않고 사익을 추구하는 것은 부패했다는 다른 말이다. 사익을 추구하니 공동체적인 교회가 되지 못하고 있다. 초대교회처럼 공익 추구하는 교회가 되어야 하는데 이것은 구호에 머물러 있다.

예전에 교회는 공익을 추구했다. 교회 간의 경쟁이 없고 서로 돕는 모습이었다. 교회의 좋은 유대 관계로 지역 사회가 반기었다. 지역의 한 교회가 부흥회를 하면 다른 교회 교인 참여가 활발했다. 지금은 다른 교회 부흥회에 참석하면 죄인이 된 것 같다. 이런 모습만으로도 교회는 사익의 각축장과 같다.

교회가 공익을 추구했다면 세상의 희망이 되어 있을 것이다. 지금처럼 타락한 교회를 세상에 보여주지 않았을 것이다. 세상이 교회를 사랑하고 더 의지했을 것이다. 아마 교세권이 생겼을 것이다. 공익을 추구하는 한국교회가 되려면 공동체적으로 생각하는 교회가 돼야 한다.

교회가 사익을 추구하면 입 밖으로 나오지 않아야 할 말이 튀어나온다. 필자가 어떤 모임에서 "교회가 크면 형님입니다."라는 말을 들었다. 나이가 더 많지만, 교인이 많지 않다고 나이 어린 목회자에게 형님이라고 불러야 한다. 시찰회에 가면 교인이 많은 목회자가 어른

대접을 받는 것은 사익 추구의 전형적인 교회임을 보여준다.

한국교회는 교인의 수가 적으면 목회자 취급받기 힘들다. 초대형 교회 집사는 개척 목사를 목사로 보지 않는 경향이 짙다. 사익을 추구하면 존중이 사라진다. 힘과 권력 관계만 존재한다.

합동교단의 총회자립개발원 임원들은 활동할 때 모든 것을 개인적인 비용에서 사용한다. 공익을 추구하는 아름다운 모습이다. 총회자립개발원은 미자립교회를 섬기는 총회 산하의 조직이다. 다른 조직은 그렇지 않은 것 같다. 교단 총회장 선거에서 금품이 오가는 것은 사익을 추구하는 모습을 고스란히 보여준다.

교회는 공익을 추구하는 조직이다. 한국교회가 공익을 추구할 때 세상에 희망을 전해 줄 수 있다. 추락한 교회의 신뢰도 조속한 회복이 가능해진다.

목회자가 먼저 공익을 추구해야 한다

2021년 1월, 목회데이터연구소가 21세기 교회연구소와 공동으로 전국 19-39세 청년 700명을 대상으로 설문 조사에서 응답자의 40%는 "10년 후엔 신앙은 유지하지만 교회에 나가지는 않을 것 같다"라고 했고, 7%는 "기독교 신앙 자체도 버릴 것 같다"라고 응답했다. 그 이유도 분명했다. "교회 지도자들의 권위주의적 태도"가 19%로 1위였고, "시대를 따라가지 못하는 교회의 고리타분함"이 15%, "교인 간 형식적인 관계"가 13%, "교회 지도자들의 언행 불일치"와 "불투명한 재정"이 각각 12%와 8%를 차지했다.

2021년 4월, 세상과 교회를 섬기는 ARCC연구소가 청년 1,017명에게 "왜 교회를 떠나는가?"에 대한 설문 조사에서 교회를 옮길 생각이 있다고 답한 청년들의 경우, 가장 불만족이 높은 부분은 목회자의 언행 불일치였다. 그다음으로는 교회의 헌신 강요, 목회자의 설교, 영적 필요가 채워지지 않음, 목회자의 상처 되는 말 순이었다.

교회는 교회 리더인 목회자가 어떤 마인드로 어떻게 사는가가 중요하다. 교회 리더는 사익이 아닌 공익을 추구해야 한다.

삼성전자 반도체를 이끈 권오현 전 회장은 2025년 5월 과학기술단체총연합회 특강에서 삼성전자가 고대역폭 메모리(HBM) 시장에서 주도권을 잃은 이유를 이렇게 말한다. "한 마디로 리더십의 능력 부족"이다. 그는 "철기시대든 정보화시대든 어느 시대나 중요한 것은 조직을 맡고 있는 사람의 리더십"이라고 한다. 리더가 방향을 정해야 하기 때문이다. 그는 인공지능 시대에는 더 이상 베낄 정답이 없으므로 베끼려고 하지 않아야 한다고 말한다. 결국, 새 시대에 맞는 리더가 없어서이다.

한국교회의 목회자는 교회와 세상에서 존경받아야 한다. 총회사립개발원 이사장이자 익산 기쁨의교회 담임인 박윤성 목사는 교단의 정치보다는 도움이 필요한 교회를 위한 일에 진력한다. 공익을 추구하는 목회자의 자세가 어떠해야 함을 알 수 있다. 그는 목회자를 만나면 베풀려 한다. 베푸는 비용인 식사비는 물론 커피값도 자신의 주머니에서 나온다.

산본교회 담임인 이상갑 목사는 매년 말 교회에 자신이 사용한 전체 영수증을 첨부해 교회에 제출한다. 그가 사익을 추구하지 않고 공익을 추구하는 목회자임을 삶을 통해 엿볼 수 있다. 목회자는 공익을 추구해야 한다. 목회자가 공익을 추구할 때 한국교회가 사회로부터 신뢰를 쌓게 된다.

김도인 목사

〈아트설교연구원〉 대표이자 출판사 〈글과길〉 대표이다.
저서로 《설교는 글쓰기다3》, 《목회트렌드 2026》 등이 있다.

Chapter 4.
세상에 보여주어야 할 교회

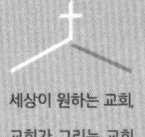

세상이 원하는 교회,
교회가 그리는 교회

1. 세상 안의 교회임을 보여주어야 한다

교회는 부정적 이미지에 갇혀 있다

교회 위에 어두운 그림자가 덮어 버렸다. 노영상 총회한국교회 연구원은 6가지 그림자를 말한다. 첫째, 목회자에 의해 발생한 문제다. 공금횡령과 부도덕한 행동 그리고 권위주의다. 둘째는 성도의 삶에서 나타난 문제다. 공직자들의 부정부패, 기복신앙에 몰두하는 천박한 모습이다. 셋째, 선교방식에 대한 그림자다. 경품을 거는 전도방식, 교단 사이의 경쟁적 전도 다툼이다. 넷째, 기독교인의 교리적인 태도다. 다른 종교에 대한 관용이 없고, 반지성주의로 일관한다. 반지성주의는 교회 밖 소통의 어려움을 가져온다. 다섯째, 교회의 사회적 책임이다. 일부 교회 지도자가 불의한 정권을 지지하며, 지나치게 큰 규모의 건물을 건축한다. 여섯째, 교회운영에 관한 것이다. 권위적이며 관료주의적인 행정체계다. 교회의 직분을 헌금과 연관하여 정하는 모습이다.[159] 이런 모습이 교회의 이미지를 실추시키고 있다.

교회는 이미지를 회복해야 한다. 회복하려면 먼저 들춰내야 한다. 들춰내지 않고 감추면 고름이 생겨 건강한 피부까지 감염시킨다. 잠깐 부끄럽겠지만 환부를 드러내 개선함으로 교회가 살아날 수 있는 환경을 만들어야 한다. 환부를 드러내면 문제가 들추어지지만 동시에 진짜 우리 모습을 발견할 수 있다. 이번 기회로 교회의 부정적인 이미지를 개선하려고 노력해야 한다. 교회의 부정적인 이미지는 교회가 정도에서 이탈했다는 것을 보여준다.

교회는 부정적인 이미지의 강을 기필코 건너야 한다. 건너면 부정적인 이미지에서 긍정적인 이미지로 바뀐다. 이미지 변화는 누군가 대신해줄 수 없다. 세상과 물질이 해 줄 수 없다. 오직 교회만이 할 수 있다. 교회는 문제 해결책을 스스로 찾아야 한다. 스스로 문제를 발견하고 찾으면 교회는 세상 안에 필요한 교회임을 보여줄 수 있다.

교회는 세상에서 부정적인 옷을 벗어버리고 새로운 옷으로 갈아입어야 한다. 계속해서 회의적인 이미지라면 세상과 동떨어진 무인도처럼 바뀐다. 교회가 세상과 단절된 상태에서 벗어나기 위해 새롭게 변해야 한다. 교회의 미래는 변화 없이는 존재할 수 없다. 변화가 세상 안에 필요한 교회의 출발이다. 교회는 무성석인 이미지 상태를 한탄하지 말고 앞으로 변화된 교회를 바라보며 변화를 꾀해야 한다.

흔히 '사람은 변하지 않는다'라는 말을 한다. 하지만 사람은 평생 동안 변한다. 노력으로 달라지기도 하고 환경에 맞추어 적응함으로 변하기도 한다. 생물학적 수준에서는 인간의 몸이란 세포들이 끊임없이 죽고 다시 생성되기 때문에 태어날 때부터 지금까지 그대로 남아 있는 세포는 거의 없다. 행동도, 마음도, 습관도 조금씩 달라지다가 그 변화가 누적되면 전혀 다른 사람처럼 되어버린다.[160]

사람은 끊임없이 변한다. 변하는 사람이 모인 곳이 교회이다. 변화된 사람이 모인 교회도 더 나은 모습으로 변해가야 한다. 달라지지 않으면 세상으로부터 외면당한다. 변하지 않으면 교회에 희망이 없다. 세상도 변하고 세대도 변하는 시간 속에서 교회도 변해야 세상과 세대를 품을 수 있다.

교회가 세상을 향해 빛을 비추어야 한다

빛이 어둠을 이긴다. 빛이 비치는 순간 사랑을 경험한다. 사랑이 어두운 마음을 밝은 마음으로 바꿔주기 때문이다. 사랑은 마음에 물결과 감동을 일으킨다.

사랑에는 매력이 있다. 그 매력은 계산 없는 어리석음에 있다. 정의는 공정을 말한다면, 사랑은 누구에게나 아낌없이 나누라고 한다. 사랑은 마치 비처럼 의로운 사람과 불의한 사람을 가리지 않고 조용히 내려와 감싼다. 때론 사랑이 답답하게 느껴지고, 무모할 정도로 무지하다고 소곤거린다.[161] 사랑에는 어둠이 없고 빛으로 드러난다. 교회는 세상을 향해 사랑의 빛을 비추어야 한다.

빛의 일종인 번개를 '벼의 마누라'라고 부른다. 번개가 치면 공기 중의 질소가 물속에 몇 톤이 녹아든다. 공기 중의 질소가 비와 함께 땅속으로 녹아드는 순간 땅이 비옥해진다. 그 덕에 벼가 여문다. 그래서 번개는 벼의 마누라가 된다.[162]

질소는 인산, 칼륨과 함께 비료의 3대 요소다. 질소는 단백질로 식물의 잎과 뿌리와 줄기를 만들며 성장시킨다. 식물은 공기 중의 질소를 직접 흡수할 수 없기에 번개가 친 후 내리는 비로 흡수한다. 질소를 흡수해야 풍년이 온다. 풍년은 일 년 농사에 대한 수고의 대가로 행복을 가져다준다.

교회는 세상의 빛이 되어주어야 한다. 세상은 교회로부터 나오는 빛을 흡수하려 한다. 세상이 빛을 흡수하려면 먼저 교회가 세상을 향해 빛을 비추어야 한다. 질소를 흡수한 식물이 성장하듯이 빛을 받아들인 세상도 변한다. 이러한 변화를 위해 예수님께서 이 땅에 친히 내려오셨다.

세상을 환히 밝힌 이들이 있었으니 예수님과 제자들이다. 예수님은 세상의 빛을 비추시기 위해 이 땅에 오셨다. 참 빛이시기에 세상의 어둠을 제거하신다. 예수님은 말씀으로 사람들이 살아갈 힘을 공급하신다. 이 일을 위해 제자들을 부르시고, 그들에게도 세상을 향해 빛을 비추라고 하신다.

교회가 비추는 빛은 세상과 소통을 한다. 예수님은 말씀과 이적으로 세상과 소통하셨다. 병든 자들을 고쳐주시고, 영적으로 보지 못하는 자들을 보게 하시고, 앉은뱅이를 일으키시고, 가난한 자들에게 하나님 나라의 빛을 보여주심으로 소통하셨다. 이런 예수님의 풍성한 사랑은 소통을 위해서이다. 예수님의 소통은 부분적인 소통이 아니라 완전한 소통이다. 자신을 세상에 전부 내어준 완전한 소통이었다. 예수님께서 세상과 소통하시니 세상이 웃는다.

교회는 세상을 웃게 만들어야 한다. 필자가 속한 노회에 농촌 선교부가 있다. 농촌 선교부는 교회를 중심으로 '칼갈이 행사'를 주최한다. 지역 교회가 마을회관에서 칼, 가위, 낫, 도끼와 같이 생활 도구를 갈아준다. 세상과 소통하는 이런 행사는 마을을 웃게 만든다.

시골은 할머니 혼자 생활하는 집이 대다수이다. 기력이 떨어져 칼이나 가위 등 주방 도구를 갈 수 없으니 집에서는 무딘 칼날을 사용한다. 칼갈이 행사는 교회에서 시작했지만, 마을 잔치로 연결된다. 어떤 마을은 칼갈이 팀에게 식사를 손수 만들어 대접한다. 이처럼 교회가 세상과 소통하는 모습을 통해 세상에 하나님의 빛이 비춰진다.

사랑의 소통은 어두운 세상을 비추는 한 줄기 빛이다. 예수님은 교회가 세상에게 빛을 비추시기 원하신다. 교회는 예수님의 뜻대로 어두운 세상에 빛을 비추어야 한다. 교회는 부정적 이미지를 신경 쓰지 않고 사랑을 전하기 위해 애써야 한다. 그 애씀이 세상을 웃게 만들고 감동을 주어야 한다. 교회가 세상에 위로와 감동을 준다면 그 자체가 빛을 비추고 있다는 증거이다.

교회는 마을을 품고 세상을 살려야 한다

교회는 마을을 품어야 한다. 마을을 품는다는 것은 교회가 세상과 더불어 살아간다는 의미다. 품을 때 교회가 세상 안에 존재하고, 세상 안에 교회가 존재하게 된다. 교회는 서로의 존재를 인식하고 도움을 주고 살아가야 한다. 교회는 마을과 함께 상생의 공동체를 만들어야 한다.

지역 교회가 올바르게 일을 하면 교회가 아름답게 보인다. 아름다움은 우는 자들과 함께 울면 된다. 아픈 자들을 위로하며 상한 자들을 치유하면 된다. 교회가 마을을 품으면 기적이 일어난다. 혼란 가운데 있는 자들이 진리에 관심을 기울인다. 도움이 필요한 자에게 필요함이 공급된다. 세상에서 잊힌 자들, 짓밟힌 자들에게 희망을 준다. 절망에 빠진 자들에게 두 팔을 벌리면 생기가 돋아난다. 교회는 마을의 중독자의 사슬을 끊어준다. 압제 받는 자들에게 자유를 제공한다.

문제없는 세상은 없다. 사람은 인간의 고통의 용량이 얼마나 크든 간에, 교회는 이보다 더 큰 용량의 치유와 온전함을 소유하고 있다.[163]

교회가 소유한 것으로 마을 전체를 품을 수 있다. 마을 사람들에게 자유로운 삶을 살도록 품으면 교회는 세상 안에 빛난다.

초대교회가 마을을 품자 사람들이 복음을 듣고자 했다. 그들은 복음을 듣고 삼천이나 더하는 역사가 일어났다. 이들 중에는 먹을 것이 필요하고, 꿈이 필요했다. 교회는 이들에게 기대보다 큰 것을 나누었다. 서로 물건을 통용하고, 각 사람의 필요를 따라 나누어 주었다. 이런 것으로 교회는 마을과 상생했다. 그러자 교회도 성장을 이루었다. 교회로 돌아온 사람들은 바리새인의 압제에서, 율법을 지킬 수 없는 괴로움에서 벗어나 복음으로 들어왔다. 초대교회는 이들을 품었다. 현대 교회도 마을을 품어야 한다. 교회는 마을은 물론 더 넓은 지역까지 품어야 한다.

마을을 품으면 오병이어의 기적이 일어난다. 오병이어의 기적은 나눔이다. 남자 성인 오천 명이라는 큰 숫자 앞에 내민 오병이어는 부족하다. 오병이어가 사람 손에서 주님 손으로 옮겨지자 오천 명이 먹고 남는 은혜가 있었다. 즉 주님 앞에 드려진 오병이어가 세상과 사람을 살렸다.

교회가 세상을 살리려면 오병이어와 같은 드림이 있어야 한다. 오병이어는 교회를 배 불리기 위해서가 아니다. 마을을 섬기기 위해서이다. 나눔으로 마을을 품으면 교회다운 역할을 감당한다. 나눔을 통해 교회와 마을이 상생이 이루어진다.

경북 봉화에서 농사지으며 자연에 순응하며 삶을 살았던 전우익 선생은 "혼자만 잘 살믄 무슨 재민겨"라는 말을 했다. 마을 안에 있는 교회는 교회 울타리 안에서만 생명이 멈추면 안 된다. 교회의 담을 넘어서 마을에까지 하나님의 사랑이 스며들어야 한다. 스며든 마을에는 생명의 꽃이 피고 열매를 맺는다.

교회는 마을에 생명의 씨앗을 심어야 한다. 만약 심지 않으면 열매를 기대할 수 없다. 교회는 마을에 심을 것이 많다. 마을을 외면하면 안 된다. 마을을 외면하는 교회를 향해 마하트마 간디는 한 말이 있다. "기독교는 천국을 말하지만, 천국을 보여주지는 못한다."

예수님은 제자들에게 말씀하셨다. "아버지께서 나를 세상에 보내신 것 같이 나도 그들을 세상에 보내었고(요 17:18)", "아버지께서 나를 보내신 것 같이 나도 너희를 보내노라(요 20:21)." 예수님께서 복음을 위해 세상 가운데로 오셨고, 그다음 제자를 마을에 보내셨다. 그리고 오늘 이 땅에서 복음을 위해 살아가는 우리를 마을 한복판으로 보내신다.

필자는 주변 목회자의 도움을 받아 10개 마을과 상생한다. 신년이 되면 10개 마을을 품고 어떻게 함께 할 것인가의 목록을 적는다. 첫째는 설날이다. 추운 겨울이면 마을의 어르신들은 거의 집이나 마을회관에 모여 계신다. 설날에는 직접 얼굴을 뵙고, 건강 상태와 자녀에 관한 이야기를 듣는다. 필자에게 어른들 말씀을 듣는 것이 마을을 품는 일이다.

둘째는 어버이날이다. 노인분들은 연세가 많지만, 농사도 짓고 그도 안 되면 텃밭이라도 가꾸신다. 늘 몸이 아파서 파스 없이 지내지 못하신다. 아픈 몸을 생각해 파스와 간식을 문고리에 걸어 놓는다. 어버이날 5일 전에 찾아간다. 그 이유는 어버이날에는 자녀나 후손들이 찾아와 효도하기 때문이다. 그때 노인들은 자녀들에게 교회에서 준 선물을 보여준다. 그중 어떤 자녀는 교회에 전화해서 고맙다고 인사를 한다. 어머니와 아버지를 챙겨주어서 감사하다고 인사한다. 만약 자녀가 신앙생활을 한다면 섬기는 도시교회에서 교회의 지역 사회를 섬기는 행사를 추진하겠다는 희망을 전한다.

셋째는 삼계탕 데이다. 10개 마을을 4개 거점으로 나누어 행사를 한다. 행사 당일에 전주 ○○ 교회에서 봉사자 30명이 찾아와 돕는다. 봉사자들은 팀으로 나누어 하는데 음식을 대접하는 팀과 마을회관으로 나오지 못하는 주민에게 음식을 포장해 배달한다. 10개 마을 노인들에게 서운하지 않게 해야 한다. 마을을 섬길 때 선물과 식사는 도시교회와 개인 후원으로 이루어진다. 5년 전에 시작한 마을 품기는 하나님의 도우심으로 현재 10개 마을을 살리는 중이다. 마을과 나눔을 통해 들은 말이 있다. "이제 교회가 있는 줄 알겠다." 교회는 마을을 섬겨야 한다. 마을에 먼저 다가가야 한다. 교회가 마을에 손을 내밀 때 마을이 손을 내민다. 이제는 교회의 행사에 마을이 적극적으로 홍보하며 도와준다. 읍내, 면 소재지에 가서 교회 자랑을 늘어놓는다.

교회는 마을 안에서 마을과 함께 살아가야 한다. 교회는 세상 안에서 상생의 불씨를 심어야 한다. 이 작은 불씨는 세상에 교회가 희망을 준다. 마을에 따뜻한 온기를 전해 주니 교회가 하나님께 영광을 돌린다.

교회는 마을을 품고 세상을 살려야 한다. 마을을 살릴 수 있는 곳은 교회다. 교회가 먼저 손을 내밀어야 한다. 그것이 교회가 사는 길이다. 교회는 세상 밖의 교회가 아니라 세상 안의 교회이다. 이 교회가 살아야 한다. 교회가 살면 마을이 살기 때문이다.

허진곤 목사

무주 금평교회 담임목사이다.
저서로 《설교트렌드 2025》, 《다음 역도 문학녘》 등이 있다.

2_ 세상에 유일한 대안이어야 한다

월터 브루그만은 《예언자적 상상력》에서 교회를 대안적 공동체라고 말한다.[164] 그는 대안적 공동체를 만들 수 있는 교회를 예언자라고 말한다. 철저하게 세속주의에 길들어 물질만능주의로 살아가는 현대 사회에 신선하고도 충격적인 메시지이다. 교회는 세속주의에 대항하여 하나님의 나라를 보여주는 대안 공동체가 되어야 한다.

교회가 세상에 대안이 되기 위해서는 어떤 모습을 가져야 할까? 성경이 말씀하는 세상의 소금과 빛이 되려면 무엇이 중요한 이슈가 되어야 하는가? 필자의 책 《포스트 코로나시대의 리더십, 정의로운 교회》에 "교회는 정의로워야 한다."[165]라고 말하고 있다.

성경에서 말하는 정의는 무엇인가? 성경에서는 하나님을 정의로운 분이라고 말한다. "사람아 주께서 선한 것이 무엇임을 네게 보이셨나니 오직 정의를 행하며 인자를 사랑하며 겸손하게 네 하나님과 함께 하는 것이 아니냐(미 6:8)." 정의로우신 하나님은 그의 백성들에게도 정의롭게 행하기를 요구하신다. "성경에서의 정의는 윤리적, 법정적 정의도 있다. 하지만, 중요하게 여기는 정의는 사회적 약자를 돌보는 것을 말한다."[166] 세상에 유일한 대안이어야 하는 교회의 모습을 생각해보고 그 실천적 대안을 논의해 보고자 한다.

정의로운 교회란 무엇인가

정의로운 교회란 하나님의 공의와 자비를 함께 드러내는 공동체이다. 구약 성경에서 하나님은 정의와 공의를 강조하셨다. "오직 정의를 물같이, 공의를 마르지 않는 강같이 흐르게 할지어다(암 5:24)."라는 말씀은 하나님의 백성이 단순히 제사를 드리는 것으로 만족하지 말고, 삶에서 정의를 실천해야 함을 강조한다. 신약에서도 예수님은 율법의 중심을 "정의와 긍휼과 믿음(마 23:23)"이라고 말씀하셨다.

정의로운 교회는 단순히 "착한 일"을 하는 공동체가 아니라, 하나님의 성품을 이 땅에 드러내는 통로이다. 즉, 이 세상에 타락과 불의가 만연할 때, 교회는 그것에 타협하거나 방관하지 않고 진리를 말해야 한다. 연약한 자의 편에 서며, 사회적 약자와 함께 울어주는 공동체여야 한다. "그의 거룩한 처소에 계신 하나님은 고아의 아버지시며 과부의 재판장이시라(시 68:5)."

하나님이 강조하시는 정의란 고아와 과부, 그리고 나그네를 잘 대접하는 것이다. 사회적인 약자를 배려해 주는 것이 정의이다.

왜 교회는 세상의 유일한 대안인가

세상은 인간의 죄성으로 인해 끊임없이 불의와 억압, 이기주의와 분열 속에 살아간다. 정의를 말하지만, 정의를 구현하지 못하고, 평화를 외치지만 전쟁을 멈추지 못하는 이 시대 속에서, 진정한 대안은 어디에 있을까?

정치, 경제, 사회적 제도도 중요하지만, 인간의 내면을 변화시키지 못하면 결국 다시 타락하게 된다. 이 지점에서 교회는 유일한 대안이 된다. 왜냐하면, 교회는 인간의 근본 문제, 즉 죄의 문제를 다루고 회복을 선포하는 공동체이기 때문이다.

예수 그리스도는 죄인을 회개시키고, 억눌린 자를 자유케 하시며, 원수까지도 사랑하라 명하신 분이다. 이런 복음을 품은 교회만이 인간 내면을 변화시키고, 세상을 새롭게 하는 거룩한 영향력을 행사할 수 있다. 교회는 "하나님의 나라"의 예표로서, 세상과는 다른 가치, 다른 공동체, 다른 사랑을 보여주어야 한다.

월터 브루그만은 "우리의 신앙 전통에 의하면, 비판과 활성화가 서로 조화될 때 비로소 우리는 하나님께 진정으로 신실할 수 있다."[167]

라고 말한다. "자유주의자들은 비판은 잘하지만, 전해 줄 약속의 말을 가지고 있지 못할 때가 흔하다. 보수주의자들은 그럴듯하게 미래로 이끌고 대안적 비전으로 인도하기는 하나, 그들에게서 예언자의 모습을 보여주는 적절한 비판은 찾아보기가 쉽지 않다."[168] 그러면 어떻게 해야 할까? 교회가 세상의 유일한 대안이 되기 위해 실천해야 할 일은 무엇인가?

정의로운 교회가 되기 위한 실천

정의로운 교회가 되기 위해서는 다음의 세 가지 실천이 중요하다.

첫째, 교회는 예언자적 목소리를 내야 한다. 교회는 시대의 불의에 침묵해서는 안 된다. 가난한 자의 외침, 억울한 자의 신음에 귀 기울이고, 사회구조의 악을 비판해야 한다. 이는 정치 개입이 아니라, 도덕적, 영적 책임이다. 독일의 본회퍼가 나치의 불의에 맞섰던 것처럼, 교회는 불의 앞에서 예언자적 담대함을 가져야 한다.

둘째, 교회는 회복과 돌봄의 공동체여야 한다. 정의는 단지 비판이 아니라, 상처 입은 자를 회복시키는 사랑으로 나타난다. 가정 폭력 피해자, 난민, 이민자, 장애인, 노숙인, 청년들의 불안 속에 함께하는 교회여야 한다. 고통받는 자 곁에 있는 것이 곧 그리스도의 손과 발이 되는 것이다.

셋째, 교회는 내면의 거룩함과 공동체의 투명성을 갖춰야 한다. 교회가 정의로우려면 지도자의 윤리와 공동체의 청렴성이 뒷받침되어야 한다. 교회의 권력 구조, 재정 운영, 설교의 내용까지도 투명하고 정직해야 한다. 세상과 같은 욕망 구조에 빠지지 않도록 끊임없이 자정(自淨)되어야 한다.

영어 속담에 "누군가의 손해는 다른 누군가의 이익이다. (Somebody's loss is somebody's gain)"라는 말이 있다. 이 말을 "누군가의 정의는 누군가의 복이다."로 바꾸어도 될 것 같다. 그리스도인들은 나에게는 정의라 할지라도 타인에게 어려움을 준다면 내 정의를 포기해야 하지 않을까? 교회가 교회의 것을 내어 놓으면 일은 시작된다. 교회가 청지기 의식을 회복하여 자기의 것을 내어 놓으면 역사는 시작된다. 그래서 주님은 "갈 것 없다. 너희가 먹을 것을 주라"고 말씀하셨다.

포스트 코로나 시대에 필요한 것은 이웃 사랑이라고 본다. 교회의 신뢰도가 참 많이 떨어졌다. 어떤 이유에서든지 교회는 다시 영광을 회복해야 할 때이다. 영광을 회복하는 길은 하나님을 사랑하며 이웃을 사랑하는 것이다. 하나님이 눈에 보이시지 않기에 눈에 보이는 형제자매를 사랑해야 한다. 이웃을 사랑하면 온 율법을 이루게 될 것이다. 이러한 성경적 가르침에 근거하여 실천 사항을 제안하고자 한다. 필자가 섬기는 교회는 다음과 같은 일을 해 오고 있다.

첫째, 미혼모 시설인 기쁨의 하우스를 운영한다. 하나님은 억눌린

자, 주린 자, 유리하는 빈민, 헐벗은 자들이 우리의 친족이요 혈육이라고 말씀하신다. 이들이야말로 우리와 함께 하나님 나라를 상속받을 자들이라고 말한다(마 25:34-36). 그러므로 사회적 약자를 돌봄은 교회의 중요한 사역이다.

모 교회는 2020년, 코로나 19가 한참 기세를 부릴 때 미혼모 시설을 완공했다. 여성가족부와 익산시가 주관이 된 사업이었다. 교회는 270여 평의 땅을 기부하였으며 건축비의 30%를 감당했다. 건평 150평으로 총 8가정이 생활할 수 있다. 이 시설은 출산 전부터 입소할 수 있다. 4년 동안 이곳에서 출생한 아이들이 40여 명이나 된다. 저출산 시대에 귀한 생명이 출생한 것이다. 초기에는 태어난 아이 중 절반은 입양되었다. 하지만, 요즘은 엄마가 아이를 양육하는 모습으로 변하였다. 아이를 버리지 않고 그래도 엄마가 키우겠다고 하니 감사한 일이 아닌가? 출산과 치료, 그리고 양육비의 모든 것은 정부와 교회가 감당하고 있다. 의식주는 국가에서 책임져 준다. 하지만 출산 비용과 치료비용은 교회와 후원자들이 도움을 주고 있다.

공공시설이므로 직접 선교는 불가능하다. 그러나 기쁨의 하우스 직원 모두는 신앙인이다. 이들이 그리스도의 사랑으로 섬기고 있기에 간접적인 전도가 가능한 곳이다. 또한, 원하는 사람은 주일에 유튜브를 통해 예배에 참여한다. 어느 엄마는 자기가 아이를 키우겠나고 다짐하면서 신앙생활을 시작했다. 시간이 지나면서 그리스도의 사랑을 느끼는 엄마들이 예배에 자발적으로 참여하고 있다. 그들끼리의 사랑방 소그룹도 만들어 매주 모임을 하고 있다. 목사 사모가 섬김이 역할을 하며 섬기고 있다.

한 엄마는 청각장애인이다. 시설에 입소하면서 의사소통에 문제가 있었지만, 직원들의 따뜻한 사랑으로 점차 안정을 찾기 시작했다. 이 분도 아이를 출산한 후 본인이 직접 아이를 키우겠다는 의지를 보였다. 직원들과 함께 생활하는 엄마들의 관심으로 아이는 건강하게 성장하고 있다. 아픔이 있는 사람들이 함께 모여 서로를 도우면서 아픔을 치료하고 있다. 상처 입은 치유자가 되는 것이다.

기쁨의 하우스에서는 백일잔치를 베풀어 준다. 백일잔치는 돌잔치 못지않게 성대하게 이루어진다. 백일잔치를 하면서 예배를 드리고 축하한다. 비록 청각장애 엄마는 목사의 설교를 잘 알아듣지 못하지만, 그리스도의 사랑은 충분히 느낄 것이다.

둘째, '받은 재난지원금'을 '주는 재난지원금'으로 운영한다. 코로나 19가 한참이던 2020년 10월경 국가에서 전 국민을 대상으로 재난지원금을 주었다. 각 지자체에서 재난지원금을 주기도 했다. 어려운 가정에는 재난지원금이 가뭄의 단비와도 같았을 것이다. 그런데 재난지원금이 절실히 필요한 가정도 있었지만, 정상적으로 월급을 받는 가정에는 꼭 필요한 것만은 아니었다. 받으면 좋으나, 받은 것을 줄 수 있다면 더 좋은 일이 아니겠는가?

모 교회는 '받은 재난지원금'에서 '주는 재난지원금'을 실천해 보았다. 성도들에게 광고하여 원하는 분들이 참여하도록 했다. 가족 수대로 나온 재난지원금 카드를 기부하는 행사를 했다. 국가에서 준 성의를 보아 1-2장은 자기가 쓰고, 나머지는 기부하도록 광고하였다. 참 감사한 것은 하나님의 교회는 반드시 마음에 원하는 사람들이 많이 있다는 것이다.

고(故)정필도 목사님은 늘 이런 말씀을 하셨다. "반대만 없으면 주의 일은 다 된다! 반대하고 싶으면 입은 꼭 다물고 기도만 하십시오. 그러면 원하는 사람이 일을 다 합니다." 맞는 말이다. 주의 일은 반대만 없으면 다 된다. 원하는 분들이 자신이 받은 재난지원금 카드를 내놓기 시작했다. 이렇게 '받은 재난지원금 카드'는 '주는 재난지원금 카드'로 변신한 것이다. 재난지원금 카드를 내놓은 성도들은 주면서도 큰 기쁨을 맛보았다. 이보다 좋은 일이 어디 있겠는가?

2020년 12월 힘든 시기를 보내면서 교회 당회는 좋은 결정을 했다. 교회가 재난지원금을 주자는 것이었다. 코로나 19가 교회의 재정도 어렵게 한 것이 사실이었다. 하지만, 함께 고통을 분담하려는 의지를 보인 것이다. 교회는 200가정에 재난지원금을 주기로 했다. 교회가 위치한 모현동 주민들 100가정과 교회 성도 중에서 100가정을 선정했다. 교회와 주민센터가 힘께 동역하는 모습을 보여주었다. 이 일에 대하여 주민센터 동장은 감격하여 교회를 자랑하고 있다고 한다.

"범사에 여러분에게 모본을 보여 준 바와 같이 수고하여 약한 사람들을 돕고 또 주 예수께서 친히 말씀하신 바 주는 것이 받는 것보다 복이 있다 하심을 기억하여야 할지니라(행 20:35)." 사도 바울은 확신이 있었다. 주님의 말씀은 맞다! "주는 것이 받는 것보다 복이 있다"라는 말씀은 진리이다. 포스트 코로나 시대에 교회에 필요한 정신이 아니겠는가?

셋째, 산타 없는 사랑의 상자를 전한다. 산타는 없지만, 산타 노릇을 하는 사람은 있다. 모 교회는 크리스마스가 되면 이웃에게 선물을 전한다. 먼저는 타국에서 복음을 전하는 선교사들에게 선물 보따리를 보낸다. 내용물만큼이나 비싼 운송료가 있지만, 고국의 향취가 있는 선물들을 골라서 보낸다. 라면, 초코파이, 일용품, 책 등을 보내면 선교사들이 그렇게 좋아한다고 한다.

두 번째는 연탄 봉사를 한다. 아직도 취약계층에서는 연탄을 사용한다. 추운 겨울에 연탄 한 장은 몸과 마음을 녹여준다고 한다. 교회 청년들과 청소년들이 함께 이 일에 동참한다. 다음 세대에게 나눔의 정신을 심어주려고 노력한다. 추운 날씨에 손을 호호 불어가며 봉사했을 때 찾아오는 행복을 누리게 해 준다. 나눔은 이렇게 두 배의 은총이다. 받은 자에게는 격려이며, 주는 자에게는 행복이다. 연탄 봉사는 마음만 있으면 어느 교회에서도 가능한 일이라고 생각한다. 연탄 한 장에 1천 원 정도이니, 한 가정에 3백 장 정도 배달은 어느 교회나 할 수 있는 일이다. 마음의 문제일 것이다.

세 번째는 "사랑의 상자"이다. 20년 전부터 연말이면 항상 했던 사역이다. 사랑의 상자 안에는 약 6만 원 상당의 생필품을 담는다. 매년 조금씩 늘려왔는데, 요즘에는 약 150상자를 만든다. 사랑의 상자도 외부인들을 위해서 2/3를 사용하고, 교인들을 위해 1/3을 사용한다. 외부인들에게 나눌 때는 노인 복지관을 통해서 한다. 요양복지사들이 관리하는 어르신들에게 전달하는 방식이다. 이렇게 하면 요양복지사도 즐겁고, 받는 분은 물론 더 즐겁다고 한다.

산타는 없지만, 산타보다 더 좋은 교회는 있다. 주의 탄생을 기뻐하며 지역 사회와 함께 기뻐하는 크리스마스가 되면 기쁨이 배가 된다.

이 밖에도 장학금 수여, 독거노인 반찬 봉사, 노인대학, 집 고쳐주는 사역, 한방 의료 봉사, 미용 봉사, 미자립교회 협력, 개척교회 설립 등의 사역을 한다. 참 감사한 일이다. 앞으로 더 잘하는 교회가 되길 꿈꾸고 있다.

교회는 세상에 소망을 주는 대안 공동체이다. 세상이 할 수 없는 구원의 사역을 하는 곳이기 때문이다. 또한, 그 구원의 은혜에 감사하여 정의와 긍휼을 베푸는 곳이기 때문이다. 교회는 구원을 얻기 위해 정의와 사랑을 베푸는 곳이 아니다. 구원에 감사하여 사랑과 정의를 베푸는 곳이다. 그러므로 교회는 세상에 유일한 대안 공동체인 것이다. 세상에 이런 곳이 어디 있겠는가?

루시 모드 몽고매리의 작품 《빨간 머리 앤》의 마지막 장면은 참 인상적이다. "그 모퉁이에 뭐가 있는지는 모르지만 가장 좋은 것이 있다고 믿을 거예요. 길모퉁이는 그 나름대로 매력이 있어요, 아주머니. 모퉁이를 돌면 무엇이 나올까 궁금하거든요. 어떤 초록빛 영광과 다채로운 빛과 어둠이 펼쳐질지, 어떤 새로운 풍경이 있을지, 어떤 낯선 아름다움과 맞닥뜨릴지, 저 멀리 어떤 굽이 길과 언덕과 계곡이 펼쳐질지 말이에요."[169] 길모퉁이를 지나면 어떤 새로운 일이 펼쳐질지 기대감으로 소설은 끝이 난다.

교회도 그러하리라 믿는다. 지금은 어렵더라도 세상의 대안이 된다면, 길모퉁이를 돌아서면 어떤 놀라운 일이 기다리고 있을지 기대가 되지 않겠는가?

― 세상이 원하는 교회, 교회가 그리는 교회

박윤성 목사

기쁨의교회 담임목사이자 총회 교회자립개발원 이사장이다.
저서로 《요한계시록 어떻게 가르칠까》, 《포스트 코로나시대의 리더십, 정의로운 교회》 등이 있다.

3. 하나님의 사랑으로 세상에 덕을 끼쳐야 한다

하나님의 사랑은 덕을 세우는 힘이다

교회는 단지 종교 활동을 위한 집단이 아니다. 교회는 예수 그리스도의 생명을 나누는 살아 있는 유기체이며, 세상과 구별되면서도 세상을 섬기는 독특한 존재이다. 사도행전 2장의 초대교회는 말씀 중심, 성령의 능력, 공동체의 사랑, 외부로의 확장을 동시에 보여준 모델이었다. 오늘의 교회 역시 이 네 기둥 위에 다시 서야 한다. '교회다움'이란, 예수님의 성품을 닮은 공동체이며, 삶 속에서 하나님 나라의 원리를 살아내는 집단을 의미한다. 교회가 다시 그 본질로 돌아가 하나님의 사랑을 실천할 때, 세상은 교회를 통해 하나님을 보게 될 것이다.

'덕을 세운다'라는 말은 단지 좋은 행동을 한다는 의미를 넘어선다. 공동체 안에서 타인을 유익하게 하고 삶의 질을 향상시키는 선한 영향력을 창출하는 것을 뜻한다. 성경적 의미에서 덕은 '하나님의 성품을 반영하는 삶의 열매'로 볼 수 있으며, 이는 공동체와 세상을 살리는 가치로 연결된다.

예수 그리스도의 삶은 곧 사랑과 덕의 본보기였다. 그는 병든 자를 고치시고, 배고픈 자를 먹이셨으며, 죄인과 세리의 친구가 되셨다. 이러한 삶은 사람들의 신뢰를 얻게 했고, 하나님의 나라가 실제로 임한 증거가 되었다.

사랑의 덕이 교회를 통해 세워질 때, 교회는 단지 종교 기관을 넘어서 사회와 문화를 변화시키는 하나님의 도구가 된다. 실제로 2014년 세월호 참사 당시, 여러 교회와 성도들이 자원봉사자로 참여하고, 유가족을 위한 상담과 기도회를 이어갔던 모습은 세상 속에 덕을 세운 사례이다. 해외에도 덕을 끼친 사례가 많다. 그중 르완다 내전 이후 수많은 기독교 단체들이 용서와 화해를 전하며 학교와 병원, 공동체 회복 사역에 앞장섰다. 그 결과 수많은 지역이 상처에서 회복되며 희망을 되찾는 놀라운 변화를 경험하였다.

교회는 하나님의 사랑을 삶으로 드러낼 때, 세상 속에서 진정한 덕의 원천이 될 수 있다. 다시 말해, 하나님의 사랑이 머무는 곳에는 반드시 관계가 회복되고, 공동체가 건강해지며, 세상이 선하게 변해가는 열매가 맺힌다. 이것이야말로 교회를 향한 하나님의 기대이며, 오늘 우리가 회복해야 할 교회의 참된 사명이다.

하나님의 사랑은 단지 따뜻한 감정이나 순간적인 친절을 의미하지 않는다. 그것은 깨어진 인간관계와 상처 입은 사회를 치유하고 회복시키는 강력한 영적 에너지이며, 그 사랑이 머무는 곳에 반드시 덕이 세워진다.

고린도전서 13장 4-7절은 사랑을 구체적으로 '오래 참으며, 친절하며, 시기하지 않으며, 교만하지 않고, 무례히 행하지 않으며, 자기 유익을 구하지 않고, 성내지 않으며, 악한 것을 생각하지 않으며, 불의를 기뻐하지 않고 진리와 함께 기뻐하며, 모든 것을 덮고 믿고 바라며 견디는 것'으로 설명한다. 이러한 사랑은 단지 개인의 인격 수양을 위한 것이 아니라, 공동체 전체에 긍정적인 영향을 끼치는 도덕적 기반이 된다.

교회는 바로 이 사랑을 담는 그릇이어야 한다. 교회 안에서부터 이 사랑이 실제적인 모습으로 드러날 때, 세상은 교회를 통해 하나님의 성품을 엿볼 수 있다. 교회는 단순히 선한 행위를 하는 단체가 아니라, 하나님의 사랑을 살아낸 공동체가 되어야 한다. 그러한 교회만이 세상 속에서 신뢰받고, 덕을 끼치는 영향력 있는 존재로 자리할 수 있다.

교회는 세상에 덕을 끼치는 존재여야 한다

하나님의 사랑이 덕을 세운다면 하나님의 교회는 세상에 덕을 끼치는 공동체여야 한다. 하지만 세상에 덕보다는 피해를 주는 것 같다. 교회를 시작하면서 누군가에게 들었던 일화다. 한 동네에 10년 동안 자리했던 교회가 이사를 가는데 동네 사람들이 박수를 치며 좋아했다. 그 교회는 주차문제, 소음문제 등 이웃들에게 피해를 주고 있었음이 분명했다. 하지만 비슷한 시점에 건물 1층에 있던 3년 된 호프집이 다른 곳으로 이사했을 때 동네 사람들이 그렇게 아쉬워했다는 것이다. 호프집은 아마도 삶의 고민을 털어놓고, 사람들을 만나는 한 동네의 거점이었음이 분명했다. 10년 동안 있었던 교회는 과연 어떤 존재였을까? 호프집만큼도 영향력이 없었던 교회는 과연 하나님이 원하시는 교회였을까?

예수님은 마태복음 5장 13-16절에서 "너희는 세상의 소금이요, 빛이라"고 말씀하셨다. 이는 교회가 단순히 세상과 구별되어 있는 집단이 아니라, 세상 속에서 실제적인 영향을 미치는 존재가 되어야 함을 뜻한다. 소금은 부패를 방지하고 맛을 더하며 세상 속에 녹여진다. 그리고 빛은 어두운 곳을 밝히고 길을 안내한다. 하지만 많은 교회와 그리스도인들이 소금이요 빛이라는 사실을 알지만, 우리끼리만의 공동체로 소금 창고가 되거나 조명 가게로 변질되어 세상에서는 그 역할을 감당치 못하는 경우가 많다. 교회는 세상의 빛과 소금이 되어 세상 속에서 방향을 제시하고 부패를 막는 역할을 감당해야 한다.

윤여일(윤영록) 선교사에 의해 설립된 필리핀 마닐라에 위치한 생명교회(또는 마닐라새생명교회)는 1999년에 창립되어, 2025년 현재 26주년을 맞이하였다. 윤 선교사는 필리핀 마닐라의 빈민 지역에서 복음

사역을 시작하였으며, 교회는 무료급식, 기초 교육, 장학금 지원, 의료 봉사 등 다양한 사회봉사 활동을 통해 지역 사회에 하나님의 사랑을 실천하는 빛과 소금의 역할을 감당하고 있다.[170]

윤여일(윤영록) 선교사의 사역은 단순한 전도 활동을 넘어, 지역 주민들의 삶의 질을 향상하는 데 중점을 둔다. 이를 통해 교회는 마닐라 지역 사회에서 신뢰받는 공동체로 자리매김하였으며, 하나님의 사랑을 실천하는 모범적인 교회의 모습을 보여주고 있다. 이러한 사역은 마태복음 5장 13-16절에서 예수님께서 말씀하신 '세상의 소금과 빛'의 역할을 교회가 실천하는 구체적인 예시로 볼 수 있다. 교회가 지역 사회에 덕을 끼치며, 하나님의 사랑을 행동으로 나타내는 것은 현대 교회가 본받아야 할 중요한 사명 중 하나다.

충청북도 보은군 보은읍에 위치한 대한예수교장로회(통합) 소속의 보은교회는 1915년 10월 16일에 창립되었다. 초기에는 김성호 씨가 자신의 사택을 기도소로 활용하여 예배를 드리기 시작하였으며, 당시 보은 군수였던 손현수 씨의 헌금과 토지 기부를 통해 예배당을 건축하게 되었다. 보은교회는 일제강점기와 한국전쟁 등의 어려운 시기에도 지역 사회의 중심 교회로서의 역할을 수행하였으며, 현재에도 다음세대를 위한 사역과 지역 사회와의 동반성장 목회 활동에 힘쓰고 있다.[171]

특별히 보은교회는 지역 사회와 함께하는 교회 상을 구현하기 위해 다양한 활동을 펼쳐왔다. 예를 들어, 성탄절에는 경찰서 유치인들에게 담요를 선물하고, 양로원에 점심과 선물을 제공하며, 어려운 이웃에게 치료비를 지원하는 등 지역 사회에 덕을 끼치는 사역을 지속해왔다. 이제는 지역에 없어서는 안 될 가장 영향력 있는 교회가 되었다.

이처럼 하나님의 사랑이 교회를 통해 세상으로 흘러나갈 때, 사회적 약자를 향한 돌봄, 정직한 기업 운영, 가정과 이웃 공동체의 회복 같은 구체적인 유익이 생겨난다. 교회는 말로만 하나님의 사랑을 외치는 곳이 아니라, 행동으로 세상에 선한 영향력을 끼쳐야 한다. 이는 단지 선행 차원이 아니라, 하나님의 나라를 세상 가운데 구현하는 방식이다.

예를 들어, 코로나 19 팬데믹 기간 동안 많은 교회가 방역 물품을 기부하고, 어려움을 겪는 자영업자들에게 후원금을 전달하며, 의료진을 위한 도시락 나눔 사역을 펼쳤던 것은 교회가 빛과 소금의 역할을 감당한 실제 사례였다. 또한, 청소년 탈선 예방, 노숙인 재활 사역, 이주민 지원 활동 등은 교회가 지역 사회와 국가에 덕을 끼치며 하나님의 사랑을 구체화한 사역들이다. 교회가 세상에 덕을 끼치는 활동은 교회의 존재 이유를 세상에 드러내는 통로이며, 복음을 '보여주는 설교'가 된다. 교회는 세상 속에서 복음을 '설명'만 하는 것이 아니라, 복음을 '살아내는 공동체'로 설 때, 진정한 영향력이 시작된다.

교회는 세상에 신뢰를 주는 공동체여야 한다

필자에게는 고등학교 시절부터 알고 지낸 불신 친구들이 있다. 오랜 시간 함께해 온 친구들이지만, 어느 날 그들이 조심스레 말한 한마디는 오래도록 마음에 남았다. "네가 목사가 된 건 정말 자랑스럽고 좋지만, 솔직히 요즘 교회는 믿기가 어렵고, 교회 다니는 사람들도 신뢰가 잘 안 돼." 친구의 이 말 앞에서 변명하거나 설득하기보다, 조용히 "미안하다."라고 말했다. 사실이기 때문이다. 교회가 보여준 실망스러운 모습이 그들의 마음을 멀어지게 했고, 신뢰를 잃게 만들었다는 걸 부인할 수 없었다.

오늘날의 한국교회는 세상으로부터 신뢰를 점점 잃어가고 있다. 부패한 리더십, 재정의 불투명성, 세속적인 경쟁과 분열은 교회를 세상의 조롱거리로 만들고 있으며, 많은 이들이 교회를 더 이상 거룩한 공동체로 보지 않는다. 이처럼 신뢰를 상실한 교회는 복음의 문도 함께 닫히는 위기를 맞고 있다. 이 시대의 교회는 세상으로부터 신뢰를 다시 얻어야 한다. 말보다 삶으로, 외형보다 본질로, 숫자보다 진실로 나아가는 교회가 되어야 한다.

본래 하나님께서 디자인하신 교회는 신뢰받는 공동체이다. 사도행전 2장에 나타난 예루살렘교회의 모습을 보라. 그들은 사도의 가르침을 받아 서로 교제하고, 떡을 떼며 기도에 전념하였다. 놀라운 기사와

표적이 나타났고, 모든 물건을 서로 통용하며, 각 사람의 필요를 따라 나누어주었다. 그들은 날마다 마음을 같이하여 성전에 모이기를 힘쓰고, 집에서 떡을 떼며 기쁨과 순전한 마음으로 음식을 나누었다. 이처럼 하나님의 사랑이 공동체 안에 살아 움직일 때, 사람들은 그들의 삶에서 하나님을 보았다. 그 결과로 그들은 하나님과 모든 사람에게 칭송을 받았고, 날마다 구원받는 자의 수가 더해졌다. 이는 곧 세상으로부터 신뢰를 얻었다는 증거가 된다.

이것은 단지 초대교회의 아름다운 역사 이야기가 아니라, 오늘 우리가 다시 회복해야 할 교회의 본질이다. 교회는 하나님의 영광을 드러내는 살아 있는 공동체이며, 진실과 정직, 희생과 헌신으로 구성될 때 세상으로부터 신뢰를 얻게 된다. 그것이 곧 복음의 통로이며, 하나님 나라가 이 땅에서 구현되는 방법이다. 잠언 3장 3-4절은 "인자와 진리를 네게서 떠나게 하지 말고…. 그리하면 하나님과 사람 앞에서 은총과 귀중히 여김을 받으리라"고 말씀한다. 이 말씀은 교회가 신뢰를 얻는 길은 겉모습이나 전략이 아닌, 진실성과 인자, 즉 관계적 성실함이라는 사실을 보여 준다.

교회가 세상으로부터 신뢰를 회복하기 위해서는 무엇보다 말보다 삶으로, 외형보다 본질로, 숫자보다 진실로 나아가야 한다. 그 구체적인 실천은 다음과 같다.

첫째, 투명한 재정 운영을 해야 한다. 교회의 신뢰는 정직한 재정

관리에서 시작된다. 예산과 지출 내역을 투명하게 공유하고, 외부 감사와 회계 검증을 통해 교인들이 안심할 수 있는 구조를 마련하는 것이 중요하다. 교회재정건강성운동은 2024년 11월 12일 서울 중구 열매나눔재단 나눔홀에서 '2024 교회재정세미나'를 열고 교회재정운영원칙과 공개 방식을 논의했다. 이날 세미나에서는 높은뜻하늘교회가 모범사례로 소개됐다. 교회는 매주 주보에 수입 내역을 공개하고, 분기별 결산을 재직회에서 투명하게 보고한다. 외부 감사뿐 아니라 교인들로 구성된 감사위원회를 구성, 감사회를 시행해 교회 내 재정 투명성을 높였다. 이제는 교회 내부뿐 아니라 지역 사회에서도 '믿을 수 있는 교회'라는 평판을 얻고 있다. 발제자로 나선 높은뜻하늘교회 한용 목사는 재정의 공개가 교회의 건강성을 확인하는 척도가 될 수 없지만, 재정을 공개하는 유익이 분명 있다며 "재정 공개를 통해 확보된 교회와 목회자에 대한 신뢰는 공동체의 신뢰로 이어진다."라고 말했다.[172] 또한, 예산과 지출을 교인들과 정직하게 공유하고, 외부 감사 제도를 도입하는 교회가 늘고 있다. 대표적으로 서울의 한 교회는 매 분기 재정 보고서를 전체 회중에게 브리핑하며, 작은 후원까지 투명하게 공지하여 지역 사회에서까지 신뢰를 얻고 있다.

둘째, 책임 있는 리더십이 있어야 한다. 교회 리더십은 권위를 행사하는 자리가 아니라, 섬김으로 본을 보이는 자리이다. 예수님께서 제자들의 발을 씻기신 것처럼(요 13:14-15), 교회의 지도자들은 먼저 낮아지고 희생함으로써 공동체를 세우는 본보기가 되어야 한다. 이것이 바로 성경이 말하는 리더십의 본질이다.

안타깝게도 오늘날 많은 교회에서는 이러한 리더십의 원리가 왜곡되어 있다. 직분이 하나의 권력처럼 여겨지고, 계급화되어가는 현실 속에서 직분을 받지 못한 이들은 상처를 입고 교회를 떠나기도 한다. 반대로 직분을 맡은 이들 가운데 일부는 책임은 회피하고 자리를 유지하려는 데 급급한 모습을 보이기도 한다. 이러한 모습은 결코 성경적인 리더십이 아니며, 교회를 병들게 하는 원인이 된다.

리더십은 권리가 아니라 책임이며, 명예가 아니라 섬김이다. 위임과 견제, 훈련의 체계를 갖춘 건강한 리더십 구조는 교회를 진정한 신뢰 공동체로 세워가는 핵심요소이다. 위임과 견제, 리더십 교체의 제도적 균형은 교회가 외형이 아닌 본질로 성장하도록 이끄는 중요한 시스템이다. 교회 리더십은 권력의 자리가 아니라 섬김의 자리이다. 그러므로 담임목사, 장로, 집사 등 모든 직분자는 성경적 기준에 따라 철저히 훈련받고, 공동체의 평가와 피드백을 겸허히 수용할 수 있는 자세를 가져야 한다. 수직적 위계 중심의 구조는 갈등과 권위주의를 낳지만, 수평적이고 개방된 협력 구조는 교회를 건강하게 하며, 공동체 내에 신뢰를 회복시키는 열쇠가 된다. 위임과 견제, 리더십 교체의 제도적 균형은 교회가 외형이 아닌 본질로 성장하도록 이끄는 중요한 시스템이다.

셋째, 상처 입은 자를 치유하는 공동체 문화를 형성해야 한다. 서울의 온누리교회에서는 이혼과 인생의 실패를 경험한 성도들이 자발적으로 치유 모임을 만들고, 서로의 아픔을 나누며 함께 회복의 길을 걸어가고 있다. 또한, 경기도 하남에 있는 은혜의정원교회에서는 '상한 마음을 치유하는 교회'라는 슬로건을 걸고 회복 사역에 힘을 쏟고 있다.[173] 이러한 공동체는 진정한 사랑과 포용의 공간이 되어, 교회가 '은혜의 공동체'임을 보여주는 실제적 사례다.

교회가 상처받은 이들을 품고 다시 세울 때, 단순한 종교 기관을 넘어 세상이 다시 신뢰할 수 있는 하나님의 회복의 통로가 된다. 교회는 실패한 사람을 정죄하는 곳이 아니라, 회복의 길로 인도하는 치유 공동체여야 한다. 상처받은 성도, 실패한 리더, 의심과 방황 중인 청년을 정죄하지 않고 품어내는 교회는 진정한 회복의 장소가 된다.

신뢰는 하루아침에 얻어지지 않는다

교회는 단지 종교 활동을 위한 집단이 아니다. 교회는 예수 그리스도의 생명을 나누는 살아 있는 유기체이며, 세상과 구별되면서도 세상을 섬기는 독특한 존재이다. 교회가 삶으로 진실을 살아내고, 정직하게 자신을 열며, 고통받는 이웃을 향해 사랑으로 나아설 때, 그 신뢰는 시간이 흐를수록 더욱 단단해진다. 결국, 복음은 믿을 수 있는 사람들, 믿을 수 있는 공동체를 통해 전달될 때 그 힘을 발휘한다.

교회가 본래의 정직함과 섬김의 본질로 회복될 때, 세상은 교회를 통해 진정한 희망을 발견하게 될 것이다. 사랑과 진실을 삶으로 축적할 때 반드시 열매를 맺는다. 교회가 본래의 정직함과 섬김의 본질로 회복될 때, 세상은 다시 교회를 신뢰하게 되고, 복음은 그들의 삶에 실질적 희망으로 들어갈 수 있다.

— 세상이 원하는 교회, 교회가 그리는 교회

손병세 목사

더행복한교회 담임목사이자 3040세대의 회복을 꿈꾸는 현장형 목회자이다.
저서로 《3040 심폐소생》이 있다.

4. 세상이 전적으로 신뢰해야 한다

세상의 신뢰가 무너지면 교회가 추락한다

교회의 추락이 거세다. 우리나라에 복음을 전해 준 미국교회 추락이 심각하다. "매년 미국에서 얼마나 많은 교회가 문을 닫는지 정확히 아는 사람은 없다. 하지만 적어도 7,000개가 넘는다고 보는 편이 정확하며, 그 숫자는 점점 늘고 있다. 매일 20개의 교회가 문을 닫고 있다."[174] 최근에는 빈사 상태에 빠진 교회가 19%에 이른다고 한다.[175]

한국교회 추락이 거세다. 끝이 어딘지 모를 정도다. 추락으로 인해 사람마다 만나면 한국교회를 걱정한다. 2024년 9월 셋째 주 제109회 총회를 맞아 공개한 교세 통계를 보면 예장합동은 전년 대비 10만 1366명 감소한 225만 530명이나. 예장통합은 9만 4700명 감소한 220만 7982명이다. 두 교단 모두 전년 대비 교인이 약 4% 줄었다.

특이한 것은 교단마다 교회, 교인 수는 감소했는데 목사와 장로 수는 증가했다. 예장합동은 장로는 전년보다 2,716명 늘어 12.2%나 폭증했다. 필자의 주변 교회도 예전과 다르게 장로 임직하는 교회들이 많다.

교회만 추락하지 않는다. 한국교회만 신뢰도가 추락한 것은 아니다. 윤석열 정권도 신뢰가 추락했다. 윤석열 정권을 탄생시킨 국민의힘은 지지율 21%로 쇼크 수준이다. 견고한 지지층인 6070마저 절반이나 떠났다. 윤석열 정권의 신뢰 추락은 2024년 12월 3일, 밤 10시 30분에 무리하게 선포된 계엄령 때문이다.

언론도 신뢰도가 추락했다. 언론이 추락하자 유튜브가 언론을 대신하는 기현상이 나타나고 있다. 2021년 프랑스에 본부를 두고 있는 '국경없는기자회'에서 우리나라의 언론과 표현의 자유, 즉 언론의 신뢰도는 4년 연속 세계 꼴등이다. 우리나라 언론은 이미 순기능을 상실한 매우 편향된 보도를 일삼는다. 논리와 이념에 따라 언론 역할이 나누어져 있다.

사법부도 신뢰를 잃었다. 조희대 대법원장이 대선에 개입함으로 신뢰도가 추락했다. 그는 이재명 대선 후보의 공직선거법 위반 사건에 대해 유죄 취지로 파기환송 선고를 내렸다. 그는 대법원에서 결론을 내면 국민이 따라올 줄 알았다고 생각한 것 같다.

이영훈 전 대법원장이 신입 법관들에게 임명장을 주면서 "당신들,

국민으로부터 부여받은 권한으로 재판하는 건데, 국민으로 선출된 권한이 아니다. 그걸 항상 엄중히 새기고 재판할 때마다 어떤 자세로 임해야 하느냐? 우리는 선출되고 국민에게 선택을 받지 않았기 때문에 진짜 공정하게 재판하고 그래야만 국민으로부터 신뢰받을 수 있고 그렇지 않고 국민 신뢰가 무너지면 사법부는 송두리째 없다."라는 말을 마음속에 새기지 못했다.

교회는 세상으로부터 받는 신뢰가 탄탄해야 한다. 교회는 이영훈 대법원장이 한 말처럼 국민에게 신뢰를 받아야 한다는 말을 기억해야 한다. 교회는 하나님을 섬긴다. 그리고 세상을 섬긴다. 세상을 제대로 섬기면 신뢰를 받는다. 그렇지 못하면 신뢰를 잃는다.

신뢰도가 무너진 이유는 큰 것 아닌 작은 것에 있다

교회의 신뢰도가 무너진 것은 큰 것 때문이 아니다. 사람들이 싸우는 것은 큰 것으로 싸우지 않는다. 작은 것으로 싸운다. 교회가 큰 것인 하나님을 섬기지 못해서 신뢰도가 무너진 적은 없다. 작은 것인 세상을 제대로 대우하지 않아서 무너진 것이다.

교회의 신뢰도가 무너진 이유가 있다. 세상이 교회를 진짜가 아니라 가짜로 인지했기 때문이다. 교회는 진짜이다. 그러면 교회는 진짜처럼 하나님과 세상에 비쳐야 한다. 우리는 하나님이 진짜이듯이 교회가 진짜임을 안다. 하지만 세상은 보이는 것으로 판단해 진짜라고 확신하지 않는다. 즉 세상은 한국교회를 진짜가 아니라 진짜와 가짜가 구분되지 않는 경계선에 있다고 보는 것 같다.

덴마크의 동화작가인 한스 크리스티안 안데르센의 《안데르센 동화집 1》의 〈완두콩 위에서 잔 공주〉에서 한 왕자가 공주를 찾는다. 그가 찾는 공주는 그냥 공주가 아니라 진짜 공주이다. "옛날 옛날에 한 왕자님이 살고 있었어요. 그 왕자님은 공주님을 아내로 맞고 싶어 했지요. 단, 반드시 진짜 공주님이어야 했어요. 왕자님은 진짜 공주님을 찾아 온 세상을 돌아다녔어요. 하지만 딱 이 사람이다 싶은 공주는 어디에도 없었어요."[176]

이 동화집은 진짜가 희귀하다는 것을 말해준다. 진짜가 희귀해도 하나님은 진짜이다. 하나님의 교회만큼은 진짜여야 한다. 세상은 교회가 진짜이길 바란다. 세상으로부터 교회의 신뢰도가 무너진 것은 진짜라고 생각하지 않기 때문이다. 교회가 진짜로 여겨지지 않는 이유는 세상을 소홀히 대한 데 있다. 그렇다면 교회는 작은 것에 더 신경 써야 한다.

인생에서 가장 중요한 부분은 큰 것이 아니라 작은 것이다. 곧 작은 것을 어떻게 대하느냐가 인생을 결정한다. 괴테가 이탈리아에 체류하며 보낸 시기에서 깨달은 것은 작은 것의 중요성이다. "이 작은 것들 - 음식, 장소, 기후, 휴양, 궤변적 이기심 - 은 지금까지 중요하다고 간주해 온 어떤 것보다 더 중요한 모든 개념 너머에 있다."

남자가 여자를 미치도록 사랑하면 나타나는 증상 중 하나가 작은 것까지 챙긴다는 것이다. 마찬가지로 교회는 작다고 생각하는 세상에 큰 관심을 기울여야 한다.

목회자는 교회의 사역은 큰 일이라고 여긴다. 세상적으로 하는 일은 작은 일이라고 여긴다. 교회는 이 작은 일을 더 세심히 살펴야 한다. 이 일이 교회가 할 일이다.

교회는 하나님을 사랑한다. 하나님을 사랑한다면 하나님의 피조물인 세상의 작은 것을 챙겨야 한다. 세상의 아주 작은 것을 면밀히 살펴야 한다. 예수님께서 소자 같은 어린 아이들을 알뜰하게 챙기신 것처럼 해야 한다.

홍보보다는 신뢰를 앞세워야 한다

필자가 아는 한 사람이 있다. 그 사람을 볼 때마다 일타 강사가 이런 과정을 거치며 탄생하는 것을 알 수 있다. 우연찮게 그 사람과 일정을 같이 한 적이 있다. 그 사람의 가르침은 직접 사람을 찾아가거나 배우는 사람이 찾아온다. 그의 강의는 주로 소수가 대상이다. 주로 일대일, 혹은 일대 2, 많으면 일대 5이다. 그의 하루 강의가 5번 전후도 이른 아침부터 늦은 밤까지 이어진다. 일주일에 대략 강의가 30번 전후이다.

그는 홍보에 열중하지 않는다. 자신을 갈고닦는 일에 열중한다. 강의를 듣는 학생들의 평가가 아주 좋다. 그가 실력도 탁월하고 강의도 잘하기 때문일 것이다. 그는 강의를 마친 다음에 오랜 시간 강의를 잘할 수 있도록 실력을 연마한다. 자신을 철저히 관리함으로 배우려는 문의가 계속 이어진다. 카톡 등으로 배운 것에 대한 감사의 인사가 많다. 그는 가르칠 기회가 있다고 무조건 가르치지 않는다. 자신의 발전에 방해가 되면 거절을 한다. 며칠 같이 보내며 본 것은 거절을 밥 먹듯 하는 것이었다.

필자는 강의 문의가 있다고 무조건 받아들이지 않는다. 필자의 발전에 저해가 된다면 거절한다. 필자에게 첫 번째는 자기 성장이다. 그 다음에 가르침이다. 홍보에 취약해 입소문을 타고 연락된 사람들과 강의가 이루어진다. 지인이 일주일에 30번 전후 가르치는 것을 보고 필자도 한 주에 강의를 몇 번 하는지 세어보았다. 그 사람보다는 훨씬 못 미쳐도 8번 전후는 하고 있었다.

지금은 홍보의 시대이다. 교회도 홍보를 잘해야 한다. 과거의 교회 홍보는 대형버스로 교인을 실어 나르면서 하는 정도였다. 지금은 다양한 방법으로 홍보를 한다. 그중 한 가지가 설교나 성경공부 등과 같은 콘텐츠로의 홍보이다. 홍보의 최고 방법이 설교이다. 설교를 잘하는 목회자일 때 사람들이 교회에 관심을 갖는다. 사람들은 다른 교회가 하지 않는 시대에 맞는 목회를 하는 교회에 관심을 둔다.

홍보가 아무리 중요해도 교회가 세상에 보여주는 것이 더 중요하다. 교회가 가지고 있는 어떤 것이 더 중요하다. 교회만의 특기가 있어야 한다. 세상이 할 수 없는 것을 하는 교회여야 한다. 세상이 감동할 만한 가치가 있는 교회여야 한다.

목회자도 홍보를 한다. 인공지능 시대에 특화된 홍보를 한다. 어떤 목회자는 탁월하게 SNS로 홍보를 한다. 하루에 한개 이상씩 글을 올린다. 어떤 목회자는 하루에 5개 이상의 글을 올린다. 유튜브에 자신만의 콘텐츠를 만들어 구독자가 최소 몇만 명이 된다. 성경, 신앙, 교육 등 한 분야에서 다른 사람과 초격차를 벌린다.

흥미로운 것은 목회자가 SNS에 지나치게 홍보하는 것을 거북해하는 세상 사람들과 교인들이 꽤 있으므로 조심스럽게 할 필요가 있다. 더 조심할 것은 홍보가 세상적이지 않아야 한다. 즉 수입을 목적으로 하지 않아야 한다. 사람들은 목회자의 살아가는 방식이 세상적인 방식과 다르기를 원하기에 그렇다.

교회나 목회자는 세상이 원하는 수준 이상의 의식을 지녀야 한다. 교회의 신뢰도가 무너진 것은 마인드가 세상과 차별화되지 않고, 세상과 하는 것이 별반 다르지 않다고 보는 데 있다. 하나님은 세상과 차원이 다르다. 하나님의 말씀은 세상의 글과 차원이 다르다. 마찬가지로 하나님의 교회는 세상과 다른 차원으로 세상에 존재해야 한다.

교회는 진리를 소유했다. 영혼이 반드시 가야 할 하나님 나라의 복음을 전한다. 누구나 인정하듯이 진리는 세상의 지식, 지성 등과 확연하게 차별된다. 교회가 진리를 전하려면 홍보가 아니라 하나님의 가치를 지녀서 전해야 한다. 세상이 추구하는 것과 다른 교회만의 영적인 가치를 보여주어야 한다.

사람의 교회는 세상에 자신을 알아달라는 홍보에 치중한다. 자신을 드러내려고 한다. 그런 교회는 하나님은 뒤로 밀려 있다. 교회가 너무나 세상적이다. 이런 교회는 세상이 신뢰하지 않는다. 교회는 교회만의 방식으로 세상에 존재해야 한다. 하나님의 가치, 하나님의 나라, 하나님의 사랑이 드러나 세상에 감동을 주어야 한다. 즉 교회가 하는 모든 것은 세상에 신뢰를 줄 수 있어야 한다.

신뢰는 오랜 시간을 필요로 한다

종교개혁이 왜 가능했는가? 한국교회의 부흥이 왜 가능했는가? 세상이 교회를 신뢰했기 때문이다. 교회가 왜 추락하는가? 교회가 신뢰를 잃었기 때문이다. 이제부터 교회는 신뢰를 회복해야 한다. 문제는 교회가 신뢰를 쌓는 것은 오래 시간을 필요로 한다는 것이다.

한 목회자가 교회를 개척해 초대형교회로 일구는데 최소한 20년 이상 시간이 필요하다. 10년 만에 초대형교회가 되기 힘들다. 5년은 사실상 불가능하다. 마찬가지로 교회가 세상으로부터 신뢰를 회복하려면 최소한 10년 정도는 걸린다.

　신뢰를 쌓으려면 교회는 정도(程度)를 걷되 오래 그 길을 가야 한다. 교회는 세상이 원하는 것과 반대되는 것은 하지 않아야 한다. 예수님처럼 치유, 가르침, 복음 전함, 선한 일 행하는 데 앞장서야 한다. 목회자는 자기를 드러내지 않고 하나님을 드러내야 한다. 하나님이 주신 것으로 하나님만 바라보며, 성실하게 목회해야 한다. 대형교회를 추구하기보다는 하나님의 교회를 세우기 위해 진력해야 한다.

　세상에서도 우뚝 선 사람은 신뢰를 받고 있는 사람이다. 기아자동차의 '넘사벽' 판매왕은 박광주 이사이다. 혼자서 국산 차 1만 3507대를 팔았다. 박 이사는 미국에서 전설로 불리는 자동차 영업사원인 조 지라드를 뛰어넘은 실적을 거두었다. 박 이사의 넘사벽 판매와 비결은 신뢰이다. 박 이사는 이렇게 말한다. "고객에게 조금이라도 더 나은 서비스를 제공하고자 노력하며 신뢰를 쌓아온 것이 결실을 맺은 것 같다." 세상에서 최고가 되려면 신뢰밖에 없다. 중간은 홍보로 가능하다. 최고의 자리는 신뢰밖에 대안이 없다.

　교회도 하나님의 교회로 세상에서 존재하려면 신뢰를 회복해야 한다. 세상이 전적으로 믿어주는 교회가 돼야 한다. IMF 사태는 한국의 신뢰도 문제 때문이다. IMF 사태를 불러온 것은 국가채무가 아니다. 재벌과 금융기관 등 민간 기업이 외국 금융기관에서 얻어 쓴 빚이 그 원인이었다. 기업들이 대외채무를 갚지 못하자 한국경제에 대한국제적 신뢰가 무너졌다. 결국, 한국 돈의 가치가 순식간에 반 토막이 나면서 외환위기가 닥쳤다.

성공할 수밖에 없는 사람들의 특징 중 하나가 신뢰도가 높다는 것이다. 한국 경제 성장도 신뢰도가 크게 좌우한다. 마찬가지로 한국교회가 세상에 보여주어야 하는 것은 불신이 아니라 신뢰이다. 신뢰도를 회복하는데 시간이 많이 걸려도 반드시 회복해야 한다. 한국교회의 신뢰도는 한국에서 최고여야 한다. 교회는 최고, 최상의 신뢰를 주는 곳이어야 한다. 만약에 교회 신뢰도가 세상의 중간이라면 교회는 최악의 상황을 맞이할지 모른다.

교회는 부흥으로도 승부해야 한다. 동시에 세상으로부터 얻는 신뢰로도 승부해야 한다. 105세이지만 여전히 사람들에게 영향력을 끼치는 김형석 교수가 활동할 수 있는 것은 세상으로부터 신뢰를 받고 있기 때문이다. 백성호 중앙일보 종교전문기자는 김형석 교수를 이렇게 평가한다. "그와 인터뷰를 할 때마다 '100년의 눈'으로 건네는 삶의 지혜가 놀랍다. 저는 교수님과 인터뷰하는 시간이 참 즐겁습니다. 왜냐고요? 그 시간이 귀하기 때문입니다. 100년의 세월을 훌쩍 넘어간 현자(賢者)와 마주하는 느낌은, 음…뭐랄까요. 마치 상당히 신뢰도가 높은 삶의 답안지와 마주하는 기분입니다." 그는 또 김형석 교수의 실력을 높게 평가한다. "'아, 이분이 정말 실력자구나'라는 탄성을 제 안으로 자아내게 합니다."

한국 사회에서 은퇴하는 순간 할 수 있는 일이 거의 없다. 자신이 하던 일을 하는 사람은 극소수이다. 80세가 넘어가는 순간 안방 차지가 정설이다. 김형석 교수는 그렇지 않다. 105세가 되었지만, 책 출간, 강의 등으로 여전히 왕성하게 활동한다. 가장 큰 이유는 사람들로부터 신뢰가 있기에 가능하다.

일본의 노포 가게는 조건이 있다. 100년 이상이어야 한다. 하지만 100년이 넘었다고 노포로 인정받지 못한다. 그 가게만의 독창성은 물론이고, 지금도 성업 중이어야 한다. 노포가 된다는 것은 고객으로부터 신뢰를 얻을 때 가능하다.

유럽 여행을 가면 오래된 교회가 관광지 중 하나이다. 동남아시아를 가면 사찰이 관광지 중 하나이다. 외국 관광객이 한국교회를 돌아보고자 하는가? 현재는 둘러볼 만한 유럽교회와 같은 그림을 보여줄 수 없다. 몇 백 년 후에야 가능하다. 교회는 사람들이 관심을 갖도록 만들어야 한다. 사람들이 관심 갖도록 교회는 세상으로부터 신뢰를 쌓기 위해 오랜 시간 노력해야 한다.

신뢰는 하나님 자녀답게 살 때 얻어진다

교회는 세상에 노출되어 있다. 세상은 시나니면서 교회를 본다. 교회는 세상이 보는 것이 아닌 세상이 볼 수 없는 것을 보여주어야 한다. 보여줄 것은 배려, 나눔, 감동이다. 세상이 보고 싶은 것을 보여줌으로 신뢰를 얻어야 한다.

교회가 세상에 보여줄 것은 사람들이 고개를 끄덕일 수 있어야 한다. 더 나아가 감동과 은혜가 풍성해야 한다. 세상의 어떤 조직보다 신뢰를 줄 수 있는 것을 보여주어야 한다. 감동과 은혜를 주어야 하는 것은 교회는 신뢰를 먹고 살기 때문이다. 교회는 지역 사회의 신뢰를 먹고 살아야 한다. 만약 교회 내의 분란으로 극렬한 싸움을 하며 지역 사람들의 손가락질을 받으면 안 된다.

세상으로부터 신뢰를 얻는 방법은 단순하다. 하나님의 말씀을 세상에 구현하는 것이다. 즉 말씀 실천으로 다른 곳과 다르다는 것을 보여주어야 한다. 그렇지 않으면 싫은 소리를 듣는다. 언더우드 4대손이 교회가 들어야 할 소리를 한다. "기독교 믿는 사람들, 모범 생활해야 한다." 한국교회총연합이 개최한 〈2025 부활절 퍼레이드〉에 참석한 언더우드 선교사의 4대손 피터 언더우드(한국명 원한석)씨는 "기독교인이 많이 줄고 있다"고 한국교회의 위기를 언급한 뒤 한 말이 있다. "목사나 장로뿐만 아니라 모든 기독교 믿는 사람들이 모범 생활을 해야 합니다. 그것을 보여줘서 많은 사람이 '나는 기독교인 되어야겠다'라고 믿을 수 있게 보여드릴 필요성과 책임이 있습니다."

자녀답게 살면 세상으로부터 인정을 받는다. 그 인정이 신뢰로 이어진다. 기독교인 기업인 이삭토스트가 백종원 대표의 더본코리아와 비교되고 있다. 백종원 대표는 가맹점을 돈벌이 수단으로 여기는 장사꾼이라면 이삭토스트 김하경 회장은 '가뭄을 만난 제 이웃'이라고 여긴다. 그녀는 가맹점주들과의 상생을 최우선 가치로 삼는다. 그래서 이삭토스트는 타 프랜차이즈에 비해 매우 낮은 가맹비와 로열티를 책정한다. 그녀는 '사람들이 잘 먹고 잘 살았으면 좋겠다'라는 경영 철학을 바탕으로, 가맹점주의 성공을 곧 자신의 성공으로 여긴다. 이삭토스트는 사업만을 하지 않는다. 일자리 창출, 지역경제 활성화 그리고 가맹점주들이 이삭토스트를 통해 안정적인 생활로 행복하게 살아가게 한다.

세상은 이삭토스트를 기독교 기업으로 신뢰한다. 세상은 교회를 하나님의 교회로 신뢰해야 한다. 세상이 교회는 하나님의 자녀다운 모범적인 삶을 산다고 신뢰할 수 있어야 한다.

김도인 목사

〈아트설교연구원〉 대표이자 출판사 〈글과길〉 대표이다.
저서로 《설교는 글쓰기다3》, 《목회트렌드 2026》 등이 있다.

5. 세상에 희망을 주어야 한다

세상은 절망의 감옥에 갇혔다

세상이 절망의 감옥에 갇혀 버렸다. 심리학자 케이치프 노이드에 의하면, 사람에게는 6가지 감옥이 있다고 한다. 첫째, '자기도취(自己陶醉)'의 감옥이다. 둘째, '비판(批判)'의 감옥이다. 셋째, '절망(絶望)'의 감옥이다. 넷째, '과거지향(過去志向)'의 감옥이다. 다섯째, '선망(羨望)'의 감옥이다. 여섯째 감옥은 '질투(嫉妬)'의 감옥이다.[177] 많은 사람이 절망의 감옥에 갇혀 있다. 세상이 절망의 블랙홀로 빨려 들어가고 있다. 키에르케고르는 절망이 '죽음에 이르는 병'이라고 까지 했다.

안토니우 구테흐스 유엔 사무총장은 2023년 7월 27일 이렇게 경고했다. "지구 온난화(Global warming)의 시대는 끝났다. 이제 지구 열대화(Global boiling)의 시대가 도래했다. 현재 기후변화는 공포스러운 상황이지만 시작에 불과하다." 아시아, 북미, 유럽 등 세계 곳곳이 이상고온으로 들끓고 있다. 미국에서는 일부 도시들의 기온이 50도를 넘나드는 등 기록적인 폭염이 이어지고 있는 곳이 있다.[178] 우리나라도 2024년이 관측 역사상 가장 더운 해였다고 기상청은 발표했다. 기후변화로 세계 곳곳에서는 거대한 산불과 폭염, 혹한, 대규모 홍수와 같은 재해가 반복되며, 인간의 삶의 터전이 점차 파괴되어 가고 있다.

사회적 불평등은 극단적으로 심화되고 있다. 극소수의 사람들이 모든 자원을 독점하며, 대다수의 사람은 가난과 굶주림, 질병에 시달린다. 노동자는 기계처럼 일하고, 그들의 삶은 비인간적인 환경에 갇혀 있다. 정치적, 경제적 불안정성으로 경제적 약자들은 불안에 떨고 있다. 기술이 발전할수록 사람들은 점차 정신적으로 고립되고, 상실감을 느낀다. 가상현실에 몰입하고, 실제 세상과의 관계는 더욱 단절되었다. SNS가 보편화 되었지만, 사람들 간의 관계는 점점 더 얕아지고, 진정한 소통이나 감정의 교류는 사라지고 있다.

기본적인 도덕과 윤리도 무너지고 있다. 사람들은 더 이상 서로를 위해 사는 것이 아니라, 각자도생을 위해 필사적으로 싸운다. 동정과 연민 같은 감정은 점차 사라지고, 감정이 없는 기계적인 존재처럼 살아간다. 사람들은 무엇을 위해 살아야 할지 모르고, 삶 자체가 의미 없는 반복으로 여긴다.

'헬조선'은 대한민국을 지옥에 비유한 신조어다. 헬조선은 청년층의 불안, 절망, 분노를 드러낸다. 이 표현은 열정 페이, 취업난, 비정규직, 무급인턴 등 청년들이 겪는 현실에서 비롯되었다. 삼포 세대, N포세대, 민달팽이 세대 등의 용어와 함께 점점 심화하는 청년 위기를 나타낸다. 경제 발전 이후에도 여전히 개인의 노력만을 강조하는 사회 분위기와는 달리, 청년들은 노력해도 성공하기 어려운 현실 속에서 금수저·흙수저 서열 인식, 노력의 무의미함(노오력), 해외 이주 희망(탈조선) 등으로 나타나는 구조적 불공정을 체감하고 있다. '헬조선'은 단순한 유행어가 아니라, 청년층의 절망과 한국 사회의 구조적 문제를 드러낸다. 사람들은 더 이상 희망을 찾지 못하고, 절망이 삶의 일부분이 되어버렸다.

절망은 삶에 대한 기대를 저버리게 만든다. 절망의 감옥에 갇힌 사람들은 체념한다. 그러나 판도라의 상자 속에 마지막으로 남은 것이 희망인 것처럼 절망 속에도 희망은 언제나 존재한다. 황량한 겨울이 계속될 것 같지만 반드시 봄은 찾아온다. 헬렌 켈러는 "세상은 고통으로 가득하지만 한편 그것을 이겨내는 일로도 가득 차 있다."라고 말했다. 절망적인 환경에도 희망의 끈을 놓지 말아야 한다. 희망이 절망을 이기기 때문이다.

1%의 희망이 99%의 절망을 이긴다

희망은 힘이 세다. 사람들이 절망하는 가장 큰 이유가 무엇일까? 끝이라고 생각하기 때문이다. 절망은 끝이 아니다. 맨 끝부분을 '끄트머리'라고 한다. '끄트머리'는 끝과 머리의 합성어다. '끄트머리'는 끝만을 의미하지 않는다. 그 속에는 새로운 시작도, 희망도 포함되어 있다. 삶은 무수한 끝에서 시작을 반복하는 여정이다. 끝은 종착역이 아니라 새로운 시작을 알리는 또 다른 출발점이다. 하나님께서 끝이라고 하기 전까지는 사람의 끝은 또 다른 목적지로 향하는 희망의 시작이다.

무지개는 소나기가 내린 후에 뜬다. 무지개는 소나기의 또 다른 모습이다. 그런데도 사람들은 무지개만 보고 소나기는 보지 않는다. 소나기 덕분에 무지개가 떴다는 사실을 망각한다. 왜 불행의 소나기, 고통의 소나기, 절망의 소나기가 퍼붓느냐고 원망한다. 소나기는 온종일 오지 않는다. 오다가 그치기 때문에 소나기다. 소나기는 소나기로 끝나지 않는다. 아름다운 무지개를 뜨게 한다. 소나기 뒤에 아름다운 무지개를 볼 수 있는 시선이 필요하다. 마틴 루터는 이렇게 말했다. "이 세상을 움직이는 힘은 희망이다. 얼마 후 성장하여 새로운 종자를 얻을 수 있다는 희망이 없다면, 농부는 밭에 씨를 뿌리지 않는다. 아이가 태어난다고 하는 희망이 없다면 젊은이는 결혼할 수가 없다. 이익을 얻게 된다는 희망이 없다면 장사꾼은 장사할 수가 없다." 루터는 세상을 움직이는 힘은 희망이라고 말했다. 절망의 감옥을 빠져 나오게 하는 것도 희망이다. 희망은 살게 하는 힘이다. 1%의 희망이 99%의 절망을 이긴다.

도종환 시인의 〈담쟁이〉라는 시가 있다. "저것은 벽/ 어쩔 수 없는 벽이라고 우리가 느낄 때/ 그때/ 담쟁이는 말없이 그 벽을 오른다/ 물 한 방울 없고 씨앗 한 톨 살아남을 수 없는/ 저것은 절망의 벽이라고 말할 때/ 담쟁이는 서두르지 않고 앞으로 나아간다/ 한 뼘이라도 꼭 여럿이 함께 손을 잡고 올라간다/ 푸르게 절망을 다 덮을 때까지/ 바로 그 절망을 잡고 놓지 않는다/ 저것은 넘을 수 없는 벽이라고 고개를 떨구고 있을 때/ 담쟁이 잎 하나는 담쟁이 잎 수천 개를 이끌고/ 결국 그 벽을 넘는다." 인간이 어쩔 수 없다고 이야기하는 절망의 벽을 담쟁이는 다 덮어버리고 넘어버린다. 담쟁이의 정신이 필요한 시대다.

환경적인 것들과 사람으로 인해 절망하는 것 같지만 실제로 사람을 절망하게 하는 것은 사단이다. 사단은 '절망'이라는 미끼를 던짐으로 희망을 보지 못하게 한다. 세상은 사단의 존재를 인정하지 않기 때문에 속임수에 속아 넘어간다. 교회는 사단의 속임수에 넘어가면 안 된다. "희망을 갖지 않는 것은 어리석다. 희망을 버리는 것은 죄악이다." 헤르만 헤세의 《노인과 바다》 중에서 노인이 죽은 물고기를 지키기 위해 혼신을 다해 상어와 싸우며 한 말이다. 헤르만 헤세는 또 이렇게 말했다. "하나님이 우리에게 절망을 보내는 것은 우리를 죽이려는 것이 아니라 우리들 속에 새로운 생명을 불러일으키기 위함이다." 사단은 사람을 절망의 감옥에 가두고 못 나오게 하지만 하나님께서는 절망을 통해 새로운 생명을 불러일으키기 위한 목적을 가지고 계신다.

남유다는 BC586년에 바벨론에게 멸망당했다. 바벨론은 남유다 백성들 가운데 똑똑한 사람들, 배웠다고 하는 사람들을 포로로 끌고 갔다. 나라가 망하고 포로로 끌려간 이스라엘 백성의 마음은 한마디로 절망이었다. 이런 이스라엘 백성에게 하나님께서는 예레미야를 통해 말씀하셨다. "여호와의 말씀이니라 너희를 향한 나의 생각을 내가 아나니 평안이요 재앙이 아니니라 너희에게 미래와 희망을 주는 것이니라(렘 29:11)." 포로로 끌려가 절망 가운데 있는 이스라엘 백성에게 하나님께서는 '미래와 희망'을 주는 것이 하나님의 생각이라고 말씀하신다. 70년 이후 이스라엘 백성은 다시 본국으로 돌아왔다. 하나님께서 주신 1%의 희망이 99%의 절망을 이긴다. 희망은 세상을 끌고 가는 힘이고 밀어주는 힘이다. 내일의 희망이 있기 때문에 어두운 오늘도 인내할 수 있다. 교회는 세상에 1%의 희망을 줄 수 있어야 한다.

교회는 여전히 희망이다

교회는 문제가 많지만, 여전히 세상의 희망이다. "교회가 타락했다." "교회는 세상과 다르지 않다." "교회는 죽었다." 등은 사람들이 하는 말이다. 교회 안의 갈등, 비리, 세습, 권력다툼, 그리고 목회자의 성적 타락은 세상의 조롱거리가 되었다. 세상은 이런 교회를 향해 말한다. "이제 교회는 희망이 없다." 교회 안에서도 동일한 목소리가 나올 정도다.

필자도 목회하면서 교회나 성도들을 볼 때 실망한 적이 한두 번이 아니었다. 목사인 필자 자신을 봐도 답이 없는 것 같다는 생각이 들 때가 있었다. 많은 사람이 교회를 떠나고 있는 것도 사실이다. 교회가 더 이상 희망이 없으니 '포기하자'라고 하는 사람도 있다.

"누구나 일이 안 풀릴 때가 있단다. 그때마다 사람들은 자신의 능력을 의심하지. 그리고 꿈을 포기하고 이런저런 이유를 만들어. 하지만 모두 변명일 뿐이야. 사람들이 포기하는 진짜 이유는 그것이 편하기 때문이야."[179] 이 말은 《바보 빅터》에서 빅터가 로라에게 한 말이다. 포기하면 편하다. 포기하는 것은 쉽다. 그냥 내려놓으면 된다. 하지만 교회는 세상의 희망이기를 포기해서는 안 된다. 교회는 여전히 세상의 희망이다.

교회가 여전히 세상의 희망인 이유는 첫째, 교회가 그리스도의 몸이기 때문이다. "교회는 그의 몸이니 만물 안에서 만물을 충만하게 하시는 이의 충만함이니라(엡 1:2)." 교회는 그리스도의 몸이고 그리스도는 교회의 머리이시다(골 1:18). 정상적인 몸은 머리의 지시를 따라 움직여야 한다. 반면 병든 몸은 머리가 지시를 해도 따르지 못한다. 몸이 병들면 머리가 움직이라고 해서 움직이지 않는다. 교회의 머리이신 그리스도에게는 아무런 문제가 없다. 그는 온전하시고 완전하신 분이시다. 병든 교회가 문제다. 그래서 여전히 교회가 희망이 될

수 있다. 머리 되신 그리스도의 말씀을 온전히 따르기만 하면 병든 교회는 건강한 교회로 회복될 수 있기 때문이다. 희망을 주는 교회로 거듭날 수 있다.

시인과 촌장의 〈풍경〉이라는 노래가 있다. "세상 풍경 중에서 제일 아름다운 풍경 모든 것들이 제자리로 돌아가는 풍경", 하나님께서는 세상 모든 만물을 창조하시고 '좋았다'라고 말씀하셨다. 지금 세상은 하나님께서 처음 창조하셨던 모습이 아니다. 하나님께서 디자인하신 본래의 모습으로 돌아갈 때 제일 아름다운 모습이 될 수 있다. 교회도 마찬가지다. 교회가 머리이신 그리스도의 말씀을 따르는 본연의 모습으로 되돌아갈 때 세상에서 가장 아름다운 모습이 될 수 있다. 미래학자인 최윤식 박사도 이렇게 말했다. "교회 공동체 본연의 모습을 회복하기만 하면 한국교회는 여전히 세상의 희망이 될 수 있다. 다시 한번 세상의 희망이 될 수 있다. 반드시 그렇게 되어야 한다."[180] 교회는 그리스도께서 원하시는 교회다운 모습으로 회복되면 여전히 세상의 희망이 될 수 있다.

둘째, 하나님을 믿고 있기 때문이다. 신약성경에서 교회를 '에클레시아(ἐκκλησία)'라고 칭한다. 이 단어는 "하나님을 믿는 백성들의 모임"을 의미한다. 교회는 건물이 아니라 하나님을 믿는 사람들의 모임 자체이나. 교회는 하나님을 여선히 빋는 공농제이기에 희망이 있다. 키에르케고르는 절망이 죽음에 이르게 하는 병이지만 "절망에 대한 가장 확실한 해독제는 믿음이다."라고 했다. 하나님을 향한 믿음만이 절망을 이길 수 있다는 말이다. "내 영혼아 네가 어찌하여 낙심하며 어찌하여 내 속에서 불안해하는 가 너는 하나님께 소망을 두라 그가 나타나 도우심으로 말미암아 내가 여전히 찬송하리로다(시 42:5)." 교회가 하나님을 믿고 하나님께 소망을 두면 세상의 희망이 될 수 있다. 하나님께서 도와주시기 때문이다.

'희망 고문'이라는 말이 있다. 19세기 프랑스 소설가인 빌리에 드 릴라당(Auguste de Villiers de L'Isle-Adam)이 쓴 단편 소설 《희망이라는 이름의 고문》에서 나온 표현이다. '희망'이란 말이 얼마나 좋은 말인가? 희망이란 단어에 고문이라는 말을 붙여 '희망 고문'이라고 한다. '희망 고문'이란 어떻게 해도 절망적인 결과만이 기다리는 극적인 상황 속에서 주어진 작은 희망으로 인해 오히려 더 괴롭게 되는 상황을 일컫는 말이다.[181] 사람들에게 희망과 용기를 주어야 한다. 하지만 안 될 것을 뻔히 알면서 될 것처럼 희망을 주어서는 안 된다. 한계를 가진 인간은 무조건 희망 한대로 이룰 수 없다. 다른 사람에게도 무조건 희망을 줄 수 있는 존재가 못 된다. 인간은 희망을 결론으로 맺을 수 있는 존재가 아니다.

하나님은 다르시다. 하나님은 결론이 희망임을 말씀하실 수 있는 분이다. 왜 그런가? 하나님은 전능하신 분이시기 때문이다. 인간의 흥망성쇠와 생사화복이 하나님의 손에 달려 있다. 사람은 미래를 알지 못하지만, 하나님께서는 알고 계신다. 교회는 이런 하나님을 믿고 따르는 공동체이기에 여전히 세상의 희망이 될 수 있다.

교회가 세상에 보여주어야 할 희망으로 넘친다

교회가 세상에 보여주어야 할 희망은 무엇일까? 첫째, 세상은 여전히 살 만하다는 희망이다. 105세의 철학자인 김형석 교수는 《기독교, (아직) 희망이 있는가?》에서 이렇게 말한다. "기독교의 사명은 기독교의 세상화가 아니다. 세상적이고 세속적인 것을 그리스도화하는 일이다. 교회화하거나 교리화하는 것이 아니라 그리스도의 뜻과 가르침에 동참하여 진정한 크리스천이 되는 것이다. 나와 이웃, 나와 사회의 차원으로 탈바꿈하는 일이다. 모든 인간의 삶은 그리스도와 나 그리고 우리 사회라는 한 차원 높은 삶으로 승화되어야 한다. 그런 사명을 위해 크리스천은 모범적인 사회인이 되며, 기독교는 인류와 역사에 새로운 희망과 변화를 줄 수 있어야 한다."[182]

교회는 절망의 감옥에 갇힌 사람들을 향해 여전히 세상은 살만한 곳이라는 희망을 주어야 한다. 그렇게 하기 위해 교회가 울타리를 넘어 이웃과 사회와 함께해야 한다. 소외된 이웃과 함께 아파하고 우는 모습을 보여주어야 한다. 그들을 위해 교회가 가진 것 득히, 물질을 흘려보내야 한다. 상처받은 이들을 조건 없이 포용하고 안아주어야 한다. 불의한 일에 대해 정의가 무엇인지를 외쳐야 한다. 정의를 물 같이, 공의를 강 같이 흐르게 해야 한다(암 5:24). 윤리적이고 교양적인 모습을 보여주어야 한다. 사람을 살리는 진실한 공동체임을 보여주어야 한다. 교회가 있어 살맛 나는 세상이라는 소리를 들을 수 있어야 한다.

둘째, 돈이 아니어도 행복할 수 있다는 희망을 주어야 한다. 세상 사람들은 행복을 소유해 두고 있다. 돈만 많으면 행복할 것으로 생각한다. 이런 생각 때문에 수단 방법을 가리지 않고 돈을 벌려고 한다. 돈 때문에 자존심도 가족도 내팽개치기도 한다. 생명을 잃어버리기도 한다. 현대인들에게 이미 돈은 우상이 되었다. 돈은 선도 아니고 악도 아니다. 돈 그 자체는 중립이다. "돈을 사랑하는 것이 일만 악의 뿌리다(딤전 6:10)"라고 했지만 돈 자체가 일만의 뿌리라고 말씀하지 않았다. '맘몬'은 구약 성경에 나오는 돈 우상을 상징한다. 사람들이 돈을 너무 사랑하기에 돈이 우상이 되어버렸다. 돈이 주는 행복이 있다. 원하는 것을 살 수도 누릴 수도 있다. 하지만 돈이 주는 행복은 가짜행복이다. 돈이 없으면 행복도 사라진다. 교회는 돈만 있으면 행복하리라 생각하는 세상을 향해 감사가 행복의 열쇠임을 보여주어야 한다.

행복에는 절대 기준이 없다. 어느 수준이 되어야 행복하고 그렇지 않으면 불행하다는 기준이 없다. 행복에는 교과서나 참고서가 있는 것도 아니다. 공식이나 모범 답안이 있는 것도 아니다. 행복은 만들어 가는 것이다. 스스로 생각하고 느끼는 정도에 따라 행복의 크고 작음이 결정된다. 곧 행복은 소유에 비례하기보다는 감사하는 마음에 비례한다. 행복은 없는 것에 관심을 가지는 것이 아니라 있는 것에 자족하는 것이다. 있는 것을 소중하게 여기고 감사하는 사람이 행복한 인생을 산다. 없는 것에 대한 불평이 감사로 변할 때 행복한 인생이 된다. 남들보다 가진 것이 없어도 있는 것에 대해서 자족하고, 작은 것이라도 감사하며 사는 것이 행복이다. 칼 힐티는 《행복론》에서 행복의 첫 번째 조건을 감사로 꼽았다. "감사하라. 그러면 젊어진다. 감사하라. 그러면 발전이 있다. 감사하라. 그러면 기쁨이 있다." 감사하면 나만 행복한 것이 아니라 내가 속한 곳도 행복한 공동체로 만들 수 있음을 교회는 보여주어야 한다. 또한, 교회는 하박국 선지자의 고백(합 3:17)처럼 하나님 한 분만으로 행복할 수 있음을 보여주어야 한다.

셋째, 죽음이 끝이 아니라는 희망을 주어야 한다. '숫자로 보는 대한민국의 하루'라는 짤막한 글이 있다. "1328명이 태어납니다. 732명이 죽습니다. 그중에 39명이 자살합니다." 대한민국은 하루에 평균 39명 자살하는 자살 공화국이 되었다. 사람들이 자살하는 이유를 다 알 수 없지만 가장 큰 이유는 죽으면 끝이라는 생각 때문일 것이다. 많은 사람이 죽으면 모든 것이 끝이라고 생각한다. 그래서 사람에게 가장 큰 절망을 주는 것이 죽음이다. 세상에 죽음을 이길 사람은 아무도 없다. 아무리 장수해도 결국 죽게 된다.

성경은 죽음이 끝이 아님을 말씀한다. 죽음 이후의 세상이 있음을 말씀한다. 교회는 이 사실을 믿기에 죽음 앞에 절망하지 않는다. 교회는 죽음 앞에 절망하는 사람들에게 죽음이 끝이 아님을 말해주어야 한다. 예수그리스도를 믿음으로 천국의 소망을 가지고 살 수 있게 해주어야 한다.

시인 파블로 네루다는 이렇게 노래한다. "누군가 꽃을 꺾을 수는 있지만 봄을 빼앗을 수는 없다." 교회는 세상에 희망을 주어야 한다. 교회가 희망이 있는가, 없는가를 묻지 말고 내가 속한 교회가 희망을 줄 수 있게 만들어야 한다. 교회의 문을 열고 들어오는 한 사람에게, 세상에 희망이 없다고 하는 한 가정에 희망이 되어준다면, 그 교회는 세상의 희망이 되는 것이다.[183] 교회는 부족하지만, 예수그리스도가 산 소망이 되시기에 여전히 세상에 희망을 주어야 한다.

이재영 목사

〈아트설교연구원〉 부대표이다.
저서로 《신앙은 역설이다》, 《설교트렌드 2025》 등이 있다.

6. 타락한 세상을 덜 타락하게 만들 수 있어야 한다

교회는 세상의 방파제가 되어야 한다

교회는 타락하지 않은 세상을 더 타락하지 않게 하는 역할을 해야 한다. 하지만 교회는 그런 사명을 감당하지 못하고 있다. 도리어 더 타락하고 있는 것은 아닌지 질문해야 할 때가 왔다.

교회는 세상 타락의 방파제가 되어주어야 한다. 방파제가 되어주지 못하는 것은 교회가 하는 것만이 옳다는 생각 때문이다. 하나님이 다 옳은 것은 맞다. 하지만 교회가 하는 것이 다 옳지는 않다.

세상은 다양성을 근간으로 한다. 교회는 오로지 하나님의 말씀만을 근간으로 한다. 세상의 방파제가 되려면 세상을 품을 수 있어야 한다. 교회는 통일성으로 세상의 다양함을 품어낼 수 있어야 한다.

아제르바이잔과 튀르키예는 이슬람교 국가이다. 아제르바이잔은 자신들을 이슬람 신자라고 하는 비율이 97.3%에서 99.2%이다. 튀르키예는 99.8%이다. 아제르바이잔의 수도 바쿠에서는 아잔 소리를 들을 수 없었다. 반면, 튀르키예에서는 고막이 감당하기 어려울 만큼 아잔 소리가 크다. 같은 이슬람교 국가이지만 다양한 모습을 보여준다. 조지아는 오래된 기독교 국가이다. 동방 정교회 교인이 83.4%를 차지한다. 조지아에서 부러웠던 것은 일정한 시간에 은은하게 울리는 교회 차임벨소리이다. 필자가 어릴 적 한국교회에는 종소리가 울렸었다. 지금은 울리지 못한다.

세상은 다양한 모습으로 존재한다. 한국에는 다양한 종교가 있다. 다양한 종교가 아름답게 공존하고 있다. 우리는 살아계신 하나님을 믿는다고 하지만 교회가 보여주는 것은 부패한 하나님을 보여준다. 타락하는 세상의 방파제가 아니라 타락의 촉진제 역할을 한다.

교회는 다윈의 이론을 무척 싫어한다. 그렇지만 그의 다양성에 대한 강조는 받아들여야 한다. "다윈이 우리에게 알려 준 가장 정확한 것이 한 가지 있다. 지구상 모든 것의 변화와 다양성을 인정해야 한다는 것이다."[184]

우리나라는 단일민족이다. 최재천 교수는 우리나라 사람들의 유전자 다양성은 상당히 높다고 말한다. "우리나라 사람들의 유전자 다양성은 상당히 높다고 밝혀졌다. 그리고 그 어르신의 말씀대로 단일민족의 개념은 일제강점기 우리 민족의 정체성이 흐려지는 걸 안타까워하신 단재 신채호 선생님이 우리를 하나로 뭉치게 하기 위해 역설한 이념이었다."[185] 다양한 동물, 다양한 사람, 다양한 나라, 한민족이지만 다양한 유전자로 구성된 우리나라 등 세상은 다양성이 전제가 된다.

교회는 세상의 방파제 역할을 할 수 있어야 한다. 방파제 역할을 하려면 교회는 세상의 다양성을 인정하고 받아들일 때 그 역할을 할 수 있다. 집단 창의성(Collective creativity)은 다양성에서 나온다는 것이 정설이다. 교회가 하나님의 진리를 세상에서 성취해야 한다. 교회가 세상이 다양함으로 구성된 곳이라는 것을 인정할 때, 세상은 교회를 세상의 방파제로 인정하기 시작한다. 그렇지 않다면 세상은 교회를 자신들과의 대화 파트너, 자신들의 중재자, 자신들의 리더로 받아들이지 않는다.

영적 겸손이 덜 타락함으로 이끈다

교회는 왜 타락하는가? 영적 교만이 그 원인이다. 어쩌면 교회는 영적으로 교만한 것이 정상일 수 있다. 영적인 면에서는 최고이기 때문이다. 교회는 하나님과 직접 대화할 수 있는 유일한 공동체이니 이런 면에서 교만하지 않을 수 없다.

하지만 교회는 교만하지 않아야 한다. 겸손해야 한다. 겸손해야 하나님께서 사랑하신다. 이스라엘 역사를 보면 교회는 교만하다는 것이 입증된다. 구약에서 이스라엘은 전쟁에서 승리하면 곧바로 교만해졌다. 교만해지면 하나님을 멀리하거나 부인한다.

여전히 기독교는 우리나라 최대의 종교이다. 세계에서 가장 큰 교회 10개 중 8개가 한국교회이다. 이럴진대 교만하지 않은 것이 이상하다. 그럴지라도 교회는 겸손해야 한다.

필자는 사람이 죽을 때까지 놓지 말아야 하는 가치는 '겸손'과 '성실'이라고 생각한다. 겸손하면 자신을 최대한 낮추게 된다. 지역 사회에 존재하는 교회는 세상보다 겸손해야 한다.

교회가 겸손하려면 세상에서 월드클래스라는 자격을 갖춰야 한다. 네덜란드 토털 사커의 창시자이자 불세출의 축구 영웅인 요한 크라위프는 자서전에서 이런 말을 한 적이 있다. "내가 만난 월드클래스 선수 중에 인성이 나쁜 사람은 단 한 명도 없었다." 축구 선수 중 월드클래스 수준의 선수는 인성이 나쁜 사람이 없다. 손흥민, 박지성, 차범근 선수는 아주 겸손하다. 겸손하지 않고 월드클래스 선수가 될 수 없다.

손흥민 선수의 아버지인 손웅정 씨는 아들에게 "삶에서는 늘 아래를 바라보고 축구에서는 항상 위를 보아라."고 말한다. 손 선수가 그 생각을 하면 항상 감사하면서 겸손하게 살 수 있다고 보기 때문이다.

한국교회는 겸손해야 한다. 겸손이 영적으로 덜 타락하도록 만들어 준다. 말로 겸손한 사람은 진짜 겸손한 사람이 아니다. 겸손한 사람은 자신이 겸손하다고 스스로 말하지 않는다. 겸손은 말이 아니라 삶으로 전해지기 때문이다. 교회가 세상에 보여지는 것으로 세상은 교회의 겸손 여부를 파악한다. 교회는 세상 앞에서 겸손해야 한다. 겸손함으로 덜 타락한 교회를 세상에 보여주어야 한다.

교회는 세상의 타락을 '작게'부터 줄여야 한다

교회는 세상의 타락을 줄이는데 초대교회처럼 대부흥으로 하려고 하지 않아야 한다. 아주 작게, 천 리 길도 한 걸음부터라는 식으로 해야 한다.

기업도 혁신은 작게 시작한다. 기업의 경영을 혁신할 때 할 것이 있고 하지 않아야 할 것이 있다. 피터 드러커는 《프로페셔널의 조건》에서 경영 혁신할 때 할 것과 하지 말아야 할 것을 구분한다. 꼭 해야 할 일 다섯 가지를 말한다.[186]

첫째, 목적 지향적이고 체계적인 혁신은 기회의 분석으로부터 시작한다. 둘째, 혁신은 이론적인 분석인 동시에 지각적인 인식이다. 셋째, 혁신이 목표를 달성하기 위해서는 어느 한 가지에 초점이 맞추어져 있어야 한다. 넷째, 효과적인 혁신은 작게 시작한다. 마지막으로, 혁신에 성공하려면 그 목표를 주도권을 잡는 데 두어야 한다.

그는 네 번째로 "효과적인 혁신은 작게 시작한다."라고 말한다. 혁신은 거창하지 않게 해야 한다. 혁신은 어떤 구체적인 것을 하나씩 시도하면 된다. 교회가 세상을 타락하지 않게 하는 것도 한순간에 하려고 하지 않고 하나씩 해야 한다. 그리고 작게 해야 한다.

먼저 교회 혁신부터 하되 작게 해야 한다. 뭐든지 크게 하려고 하니 되지 않는다. 한꺼번에 바꾸려 하지 않고 오랜 시간 하나씩 바꿔야 한다. 교회는 "개혁된 교회는 항상 개혁되어야 한다."라는 말로 거창하게 시작했지만, 구호에 그쳤다.

영어 사전을 발간하는 영국의 옥스퍼드대학 출판부는 매년 올해의 단어를 선정한다. 2024년에는 '뇌 썩음(Brain Rot)'이라는 단어가 선정됐다. SNS 콘텐츠의 과잉 소비, 텔레비전, 비디오 게임과 무의미한 활동에 지나치게 몰두해 정신적으로 피곤하거나 생각이 멍해지는 상태를 의미한다. 교회가 뇌 썩음이 되면 세상을 덜 타락하게 하지 못한다. 교회가 세상이 사람답게 살아갈 수 있도록 신선한 생각, 남다른 생각을 할 수 있어야 한다.

'2007 한국교회 대부흥 100주년 기념대회' 설교자로 나선 옥한흠 사랑의교회 원로목사는 울먹이며 참회의 기도를 드렸다. 그리고 10만 명의 성도들에게 눈물의 회개와 영적 각성을 눈물로 호소했다. "주여, 제가 죄인입니다. 입만 살아 있고 행위는 죽은 목회자였습니다. 불쌍히 여겨 주소서!" 2025년 교회도 그의 참회 기도처럼 회개의 기도를 통해 변화되고 변화되어야 한다. 그런 기도의 힘으로 세상을 덜 타락하게 하는 데 일조해야 한다.

한국교회는 세상을 바꿀 준비가 되었는가?

교회는 세상에 영향력이 있는가? 정치권에서 교회에 손을 내밀지 않는다. 지역 사회가 교회에 손을 내미는 것은 소수의 교회인 것 같다. 다수는 교회에 손을 내밀려 하지 않는다. 그럴만한 자격이 없다고 생각하기 때문이다.

교회는 세상을 바꿀 수 있는 능력이 있어야 한다. 능력이 있어야 세상을 덜 타락하게 만들 수 있다. 과거에 교회는 세상에 선한 영향을 미쳤다. 지금은 교회가 세상에 미치는 영향이 미미하다. 오히려 과학이 세상에 영향을 강력하게 미친다. "AI가 우리 삶을 바꿀 준비가 되었다."라고 젠슨 황이 CES 2025에서 말한다. AI가 이제 단순한 소프트웨어가 아니라, 현실을 변화시키는 '물리적 존재'가 될 것이라고 강조한다. 그는 AI를 이렇게 평가한다. "AI는 더 이상 가상의 존재가 아닙니다. 이제 AI는 우리와 함께 현실을 살아갑니다." 그는 Physical AI가 보급되면 로봇이 인간의 노동을 대체하는 시대가 본격적으로 시작될 것이라고 말한다. 앞으로 AI는 단순한 프로그램이 아니라 우리와 함께 현실에서 움직이는 존재가 될 것이란다. AI가 세상에 미치는 영향력은 상상 이상이다.

AI가 지금 하고 있는 역할을 교회가 이전에 해 왔다. 교회가 못하니 AI가 대신한다. 이 말은 하나님이 못하니 인간이 하고 있다는 말로 바꿀 수 있다.

교회는 인간의 삶을 바꿔 왔다. 삶을 바꾼 것은 세상을 바꾼 것과 같다. 불과 몇십 년 전만 해도 한국교회는 사회를 바꿀 수 있는 유일한 곳일 정도였다. 적어도 한국교회만이 세상의 대안이라고 말하지 않았지만, 누구나 고개를 끄덕였다.

교회는 여전히 교회가 세상의 답이라고 떠든다. 이 말에 세상은 콧방귀도 뀌지 않는다. 교회 내에서만 외치는 메아리일 뿐이다. 교회가 세상을 바꿀 능력을 상실하니 AI가 세상을 바꿀 준비를 마쳤다. AI의 능력이 강력하니 세상은 교회의 목소리가 아니라 AI의 목소리에 온통 집중한다.

교회는 세상을 바꾸지 못해도 덜 타락하게 만들 수 있어야 한다. 타락을 더디게 할 수 있어야 한다. 하지만 교회도 많이 타락해 고등학생만 되어도 교회에 접근을 망설인다.

이즈음 교회는 질문을 던져야 한다. 하나님이 과학보다 크다는 것을 교회가 보여주고 있는가? 성경은 하나님이 우주의 주인이라고 말씀한다. 그렇다면 하나님이 거하시는 교회는 세상의 주인이라고 할 수 있는가? 교회는 세상을 덜 타락하게 만들 힘이 있는가?

교회는 타락한 세상에 질문하지 않아야 한다. 교회는 교회에 집중적으로 질문해야 한다. "교회는 교회가 세상에 보여주는 것으로 세상을 바꿀 준비가 되었나?", "교회는 교회가 세상에 보여주는 것으로 세상을 덜 타락하게 할 수 있는가?" 이 질문에 '아멘!'이라고 답변하지 못한다면 교회는 세상에서 점점 외톨이가 될 것이다.

한국교회는 현자인가?

하나님은 교회를 하나님의 자녀라고 한다. 하나님의 자녀는 거룩한 자이다. 예수님은 제자들에게 친구(마 26:50)라 하셨다. 세리와 죄인에게도 친구(눅 7:34)라 하셨다. 예수님의 친구이자 하나님의 거룩한 자녀는 세상에서 최소한 현자의 위치에 있다고 할 수 있다. 현자(賢者, sage)는 어질고 총명하여 성자에 다음가는 사람이다. 동양의 군자, 서양의 철인을 일컫는다. 하나님의 자녀는 최소한 현자와 같은 사람이어야 한다.

 현자가 모인 교회는 현자와 같은 수준이라 할 수 있다. 교회는 과연 현자와 같은 곳인가? 현자 정도는 되어야 세상을 덜 타락하게 할 수 있을 것이다. 교회가 세상에 희망이 되지 못하는 것은 현자가 못되기 때문이다.

 현자는 한 마디로 깨달을 수 있는 사람이다. 교회는 하나님의 말씀을 듣고 깨달은 사람들이 모인 곳이다. 하지만 교회의 현실은 그렇지 못하다.

베르나르 베르베르의 소설 《신 1》에 인간을 두 종류로 구분한다. 첫째, 인간이다. 둘째, 깨달은 인간이다. 베르베르는 첫째 인간을 동물 위의 단계로 치부한다. 그는 인간이 더 높은 단계로 나아가면 현자가 될 수도 있다고 말한다. 그렇지 못하면 동물의 단계로 되돌아갈 수 있다고 말한다. 그는 둘째 단계인 깨달은 인간이 되라고 외친다. 베르베르는 깨달은 인간은 현자라고 말한다. 그가 정의하는 깨달은 인간이란 다음과 같다. "그는 보통의 인간이 지니고 있는 동물성에서 벗어나 있다. 그는 세상사에 대해서 거리를 두며 본능이나 감정이 휩쓸려 행동하지 않는다. 그는 두려움과 욕망을 이겨낸 존재이다. 그는 다른 인간과 거리를 두면서도 인간과 지구를 사랑한다."[187]

교회는 베르베르가 말하는 첫째 단계의 인간 수준이 아니다. 깨달은 인간, 곧 현자 수준이다. 교회는 죄인이 모이는 곳이었다가 말씀을 듣고 깨달은 인간이 모이는 곳이어야 한다. 다른 말로 세상을 품고 세상에 대안을 제시할 수 있어야 한다.

베르베르가 말하는 깨달은 인간이 많을 때 교회에 희망이 있다. 세상이 덜 타락하도록 할 수 있으므로 세상도 희망이 있다. 세상에 없으면 좋겠다는 교회가 아니라 더 많아져야 한다는 말을 듣는 현자 같은 교회여야 된다.

교회는 하나님의 말씀을 듣고 깨달아 현자가 돼야 한다. 깨닫지 못하면 세상에 영향을 거의 줄 수 없다. 교회는 교회의 역할을 감당할 수 없다. 시대의 아픔을 짊어진 교회다움을 보여줄 수 없다. 현자와 같은 교회가 될 때 세상은 교회에 기댄다. 김용택의 시《나는 당신이 어떤 사람인지 알면, 좋겠어요》중 〈나는 당신이 어떤 사람인지 알면 좋겠습니다〉에서 이렇게 말한다. "당신의 목소리는 내 몸과 마음으로 번져나가 그리움이 되어요. 강가의 나무가 되어요. 물결이 닿는 돌이 되어요."[188]

교회가 현자가 되면 교회의 손길이 닿는 곳은 사람들의 안식처가 된다. 마음을 달래주는 곳이 된다. 삶의 희망의 처소가 된다.

한국교회 깨어 있어야 한다

세상을 덜 타락하게 만들려면 교회가 깨어나야 한다. 그리고 깨어 있어야 한다. 먼저는 한국교회가 깨어나야 한다. 그럴 때 깨어 있게 된다. 교회가 깨어 있지 못하면 듣지 않아야 할 말을 듣는다. 유튜브에서 〈한 대구 청년의 한 맺힌 호소〉라는 제목으로 '대구 시민이여 깨어나라'고 외치던 중 이런 말을 한다. "어르신들, 목사들이 퍼 나르는 가짜 유튜브 보지 말고 정신 좀 차리세요." 필자는 그 말을 들으면서 충격을 받지 않을 수 없었다. 목회자를 어르신들과 동급으로 놓았다. 생각도 할 줄 모르는 부류로 치부한 것이다. 그는 대구 시민의 자유 민주주의 역사를 다시 쓸 수 있는 기회를 만들자고 호소한다. 대구가 바뀌면 다른 지역이 대구를 우러러볼 것이라고 외친다.

한 대구 청년이 노인들과 목회자를 동급으로 둔 것은 그 젊은이는 목회자에게 세상의 변화를 맡길 기대를 하지 않는다는 것이다. 그의 말은 노인과 목회자는 국민의힘만을 무조건 지지함으로 생각이 없는 그룹으로 치부한다.

목회자는 격이 높아야 하는데 그 청년은 목회자를 최하위의 격으로 몰아넣는다. 그 젊은이의 말만 그렇지 않다. 많은 청년이 목회자를 문맹인 취급한다. 노인들처럼 취급받고 문맹으로 취급받는 교회는 깨어나야 한다. 깨어 있는 사람의 상징인 현자의 수준으로 올라가야 한다.

많은 교회와 목회자는 우리가 최고로 깨어 있는 그룹이라고 말할지 모른다. 필자는 그렇게 생각하지 않는다. 이광호 목사도 《한국교회 무엇을 개혁할 것인가》에서 한국교회는 긴 잠에서 깨어나야 한다고 말한다. "이제는 긴 잠에서 깨어나야 하리라 생각된다. 무지로 인한 우매함은 말씀으로 거듭나야만 한다. 하나님의 말씀으로부터의 신학과 신앙이 있는 살아 있는 교회이기 위해서는 우리 모두가 하나님의 말씀 앞에서 극도로 겸허해져야 하리라."[189] 한국교회가 긴 잠에서 깨어나지 못하면 듣지 않을 소리를 듣게 된다.

교회가 깨어 있지 못하니 세상은 목회자를 '개소리(bullshit)'하는

사람으로 취급하고 있다는 인상을 받는다. 최근 '개소리(bullshit)'란 용어가 유행이다. 개소리는 거짓말보다 나쁘다는 뜻이다. 이 말을 공론장에 처음 도입한 해리 프랑크푸르트에 따르면, 거짓말은 참값의 조건을 따져서 정교하게 참을 거짓으로 바꾸려는 기만적 시도에서 나오지만, 개소리는 아예 참값을 따지지 않는 '아무 말 대잔치'이기에 대응하기 만만치 않다고 한다. 즉 세상은 교회를 무지몽매하다고 몰아세운다.

깨어나지 못한 사람은 자신을 기만한다. 월간 〈샘터〉는 2025 제46회 샘터 상 생활수필 대상작 수상을 취소했다. 샘터사는 모든 사람에게 정다운 마음의 벗이 되고자 55년 동안 한길을 걸어왔다. 샘터사가 대상작으로 선정한 작품은 〈파티〉다. 대상작 수상을 취소한 이유가 있다. 심사 과정에서 응모자는 타 공모전에 같은 작품을 응모했거나 수상한 사실이 없다고 답변했으나 거짓으로 드러났다. 본 응모작은 제9회 동서문학상 수필 부문에서 동상을 받은 바 있다. 이는 샘터 문예 공모전 자격요건 중 하나인 응모작은 '다른 매체나 지면에 발표되지 않은 순수 창작품에 한한다'라는 항목에 명백히 위배했다. 기만하면 자신만 불명예를 입는 것이 아니라 공동체까지 타격을 입는다.

깨어 있지 못한 교회는 자기를 기만한다. 위장 간첩처럼 위장하기에만 바빠진다. 교회는 기만하는 소식이 아니다. 신리를 선포하고 신리를 실현하는 곳이다. 그러려면 교회는 베드로의 말처럼 깨어 있어야 한다(벧전 5:8). 깨어 있지 않으면 무시당한다.

깨어나지 못하면 자신을 기만하지만, 깨어나면 세상으로부터 존중을 받는다. 조선을 건국한 정도전은 비록 적이었지만 고려를 지키려 했던 정몽주를 존중함으로 칭송했다. 정몽주도 정도전을 칭송했다. "정도전은 선배 정몽주를 학문적으로뿐 아니라 인간적으로도 존경하여 정몽주를 '도덕의 으뜸'으로 칭송하는 시를 남겼다. 정몽주 역시 정도전을 좋아하여 '삼봉은 사람을 보는 눈이 있어 진짜와 가짜를 구별할 줄 안다'라고 했고, 정도전과 헤어져 있을 때는 그를 그리워하는 시를 보내기도 했다."[190]

세상이 교회를 존중할 수 있도록 교회는 깨어 있어야 한다. 존중받을 때 세상을 덜 타락하게 한다는 사명을 감당할 수 있다.

김도인 목사

〈아트설교연구원〉 대표이자 출판사 〈글과길〉 대표이다.
저서로 《설교는 글쓰기다3》, 《목회트렌드 2026》 등이 있다.

7. 교회다움을 보여주어야 한다

파티교회가 아니라 버라이어티한 교회여야 한다

2024년 서울국제불교박람회는 '재밌는 불교'라는 주제로 젊은 세대 문화와 결합해 큰 호응을 얻었다. 불교문화를 알리고자 불교 공예·미술·사찰 음식 그리고 의복 등 다양한 문화를 12번째로 선보였다. SNS에서 입소문을 타며 불교 신자가 아닌 사람들 사이에도 인기를 끌었다. 밈(meme)이 프린트된 티셔츠와 스티커는 일찌감치 동나기도 했다. 박람회장에 마련된 출가 상담, 임종 체험 부스도 인기가 커 긴 줄을 이었다. 특이점은 2030 세대가 박람회 주 관람층이란 것이다.

불교에 대한 호감도는 매년 높아지는 추세다. 한국리서치가 진행한 2023년 종교 호감도에서 불교는 100점 만점에 52.5점을 기록해 1년 전보다 5.4점 올랐다. 김헌식 문화평론가는 이전 세대가 불교를 종교의 관점에서만 접근했다면 지금 젊은 세대는 그렇지 않다면서 이들은 불교가 현대인들의 주된 생활 방식인 집착과 성과주의에서 벗어나게 한다는 점에 주목해 치유의 의미를 담아 즐기고 있는 것이라고 말했다.[191]

불교계는 불교박람회를 통해 12년 연속 버라이어티한 불교를 선보이고 있다. 반면 한국교회는 세상과 함께하지 못하고 교인들끼리 파티 프로그램이 주축을 이룬다. 연말이 되면, 친목회라는 명칭으로 성도끼리 회비를 갹출하고 모인다. 회비로 먹고, 즐기고 선물 나누어 주는 것으로 한 해를 마무리한다. 회비 일부는 선교헌금이라는 명목으로 선교지에 지출한다.

다음세대와 이웃을 향한 예산책정은 아이들 용돈 수준이다. 대형 버스 대여로 어른들을 위해 오락성 행사, 단풍놀이 프로그램은 큰 손이 된다. 어른들을 위한 파티는 더 성대하게 하려 한다. 공동의회나 재직회에서 다음세대를 향한 예산, 이웃을 위한 예산을 높게 책정하자고 하면 여러 구실을 앞세워 동결한다. 다음세대가 줄고 있다는 핑계로 예산을 증액할 수 없다고 한다. 다음세대가 많았던 과거 이야기를 들추어내며, 지금은 다음세대가 없으니 예산 축소가 현실적이란다. 다음세대가 중요하단 말에 그친다.

다음세대를 위해 씨앗을 파종해야 하는데 그렇지 않으니 다음세대는 더 줄어든다. 투자하지 않으니 다음세대는 더 사막화가 되고 있다.

교회는 어른들을 위한 파티 교회에서 다음세대도 큰 혜택을 받는 버라이어티 교회로 가야 한다.

버라이어티한 교회가 되려면 어떻게 해야 하는가? 이웃과 세상에 버라이어티 모습을 선보여야 한다. 교회 안을 중심으로 움직이는 교회에서 탈출해야 한다. 교회 내부에만 집착하는 것에서 벗어나야 한다. 남녀노소, 빈부귀천, 어른과 다음세대 모두가 공정하게 대우받는 진정한 공동체로 가야 한다.

공동체, 단체 그리고 군중 집단은 각각의 강점과 단점이 뚜렷하다.

구분	공동체	단체	군중 집단
목적	보편적(인간 삶 전체)	특수함(특수한 목표)	개별적(다양)
기간	항구적	일시적	일시적·개별적
구성원	다양함	획일적	다양함
친교의 범위	(생활 전체로 울타리 없는) 형제적 사랑	(일정한 범위 안에서) 친함	무관심

[표]192

세상에 교회다움을 보여주려면 파티 교회에서 버라이어티한 교회로 전환해야 한다. 버라이어티 교회는 한 영혼을 사랑하며 누구나 출입할 수 있다.

세상에 교회다움을 보여주려면 '성도가 얼마나 모이느냐?', '예산이 얼마인가?' 등의 숫자와 돈에 집중하지 않아야 한다. 교회다움은

'소그룹이 몇 개냐?', '셀 조직이 얼마나 있는가?', '성도끼리 친교를 위한 동아리가 구성되어 있는가?'가 보다 성도가 소외감을 느끼지 않아야 한다. 동시에 교회 밖 사람들도 쉽게 참여할 수 있도록 문턱이 낮아야 한다.

버라이어티한 교회의 사역은 동네교회 박람회, 부모와 함께하는 미술 전시회, 청소년 구기 종목 박람회, 청년들을 위한 패션 대잔치, 우리 동네 주부들의 솜씨 박람회, 노인들을 위한 마당놀이 등이다. 교회는 세상을 향한 열린 교회여야 한다. 성도들만을 위한 집안 잔치에서 이웃을 향한 버라이어티 교회 모습으로 완전히 변신해야 한다.

텀블링이 아니라 멘토링 하는 교회여야 한다

텀블링의 사전적인 의미는 '두 손으로 땅을 짚고 두 다리를 공중으로 향하여 반대 방향으로 넘는 재주', 즉 공중제비 도는 것을 말한다. 교회는 재주꾼을 만들어내는 곳이 아니다. 텀블링하는 사람을 돋보이게 하는 곳이 아니다.

텀블링하는 장소는 화려하게 마련된 무대다. 관광지에서 텀블링으로 재주를 부리면 용돈을 벌 수 있다. 교회는 사람들에게 텀블링으로 용돈 버는 곳이 아니다. 교회는 세상에 재주 부리는 곳이 아니라 한 사람을 중요하게 여기는 곳이다. "예수께서 그들에게 이 비유로 이르시되 너희 중에 어떤 사람이 양 백 마리가 있는데 그중 하나를 잃으면 아흔아홉 마리를 들에 두고 그 잃은 것을 찾아내기까지 찾아다니지 아니하겠느냐(눅 15:3-4)"라고 한 영혼의 소중함을 말씀하신다.

교회는 다수가 모이지만 그에 못지않게 소수도 중요하다. "우리가 그를 전파하여 각 사람을 권하고 모든 지혜로 각 사람을 가르침은 각 사람을 그리스도 안에서 완전한 자로 세우려 함이니 이를 위하여 나도 내 속에서 능력으로 역사하시는 이의 역사를 따라 힘을 다하여 수고하노라(골 1:28-29)." 교회는 한 사람을 천하보다 귀하게 여기는 멘토링 하는 곳이다. 멘토링이란 풍부한 경험과 지혜를 겸비한 신뢰할 수 있는 사람이 1:1로 지도와 조언하는 것이다. 교회는 재주를 부리는 것을 멈추고 사람을 키워야 한다. 각 사람을 권하고, 각 사람을 가르쳐야 한다. 멘토링 하려면 한 사람, 한 사람을 소중히 여겨야 한다.

현대 교회는 담장을 수직으로 쌓기보다 벽돌 한 장 한 장을 수평으로 유지해 안전함을 갖추는 것이 더 중요하다. "큰 집에는 금 그릇과 은 그릇뿐 아니라 나무 그릇과 질그릇도 있어 귀하게 쓰는 것도 있고 천하게 쓰는 것도 있나니 그러므로 누구든지 이런 것에서 자기를 깨끗하게 하면 귀히 쓰는 그릇이 되어 거룩하고 주인의 쓰심에 합당하며 모든 선한 일에 준비함이 되리라(딤후 2:21-21)." 교회는 구성원이 예수님께 쓰임 받을 기회를 마련하는 곳이어야 한다.

교회는 불특정 소수가 재주를 부리도록 내버려 두면 안 된다. 누구나 자신의 역량을 발휘해 하나님께 기쁨을 줄 수 있어야 한다. 놀이공원에는 110cm 이하의 어린이들은 입장하지 못한다. 그 기준은 엄격하다. 교회는 그 기준을 설정할 필요가 없다. 하나님의 교회는 높은 수준을 기준 세우면 안 된다. 하나님의 형상대로 지음 받은 사람이 평등하게 믿음 생활할 수 있는 곳이어야 한다.

하나님의 교회는 출입 제한이 없다. 나이 제한은 더더욱 없다. 직업에 대한 구분도 필요하지 않다. 세상에 보여주어야 할 교회다움의 교회는 텀블링 재주꾼을 앞세우는 곳이 아니라 미완성이라도 각 사람을 세우는 멘토링 하는 곳이어야 한다.

멘토링하는 교회가 되면 온천처럼 치유가 일어나게 된다. 김동찬은 《올 댓 코스메틱》에서 일본 온천을 치료하는 장소라고 말한다. "일본 연구진은 아토피 환자를 대상으로 구사쓰시에서 나오는 온천에서 매일 10분씩 2회 온천욕을 시킨 결과 76%의 환자들의 증상이 완화되었다는 연구 결과를 발표했다. 이스라엘 연구진들은 사해 지역 물로 건선 환자의 병을 호전시킨 논문을 발표했다. 이렇게 온천은 아토피와 건선 등 복합적인 피부 문제도 해결해 줄 수 있는 치료제로 주목받고 있다."[193]

교회는 온천과 같은 곳이다. 마음이 힘든 사람이라면 누구든지 입수할 수 있는 온천탕과 같은 곳이다. 온천탕에 입수하는 것은 신분과 상관없다. 경제력에 따라 순서가 정해져 있지 않다. 온천탕에서는 알

몸이기에 비싼 옷을 자랑하지 않는다. 학력도 자랑하지 않는다. 이름과 혈액형조차도 모른다. 고향을 따지고 묻지도 않는다.

온천탕은 단 하나의 목적으로 들어간다. '씻기' 위해서이다. 세상에 보여주어야 할 교회다움의 교회는 각 사람이 예수 그리스도를 믿음으로 말미암아 죄를 '씻기' 위한 공동체이다. 죄를 씻어야 하는 교회가 자칫 당 '짓기'로 기울어질 수 있다.

고린도 교회가 당 '짓기'로 물 들어갈 때 문제가 생겼다. 세상에 보여주어야 할 교회다움의 교회는 바울파, 아볼로파, 게바파, 그리스도파라는 당 '짓기'가 아니라 죄 '씻기'여야 한다. 죄를 씻음으로 예수님 안에서 열매를 맺어야 한다. "나는 포도나무요 너희는 가지라 그가 내 안에 내가 그 안에 거하면 사람이 열매를 많이 맺나니 나를 떠나서는 너희가 아무것도 할 수 없음이라(요 15:5)"고 한다. 교회다움의 교회는 성도 한 사람, 한 사람이 소중하다는 것을 나타내는 멘토링과 같아야 한다.

광신도가 아니라 평신도 중심 교회여야 한다

필자가 말하는 광신도는 광신도(狂信徒)가 아니라 광신도(光信徒)를 의미한다. 광신도는 '자신을 드러내려고 하는 스타 의식을 가진 목회자나 성도'이다. 이런 사람들은 교회 본질적인 요소에 위배된다.

교회의 본질은 예수 그리스도를 나타내는 곳이다. 예수 그리스도의 십자가와 부활을 알리는 것이 목적이다. 교회 안에는 예수님이 없는 잘난 사람이 부각되는 현상들로 넘쳐난다. 이런 현상은 과거나 현재도 반복되고 있다. '기독교 역사에서 가장 뜨거운 부흥기는 1차, 2차 대 각성 운동이 일어났던 존 웨슬리, 조지 휫필드, 찰스 피니, 조나단 에드워즈, 무디 등을 중심으로 큰 부흥이 있었을 때다. 이들은 한 시대를 빛낸 인물들이다. 이 시기에 사회는 딴판이었다. 마치 신발장에 신발을 켜켜이 쌓아 올린 것처럼 흑인 노예들이 아프리카에서 아메리카로, 유럽으로 이동시켰다.'[194] 배 위에서는 기독교 부흥이라는 빛나는 함성이 울려 퍼졌지만 배 밑창에선 노예들의 고함치는 소리가 파도 소리에 묻혀 아무도 듣지 못한 채 외면당하고 있었다. 겉으로는 빛나고 찬란한 부흥의 시기였지만 소외계층은 동굴 속에 갇혀 신음하며 살아가는 시대였다.

대한민국은 축구 다음으로 '어게인(again)'을 많이 외치는 곳이 교회라고 한다. 교회는 다시 한번 더 부흥을 외치는 것보다 인간의 존엄성 회복을 외쳐야 한다. 성도는 신앙과 삶에서 한 가지 물어야 한다. "나는 소중한가?" 교회에서 사람의 존엄을 말하지 않으니 세상은 더할 수밖에 없다고 생각한다. 2016년 자료에 따르면, 우리나라 1인당 소주 소비량은 90병, 자살하는 사람 수는 2022년도 13,352명으로 10만 명당 26명이다. 이것은 교통사고의 5배, 추락사의 7배, 살인의 50배라고 한다. 40분마다 1명이 자살하는 셈이다. 2021년 공황장애 진단자만 23만 명이다.[195] 이 통계는 교회 안에서 교회의 부흥 어게인을 외칠 때 교회 밖 사람들은 자살을 시도하고, 중독에 빠지고, 공황장애로 시달리고, 삶을 포기하고 있다는 것을 보여준다.

교회가 세상에 무엇을 보여주어야 할 것인가를 다시 정립해야 한다. 교회는 교회다움을 회복해야 한다. 그러려면 부흥 시대처럼 광신도(光信徒)를 재생해서는 안 된다. 코로나 19시기에 등장한 광신도(狂信徒)와 같은 모습이어서도 안 된다. 평신도 중심 교회를 보여주어야 한다.

교회 공동체 구성원은 모두가 소중하다. 에베소서 4장 16절 같아야 한다. "그에게서 온몸이 각 마디를 통하여 도움을 받음으로 연결되고 결합 되어 각 지체의 분량대로 역사하여 그 몸을 자라게 하며 사랑 안에서 스스로 세우느니라."

교회의 공동체 구성원은 모두가 소중하다. 일부만을 위한 광신도(光信徒)가 아니라 전부가 귀중한 존재인 교회 공동체여야 한다. 이러한 교회 공동체가 되기 위해서는 목회자로만 구성된 팀뿐 아니라 평신도 동역자도 함께 세워져야 한다. 중소형 교회는 목회 동역자를 청빙하기 어렵다. 이젠 평신도의 은사와 재능으로 헌신할 수 있도록 기회 제공을 헤아 한다. 평신도들 가운데는 전임 목회자들보다 더 나은 재능을 가지고 있는 자들이 많다. 그 자원을 최대한 활용하는 것이 지

혜로운 것이다.[196]

교회다움을 보여주려면 평신도가 참여하는 교회 공동체를 만들어야 한다. 광신도를 위한 폐쇄된 교회가 아니라 누구든지 자유롭게 활동할 수 있는 자동문 교회여야 한다.

부티가 아니라 뷰티 교회여야 한다

부티는 '부티 나다'라는 말의 줄임말이다. 곧 '재물이 썩 많아 풍족해 보이는 모습이나 태도를 속되게 이르는 말'이다. 필자가 교회에 대해 듣는 말이 있다. "교회는 있는 사람들이 가는 곳이다. 돈 없는 사람은 교회 가고 싶어도 못 간다." 이런 말은 하나님의 영광을 가리는 말이자 사람들에게 불편한 말이다.

목회자가 이를 조장한다. 김성진의 《바로 그 교회》가 정확하게 보여준다. "오늘날 목사들은 교인들에게 '십일조와 연보의 참된 정신'은 제대로 가르치지 않고, 그저 '복'이라는 사탕으로 유혹하며 돈만 거두는데, 혈안이 되어 있다. 그래서 십일조의 정신을 따라 나누고 섬기고 절제하라고 가르치기보다는, 모으고 쌓고 누리고 흥청대는 것이 복인 것처럼 오도하고 있다. 인터넷에 떠도는 자료들을 찾아보니 헌금 종류가 무려 85가지나 된다고 한다. 이런 '복' 비즈니스 덕분에 영세한 교회들은 급격히 위축되고, 중대형 교회들로 갈수록 돈과 사람이 넘친다."[197]

　부흥함으로 부티가 나는 교회가 잘했던 것은 20세기에 많이 한 교회 빌딩 세우기다. 당시에 부티 나지 않으면 교회 다니기가 불편했다. 이런 교회는 교회다움이라 할 수 없다. 교회는 부자라는 이미지에서 벗어나야 한다. 교회가 세상에 보여줄 것은 '부티가 아니라 뷰티'한 교회이다.

　교회는 미국 펜실베니아의 로세토 마을과 같아야 한다. 이 마을은 이탈리아에서 온 이민자들에 의해 형성되었다, 이 마을 사람들은 삶을 즐긴다는 것이다. "그들의 삶은 즐거웠고, 활기가 넘치며 꾸밈이 없다. 부유한 사람들도 이웃의 가난한 사람들과 비슷하게 옷을 입고 비슷하게 행동한다. 로세토 마을을 방문한 사람들은 그 공동체는 계층이 없는 소박한 사회이며, 따뜻하고 친절한 사람들이 사는 곳이다. 그들은 서로를 신뢰하며 서로를 도와준다. 가난한 사람들은 있었지만, 진정한 가난은 없다. 이웃들이 빈곤한 사람의 필요를 채워준다. 특히 이탈리아에서 이주해 오는 이민자들에게 그러했다."[198]

　이 마을은 계층이 없음은 물론 빈곤한 사람의 필요를 이웃이 채워준다. 교회가 로세토 마을과 같아야 한다. 교회다움을 보여준다는 것은 로세토 마을처럼 부티 하지만 뷰티하게 살아간다. 초대 예루살렘 교회는 부티 교회기 이니리 뷰티 교회였다.

　세상에 보여주어야 할 교회다움은 '돈을 바치면 복 받는다.'라는 말이 아니라 세상이 감동할 만큼 아름다워야 한다. 뷰티 교회는 그리스도를 먹음으로 된다. 교회가 부지불식간에 사람들에게 교회를 먹인다. 신자는 그리스도를 먹는 것이지 교회를 먹을 수 없다. 성도는 오직 그리스도를 먹음으로써만 사랑을 지속해 나갈 수 있는 영적인 존재들이다.[199]

교회는 교회다움을 보여주기 위해 돈이 아니라 신앙심이 높은 사람을 보여주어야 한다. 부티 교회는 돈을 따라간다. 뷰티 교회는 사람을 붙잡는다.

석근대 목사

대구동서교회 위임목사이자,
저서로는 《삶을 쓰는 글쓰기》, 《일상에서 신앙 찾아가기》 등이 있다.

에필로그

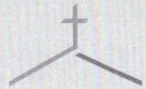

교회는 '의(義)'에 답해야 한다

교회는 정치와 사회가 던지는 질문에 답할 수 있어야 한다. 교회는 세상의 질문에 가장 멋진 답을 하는 것이 당연하기 때문이다. 그렇지만 교회는 답을 주기보다는 부담만 가중하고 있는 듯하다.

성경은 세상에 답을 준다. 하나님은 인생의 영원성에 대한 질문에 답을 준다. 하나님이 인간과 세상에 답을 주었듯이, 하나님의 교회는 혼란스럽고, 혼탁한 한국 사회에 답을 줄 수 있어야 한다. 특히 정의롭지 못한 세상에 정의에 답을 줄 수 있어야 한다. 교회는 세상이 더

혼탁할수록 정밀한 답을 주어야 한다. 답을 주지 못하면 세상은 갈등의 현장이 된다.

조선을 건국한 정도전은 고려말 의(議)에 고민하는 백성들에게 의에 대해 답을 주었다. 답을 주기 위해 그는 "왜 의로운 자는 곤궁하고 불의한 자는 부귀한가?"라는 질문을 던진다.[200] 그는 정의를 세우기 위해서 질문했다. "정도전은 유배 첫해인 1375년 12월 〈심문(心問)〉과 〈천답(天答)〉이라는 철학 논문을 썼다. 그 주제는 인류 지성사에서 대단히 고전적인 화두로 선인이 화를 입고 악인이 복을 누리는 경우를 어떻게 설명할 것이며, 그렇다면 과연 정의란 존재하는가 하는 문제였다. 정도전은 자신의 불우한 처지를 생각하면서 이 글들을 썼을 것이다. 어찌하여 옳은 일을 하는 사람이 핍박받고 위선자와 타락한 자들이 부귀영화를 누리는가? 그렇다면 세상은 과연 정의롭게 살 필요가 있는가? 원칙을 지키며 의롭게 산다는 것은 자기에게 손해를 끼칠 뿐인가? 정도전으로서는 이러한 철학적 질문에 무언가 답을 함으로써 마음을 다잡을 필요를 느꼈던 것 같다."

중국의 사마천은 《사기》에서 정의를 말한다. "백이 숙제(두 임금을 섬길 수 없다며 굶어 죽은 인물들) 같은 사람은 정말 선인이라고 할 수 있지 않겠는가. 이처럼 인을 쌓고 깨끗한 행동을 했는데 굶어 죽고 말다니! 70명의 제자 가운데 공자는 안 회(回)만이 배우기를 좋아한다고 치켜세우지 않았던가. 그러나 안 회는 굶기 일쑤였고 술지게미조차 배불리 먹지 못한 채 젊은 나이에 죽고 말았다. 하늘이 선인에게 보답하여 베푸는 것이 어찌 이럴 수가 있는가. 도척(공자와 동시대에 살았던 전설적인 도둑)은 매일같이 죄 없는 사람을 죽이고 사람의 고기를 먹었으며, 흉포한 행동을 제멋대로 하면서 수천의 무리를 모아 천하를 횡행했지만 결국 천수를 다했다. 그가 도대체 무슨 덕을 따랐기 때문이란 말인가. 나는 심히 당혹함을 금치 못하겠다. 도대체 천도(天道)라는 것은 옳은 것인가 그른 것인가?" 정의롭게 산 사람도 굶기 일쑤일 수 있고, 굶어 죽을 수 있다고 말한다.

조유식은 이런 질문을 하게 만드는 것과 답은 인간에게 있다고 한다. 인간에게 있다는 말이 지금은 곧 교회에 있다는 말이다. 교회는 하나님께 탓을 돌릴 때가 있다. 하나님께 돌리지 않아야 한다. 정도전은 사람들에게 세상을 탓하지 말고 너 자신을 돌아보라고 한다. "정도전 역시 하늘을 탓할 시간이 있으면 너 자신을 돌아보라고 했다."[201]

교회가 세상에서 역할을 감당하지 못하는 것은 교회 자신 때문이다. 세상이 정의롭지 않은 것의 책임은 교회에 더 많이 있다. 세상에 문제가 터질 때마다 교회는 교회가 어떤가를 물어야 한다. 정의롭지 못한 세상이 될 때마다 교회가 어떤가를 돌아봐야 한다. 이 부분은 하나님이나 세상의 몫이 아니다. 하나님 교회의 몫이다.

교회는 정의로워야 한다. 정의롭지 못하던 교회는 세상 풍조를 뒤쫓는다. 이런 현상이 나타난 것은 교회가 금권을 추구한 결과라고 할 수 있다. 또한, 교회가 개인 구원에만 초점을 둔 결과가 아닌가? 질문해야 한다. 교회는 개인과 세상을 구원해야 하는 막중한 책임이 있다.

교회는 세상이 의롭지 못할 때 세상과 거꾸로 가야 한다. 그런 다음 교회가 할 일을 제대로 해야 한다. 그 길은 교회가 정한 길이 아니라, 하나님께서 정한 길이다.

성경은 의를 무엇이라 말씀하는가?

성경은 '하나님 의'를 많은 곳에서 다룬다. 하나님의 의를 많이 다루는 것은 하나님의 속성이기 때문이다. 전 고려신학대학원 교수였던 유해무는 2025년 3월 18일 자 〈고신뉴스 KNC〉의 '독자 마당'에서 '강단의 훼손, 교회의 위기'라는 글에서 이렇게 말한다. "공의는 신약에서 대개 '의'로 번역된다. 의에 주리고 목마른 복된 자는 의를 위하여 핍박을 받기 때문에 천국의 백성으로 선포된다(마 5:10). 이런 의인은 오직 한 분밖에 없으니 곧 유대인들이 죽인 예수님이시다(행 7:52)! 의는 인간의 소유가 아니요, 쟁취할 수가 없다. 예수님만이 의로우사 우리를 모든 불의에서 깨끗하게 하신다(요일 1:9). 그래서 오직 믿음으로만 의롭게 된다(롬 4:3). (공)의롭게 된 자만이 정의를 행할 수 있다. 의롭게 된 자만이 용서하는 방식으로 정의를 실천할 수 있다. 정의의 차원에서 머물면 누구도 바리새인들의 의보다 더 낫지 못할 것이다(마 5:20). 예수님을 믿지 아니하는 바리새인들은 정의의 파수자로 자부하였다. 계명과 율법의 규례를 지켰다고 스스로 의인임을 자칭한 바리새인이 아니라 가슴을 치며 죄인임을 고백한 세리가 의롭다 하심을 받았다(눅 18:14). 공의 곧 '의'는 인간이 행위로 쟁취할 수 없다!"

그는 교회는 정의를 행해야 한다고 역설한다. "교인은 정의를 행해야 한다. 다만 교회에서 공의를 선물로 받아야(수동) 세상에서 정의를 행할 수 있다(능동). 세상이 정의를 부르짖으면서 요동쳐도, 교회만이 공의를 선포한다. 이처럼 교회가 교회다울 때, 교인들은 세상에서 정의로운 샬롬(평화)을 선물할 수 있다. 주일마다 삼위 하나님만 우리에게 말씀하시고 송축을 받으시며, 우리는 거듭난 의인으로서 세상을 개혁하는 정의의 역군으로 까닭 없이 고난받아도 기뻐하고 즐거워하기를 바란다. 그래야 원수를 사랑하며, 우리를 박해하는 자를 위하여 기도하는 예수님의 제자로서 세상이 우리 착한 행실을 보고 하늘에 계신 우리 아버지께 영광을 돌리게 될 것이다."

성경이 정의를 당연한 교회의 의무로 말한다면 현재의 교회는 성경의 정의를 따르지 않고 있다. 지금이라도 교회가 성경의 정의를 따르고자 한다면 칼뱅의 말을 기억하며 행해야 한다. "복음의 순수한 음성(하나님의 말씀)을 선포하고 경청하는 곳마다 의심의 여지 없이 교회가 있습니다." 교회는 복음이 있는 곳에 있어야 한다. 교회는 복음이 아닌 권력, 돈에 있을 때가 많다. 그곳에서 돌이켜야 한다. 공의로운 교회가 돼야 한다. 인간의 의로 쟁취할 수 없으므로 하나님의 영과 하나가 돼야 한다.

교회는 정의의 파수꾼인가?

교회는 정의로운가? 그 질문에 자신 있게 "예!"라고 답하기 쉽지 않다. 많은 교회는 사회 곳곳에서 약자를 돌보며 정의와 공익을 수호하지 않는 것 같은 인상을 준다. 도리어 교회는 혐오 시설로 전락했다는 평가를 받고 있다.

많은 교회가 태극기 부대를 운영하며 계엄령을 계몽령으로 몰아가는 것은 정의롭다고 할 수 없다. 극우의 선두에 서서 세상에 하나님의 복음이 아니라 분열을 획책하는 것은 정의와 거리가 멀다. 교회는 하나님의 뜻처럼 하나님의 마음으로 그 사랑을 실천하는 모습을 보여주어야 하는데 그렇지 못하다. 교회는 책임감 있게 세상을 통합할 수 있는 능력을 보여주어야 하는 본질적인 그 역할을 감당하지 못하고 있다.

교회가 교회다운 역할을 해야 하는 것이 교회의 의다. 그런데 도리어 사회에 골칫거리가 되어가고 있다. 교회의 더 큰 문제는 사회가 공익에 얼마나 큰 관심을 두는지 모른다는 점이다.[202]

세상은 교회에 윤리성과 공익성을 요구한다. 교회가 요구해야 하는데 그렇지 못하다. 이는 세상과 교회의 기능이 거꾸로 되었다고 할 수 있다. 지금의 교회는 세상을 향해 윤리와 공익을 호소해야 하지만 도리어 세상이 교회에 윤리와 공익을 요구하는 모양새다.[203]

세상에 정의가 짓밟힐수록 하박국 말씀처럼 정의가 더 구현되도록 교회가 그 역할을 담당해야 한다. 하박국은 이렇게 절규한다. "이러므로 율법이 해이하고 정의가 전혀 시행되지 못하오니 이는 악인이 의인을 에워쌌으므로 정의가 굽게 행하여짐이니이다(합 1:4)." 동시에 이사야의 절망적인 한탄을 되씹어봐야 한다. 지금은 이사야의 절망을 되씹는 시절이기도 하다. "정의가 뒤로 물리침이 되고 공의가 멀리 섰으며 성실이 거리에 엎드러지고 정직이 나타나지 못하는도다(사 59:14)."

교회는 세상이 정의를 짓밟고 있는 것에 저항해야 한다. 의를 지키는데 선봉장이어야 한다. 정의의 파수꾼이어야 한다. 그것은 의로우신 주님께서 교회에 긍휼을 베푸시어 우리가 정의의 사도로 세상을 다스리길 원하시기 때문이다.

한국교회는 하나님의 교회라는 깜냥이 있어야 한다

한국교회가 세상에 정의를 실현하지 못하는 것은 그만한 깜냥이 안 되기 때문이지 않을까? 라는 질문을 던져야 한다. 깜냥은 '스스로 일을 헤아릴 수 있는 능력'이다. 탄핵당한 전 대통령인 박근혜와 윤석열의 공통점은 대통령으로서 깜냥이 되지 않은 것이다. 교회가 세상으로부터 하나님의 교회로 평가받고 정의를 실천하려면 하나님의 교회의 깜냥이 될 때 가능하다.

세상은 대통령 깜냥이 안 되면 그 자리에서 물러나게 한다. 교회가 하나님의 교회가 되지 못하면 교회로서 대우하지 않는다. 지역 교회 목회자도 담임한 교회를 이끌 깜냥이 못되면 그 직을 내려놓는다. 한국교회가 세상에서 하나님의 교회처럼 정의를 실현할 깜냥이 되지 않으면 세상은 교회를 인정하지 않고 무시한다.

깜냥이 되려면 먼저 할 것이 자신을 알아야 한다. 자신을 알면 자신에게 맞는 자리에서 정의를 실현할 수 있다. 미국의 명문대학교인 스탠퍼드대학교의 커리큘럼은 '인간을 안다', '자신을 안다'는 데 초점을 맞춘다.[204] 하나님의 교회는 교회가 할 일을 정확히 봐야 한다.

사토 지에는《스탠퍼드 9가지 위대한 법칙 인간을 탐구하는 수업》에서 일류인 사람이 되라고 말한다. "일류인 사람은 자신의 한계를 안다."[205] 하나님의 교회는 일류여야 한다. 삼류로 전락하면 큰일 난다. 특히 하나님의 정의 실현에 일류여야 한다.

한국교회는 두 가지 깜냥을 소유하고 있어야 한다. 하나는 교회 스스로 변화할 수 있는 깜냥을 가져야 한다. 다음으로 세상에 변화를 촉구하면 세상이 반응할 수 있는 깜냥이 있어야 한다. 교회 스스로 변화할 수 있는 깜냥이 없으면 세상이 변화를 촉구해도 무반응을 보인다. 교회는 자체적으로 변화, 개혁 그리고 혁신을 할 수 있는 저력이 있어야 한다. 그럴 때 하나님의 교회는 세상에서 교회로서의 기능을 할 수 있다.

교회가 세상에 향기를 품어낼 수 있다. 그 향기는 탑노트나 미들노트가 아니라 베이스노트여야 한다. 향수는 여러 가지의 향을 혼합해 알콜 등을 넣어 조향을 해 완성한다. 향수 용어인 베이스노트는 조향의 가장 큰 비중을 차지한다. 이것은 향수의 이미지를 결정한다. 긴 시간의 향기를 풍겨낸다. 향수를 뿌리고 다음 날까지 유지되는 향이 베이스노트의 향이다. 교회는 15분의 지속력을 내는 탑노트나 한 시간 이내의 향기를 내는 미들노트가 아니라 내일도 향기를 풍길 수 있는 향기를 내야 한다. 베이스노트는 일상에 스며드는 은은한 매력을 풍긴다.[206] 하나님께서 향수를 만드시면 평생 은은한 향이 풍긴다. 마찬가지로 교회가 하나님의 교회가 되면 교회에 존재하는 내내 세상이 맡고 싶은 향기를 품어낸다.

세상이 원하는 교회, 교회가 그리는 교회

김도인 목사

〈아트설교연구원〉 대표이자 출판사 〈글과길〉 대표이다.
저서로 《설교는 글쓰기다3》, 《목회트렌드 2026》 등이 있다.

저자 프로필

김도인 목사

〈아트설교연구원〉 대표이자 출판사 〈글과길〉 대표이다. 지천명 때 독서를 시작해 10년 만에 5,000여권의 책을 읽은 독서가이다. 설교자들에게 글쓰기 강의, 독서 코칭, 책 쓰기 코칭 등을 한다.

저서로 《설교는 글쓰기다》, 《나만의 설교를 만드는 글쓰기 특강》, 《설교는 글쓰기다3》, 《설교는 인문학이다》, 《설교자와 묵상》 등 20여권 이상이 있다.

한국교회의 목회를 고민하며 《목회트렌드 2026》, 《목회트렌드 2025》, 《목회트렌드 2024》, 《목회트렌드 2023》, 《설교트렌드 2025》, 《살리는 설교》등을 기획해 출판한다.

박윤성 목사

익산 기쁨의교회 담임목사이다.

총신대학 신학대학원을 졸업하였다. 말씀을 깊이 연구하려는 열망으로 미국 탈봇 신학대학원(Talbot School of Theology)에서 신약학 전공으로 신학석사(Th.M)를 받았다. 풀러 신학대학원(Fuller Theological Seminary) Small Group Ministry(English Track)와 김세윤 교수의 지도하에 성경 신학을 전공하여 목회학 박사(D.min)학위를 받았다. 부산 수영로교회에서 목회를 배웠다. 지성과 영성을 겸비한 목회자가 되기 위해 자기 훈련을 게을리하지 않고 있으며, 지역교회를 돕는 일에도 열심이다. 이를 위해 예장 총회 교회자립개발원 이사장으로 섬기고 있으며, 복지법인 기쁨 해 이사장으로 섬기고 있다.

저서로 《요한계시록 어떻게 가르칠까》, 《히브리서 어떻게 가르칠까》, 《수영로교회 소그룹 이야기》, 《주의 날개 아래 머무는 자》, 《톡톡 요한계시록 1, 2》, 《포스트 코로나시대의 리더십, 정의로운 교회》, 공저로 《목회트렌드 2023》, 《목회트렌드 2024》, 《목회트렌드 2025》, 《설교트렌드 2025》가 있다.

권오국 목사

이리신광교회 담임목사이다.
저서로 《행복, 다시 정의하다》, 공저로 《목회트렌드 2026》,
《목회트렌드 2025》, 《살리는 설교》 등이 있다.

이재영 목사

〈아트설교연구원〉 부대표이다.
저서로 《말씀이 새로운 시작을 만듭니다》, 《동행의 행복》, 《희망도 습관이다》, 《신앙은 역설이다》와 공저로 《감사인생》, 《설교트렌드 2025》, 《살리는 설교》등이 있다.

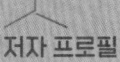
저자 프로필

석근대목사
대구동서교회 위임목사이자 사회교육전문요원과 목회컨설턴트다.
대구, 경북지역 글쓰기 강사와 NAVER 검색어: 글바느질과 마음 뜨개질과 blog naver. com>solom21로 활동 중이다.
저서로 《삶을 쓰는 글쓰기》, 《일상에서 신앙 찾아가기》와 공저로 《설교트렌드 2025》, 《살리는 설교》 등이 있다.

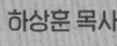

하상훈 목사
부천하나교회 담임이자 영적습관 디자이너이다.
고려신학대학원(M.Div), 미국 CFNI(리더십), Dallas Baptist University(MACE), Fuller Theological Seminary(D.Min)을 졸업했다. NPTI 연구원 CFT-경제 심리 코치 강사이다.
성도들이 하나님과 깊은 관계를 형성하고, 삶과 성품이 점점 그리스도를 닮아가며, 복된 인생을 살아가도록 돕는 '영적 습관을 디자인하는 사역'에 전념하고 있다.
저서로 《ALL-IN-ONE-NOTE》가 있다.

손병세 목사

더행복한교회 담임목사이자 3040세대의 회복을 꿈꾸는 현장형 목회자이다.
안산동산교회 행정목사를 거쳐 〈THE 행복한 STAGE〉 대표, 〈셀이 살아나는 세미나〉 디렉터, 한국 CBMC 서부연합회 산하 4개 지회(안산, 시화, 드림, 호수)의 지도목사이다.
저서로 《3040 심폐소생》이 있다.

허진곤 목사

무주금평교회 담임목사이다.
한일장신대학교 기독교교육(Th.M)학과를 졸업했다. 에세이 문예 신인상을 수상했다.
공저로 《설교트렌드 2025》, 《다음 역도 문학녘》, 《살리는 설교》 등이 있다.

참고 자료

1 박양규, 《다니엘 수업》(서울: 샘솟는기쁨, 2025), 97.
2 장 지오노, 박인철 역, 《폴란드의 풍차》(서울: 민음사, 2000), 107.
3 이상오, 《상상력과 교육: 인간과 테크놀로지의 만남》(서울: 강현출판사, 2014), 223.
4 https://gypsyscholarship.blogspot.com/2013/11/c-s-lewis-on-imagination-and-truth.html(2025년 5월 2일 접속).
5 월터 브루그만, 김기철 역, 《예언자적 상상력》(서울: 복있는사람, 2009), 61-83.
6 같은 책, 86-118.
7 https://missionews.co.kr/news/585331?utm_source=chatgpt.com (2025년 5월 4

일 접속).

8 https://www.newsnjoy.us/news/articleView.html?idxno=24963&utm_source=chatgpt.com (2025년 5월 4일 접속).

9 https://mch.nocutnews.co.kr/news/5704133?utm_source=chatgpt.com (2025년 5월 4일 접속).

10 https://www.christiandaily.co.kr/news/136630?utm_source=chatgpt.com (2025년 5월 4일 접속).

11 월터 브루그만, 김기철 역, 《예언자적 상상력》(서울: 복있는사람, 2009), 125-163.

12 2017년 11월 14일 MBC 손석희의 앵커 브리핑 중에서

13 송인규, 《예배당 중심의 기독교를 탈피하라》(서울: IVP, 2012), 77.

14 이상훈, 《처치 시프트》(서울: 워십리더미디어, 2017), 105.

15 David L. Larsen, 김형원 역, 《탐욕의 복음 대 은혜의 복음》(서울: 새물결플러스, 2011), 160.

16 "각 사람은 위에 있는 권세들에게 복종하라 권세는 하나님으로부터 나지 않음이 없나니 모든 권세는 다 하나님께서 정하신 바라" (로마서 13:1)

17 톰 레이너, 정성묵 역, 《죽은 교회를 부검하다》(서울: 두란노, 2022), 45.

18 같은 책, 65.

19 이상훈, 《처치 시프트》(서울: 워십리더미디어, 2017), 92.

20 디트리히 본회퍼, 김순현 역, 《옥중서신-저항과 복종》(서울: 복있는사람, 2021), 249.

21 같은 책, 251-252.

22 마태복음 7장 21-25절

23 제임스 에머리 화이트, 김일우 역, 《종교없음》(서울: 베가북스, 2014), 76.

24 같은 책, 79.

25 김두식, 《교회 속의 세상, 세상 속의 교회》(서울: 홍성사, 2010), 14.

26 마이클 프로스트, 크리스티아나 라이스, 송일 역, 《일주일 내내 교회로 살아가기》(서

울: 새물결플러스, 2020), 52.
27 요한복음 13장 34-35절.
28 이길용,《종교로 읽는 한국사회》(서울: 꽃자리, 2016), 19-20.
29 https://cemk.org/40448/ (2025년 4월 1일 접속).
30 김두식,《교회 속의 세상, 세상 속의 교회》(서울: 홍성사, 2010), 15.
31 https://www.hani.co.kr/arti/society/religious/1080116.html (2025년 3월 31일 접속).
32 https://ko.dict.naver.com/#/entry/koko/60354adc303243809d71c9c8175400a8 (2025년 4월 1일 접속).
33 https://cemk.org/30179/ (2025년 4월 1일 접속).
34 톰 레이너, 정성묵 역,《죽은 교회를 부검하다》(서울: 두란노, 2022), 51-54.
35 걸왕과 주왕은 각각 하나라와 은나라의 마지막 왕으로 폭정을 일삼다가 은나라와 주나라에 천하를 빼앗겼다.
36 맹자, 박경환 역,《맹자》(서울: 홍익출판사, 2008), 199.
37 요한 하리, 김하현 역,《도둑맞은 집중력》(서울: 어크로스, 2023), 137.
38 민은정,《브랜드가 곧 세계관이다》(서울: 미래의창, 2024), 125-126.
39 유현준,《공간의 미래》(서울: ㈜을유문화사, 2011), 351.
40 이해나, '5세 소년, 통증 못 느끼는 병',「헬스조선」, 2024년 12월 18일.
41 손봉호,《주변으로 밀려난 기독교》(서울: CPU, 2017), 92.
42 안규영, '청년이 교회를 떠나는 이유',「국민일보」, 2021년 4월 29.
43 김두식,《교회 속의 세상 세상 속의 교회》(서울: 홍성사, 2010), 24.
44 권정생,《우리들의 하느님》(대구: 녹색평론사, 1996), 41.
45 김두식,《교회 속의 세상 속의 교회》(서울: 홍성사, 2010), 28.
46 《웨스트민스터 신앙고백서》제25장 1항.
47 신호섭,《교회다운 교회》(서울: 다함, 2021), 42.
48 같은 책, 53

49 손봉호, 《주변으로 밀려난 기독교》(서울: CUP, 2017), 73-74.

50 대한예수교장로회 총회 주제연구위원회, 《거룩한 교회, 다시 세상 속으로》(서울: 한국장로교출판사, 2017), 7-9.

51 Appenzeller, "The Relation of the Wives of the Missionaries to Mission Work", 61~62.

52 백소영, 《세상을 욕망하는 경건한 신자들》(서울: 그린비, 2019), 142.

53 같은 책, 143-144.

54 조효훈, 《한국교회진단서》(서울: 일상과 초월, 2014), 67.

55 www.cafe.daum.net>에녹ENG

56 한병철, 김남시 역, 《권력이란 무엇인가?》(서울: 문학과 지성사, 2016), 8.

57 같은 책, 11.

58 김성진, 《Church Planting》(경기: 목회전략연구소, 2006), 57.

59 목회데이터연구소, 〈한국 기독교의 한국 사회 기여에 대한 조사〉 '기독교 통계', 3-4.

60 김형석, 《기독교, (아직) 희망이 있는가?》(서울: 두란노 2020), 15.

61 김두식, 《교회 속의 세상 세상 속의 교회》(서울: 홍성사, 2010), 16.

62 지용근 외, 《한국교회트렌드 2025》(서울: 두란노 2024), 266-267.

63 https://www.kmib.co.kr/article/view.asp?arcid=0007651397 (2025년 4월 5일 접속).

64 신호섭, 《교회다운 교회》(서울: 다함, 2021), 41.

65 손봉호, 《주변으로 밀려난 기독교》(서울: CUP, 2017), 79.

66 박영돈, 《일그러진 한국교회의 얼굴》(서울: IVP, 2013), 51.

67 정용성, 《닭장교회로부터 도망가라》(서울: 홍성사, 2015), 86-87.

68 같은 책, 8-9.

69 https://usaamen.net/bbs/board.php?bo_table=john&wr_id=1834&utm_source=chatgpt.com (2025년 5월 11일 접속).

70 https://www.igoodnews.net/news/articleView.html?idxno=77385&utm_

source=chatgpt.com (2025년 5월 11일 접속).

71 대한예수교장로회 고신총회, 《교회헌법》(대한예수교장로회 고신총회, 2023년), 256.

72 같은 책. 262.

73 https://notebooklm.google/ (2025년 5월 19일 접속).

74 칼 바르트, 황정욱 역, 《교회교의학》(서울: 기독교문서선교회, III/2, 2007), 324.

75 최형근, "레슬리 뉴비긴의 선교적 교회론", 〈신학과 선교〉 제31호(2005), 9-10.

76 민은정, 《브랜드가 곧 세계관이다》(서울: 미래의창, 2024), 7.

77 헨리 나우웬, 최원준 역, 《상처 입은 치유자》(서울: 두란노, 2022), 57.

78 피터 드러커, 이재규 역, 《프로페셔널의 조건》(서울: 청림출판, 2024), 377-378.

79 이광호, 《한국교회 무엇을 개혁할 것인가》(대구: 실로암, 1999), 8.

80 한병철, 최지수 역, 《불안사회》(서울: 다산초당, 2024), 16-17.

81 같은 책, 16.

82 유발 하라리, 김명주 역, 《넥서스》(경기: 김영사, 2024), 10.

83 같은 책, 13.

84 같은 책, 10.

85 톰 레이너, 정성묵 역, 《살아나는 교회를 해부하다》(서울: 두란노, 2022), 16.

86 이광주, 《교양의 탄생》(서울: 한길사, 2015), 458.

87 조윤제, 《신독, 혼자 있는 시간의 힘》(서울: ㈜비즈니스북스, 2024), 181.

88 홍종걸, 《교회중독》(서울: 밀알북스, 2023), 55.

89 이지음 글, 국민지 그림, 《강남 사장님》(서울: 비룡소, 2020), 59.

90 스즈키 류이치, 이서연 역, 《미각력》(서울: ㈜한문화멀티미디어, 2015), 89.

91 존 F. 맥아더, 황성철 역, 《복음을 부끄러워하는 교회》(서울: 생명의말씀사, 2014), 150.

92 김성제, 《종교브랜드 시대》(서울: 기필미디어, 2014), 253.

93 신동식, 《기독교 세계관이 상실된 세상에서》(서울: 우리시대, 2019), 81.

94 홍종걸, 《교회중독》(서울: 밀알북스, 2023), 84.

95 https://www.gospeltoday.co.kr/news/articleView.html?idxno=11512 (2025년 4월 14일 접속).

96 Mac Barnett,《Extra Yarn》(London: Walker Books, 2013), 2.

97 같은 책, 20.

98 https://www.namu.wiki/w/매카시즘 (2025년 6월 23일 접속). 매카시즘, McCarthyism은 1950년부터 1954년까지 미국 전역을 휩쓴 공산주의자 색출 열풍으로, 의혹을 제기한 조지프 레이먼드 매카시 상원의원에서 비롯되었으나 실상은 멀쩡한 일반인을 잡는 일이 많았다.

99 정재영 외 5인,《태극기를 흔드는 그리스도인》(서울: IVP, 2021), 212.

100 이병권,《대한민국 보수는 왜 매국 우파가 되었나?》(서울: 도서출판 황소걸음, 2025), 16.

101 정재영 외 5인,《태극기를 흔드는 그리스도인》(서울: IVP, 2021), 146-147.

102 조효훈,《한국 교회 진단서》(서울: 일상과 초월, 2014), 48-49.

103 Ministry Strategy Consulting,《'교회' 그 아름다운 유기적 공동체》(경기: 민컴, 2024), 162.

104 같은 책, 72-73.

105 박영돈,《일그러진 한국 교회의 얼굴》(서울: IVP, 2013), 24-25.

106 톰 필립스 지음, 홍한결 역,《진실의 흑역사》(경기: 윌북(willbook), 2024), 215.

107 신성남,《어쩔까나 한국교회》(서울: 신앙과지성사, 2014), 71-73.

108 이주헌,《난 이런 이야기 처음 들어》(서울: 죠이북스, 2024), 161.

109 신성남,《어쩔까나 한국교회》(서울: 신앙과지성사, 2014), 140-141.

110 뉴스와 논단 "C교회 사태 산 넘어 산, 이번에는 안수집사들이 고발" 2023년 03월 08일자

111 아이굿뉴스 기독교연합신문, "성경에서 가르쳐준 화해가 교회갈등을 해결하는 최선의 방법" 2020년 11월 17일.

112 한국일,《선교적 교회의 이론과 실제》(서울: 장로회신학대학교 출판부, 2023), 22.

113 톰 라이트, 양혜원 역, 《마침내 드러난 하나님 나라》(서울: IVP, 2009), 177.
114 같은 책, 51.
115 같은 책, 186.
116 박영돈, 《일그러진 한국 교회의 얼굴》(서울: IVP, 2013), 112.
117 윤철호, 《예수 그리스도》(서울: 장로회신학대학교 출판부, 2008), 113.
118 박영돈, 《일그러진 한국교회의 얼굴》(서울: IVP, 2013), 111.
119 이상훈, 《RE_NEW CHURCH 리뉴처치》(서울: 교회성장연구소, 2017), 111.
120 같은 책, 111
121 팀 루카스, 워렌 버드, 유정희 역, 《리퀴드처치》(서울: 규장, 2022), 359.
122 제라드 C. 윌슨, 이대은 역, 《탕자교회》(생명의말씀사, 2016), 61-70.
123 같은 책, 71-78.
124 이종필, 《하나님 나라 관점으로 구약 관통》(경기: 넥서스CROSS, 2014), 43.
125 같은 책, 50.
126 같은 책, 60.
127 같은 책, 21.
128 G.E. 래드, 신성종, 이한수 역, 《신약신학》(서울: 대한기독교서회, 2001), 114.
129 기독교윤리실천운동 사회복지위원회, 《시상자료집, 제9회 지역 사회와 함께 하는 교회상》, 2011년.
130 https://www.goodnews1.com/news/articleView.html?idxno=422472 (2025년 5월 12일 접속).
131 https://www.npti.co.kr
132 https://news.nate.com/view/20240718n14780 (2025년 5월 12일 접속).
133 제라드 C. 윌슨, 이대은 역, 《탕자교회》(서울: 생명의말씀사, 2016), 296-297.
134 마틴 린드스트롬, 박세연 역, 《고장 난 회사들》(서울: 어크로스출판그룹, 2021), 59.
135 노정화, 《외국인이 마주한 한국인》(경기: 한국학술정보, 2024), 159.

136 유영만,《지식생태학자 유영만 교수의 생각사전》(서울: 토트, 2014), 310.

137 김덕종,《교회란 무엇인가?》(서울: 좋은 씨앗, 2024), 52.

138 최재천,《최재천의 희망수업》(서울: 샘터, 2025), 314.

139 새번역 성경

140 민병일,《담장의 말》(서울: 열림원, 2023), 32.

141 김덕종,《교회란 무엇인가?》(서울: 좋은 씨앗, 2024), 124.

142 이승구,《교회란 무엇인가?》(서울: 말씀과언약, 2020), 129.

143 https://www.amennews.com/news/articleView.html?idxno=3570 (2025년 4월 28일 접속).

144 최윤희,《유쾌한 인생사전》(서울: 나무생각, 2009), 20.

145 채인택 "89세 전직 대통령의 삭발, 대중은 이런 부시에 빠졌다." 「중앙일보」, 2018년 12월 5일.

146 https://www.chosun.com/national/weekend/2021/01/02/T23JEXKXPZASDAHJ5JM63OMKRU/ (2025년 4월 17일 접속).

147 정혜신,《당신이 옳다》(서울: 해냄출판사, 2018), 116.

148 박윤성, "한국교회, 미혼모 사역·교육 기부 등 공공선 실천을" 「국민일보」, 2024년 8월 20일.

149 "미국 움직이는 '세이비어교회' 사역소개", 「아이굿뉴스 기독교연합신문」, 2011년 10월 6일.

150 유성준,《미국을 움직이는 작은 공동체 세이비어교회》(서울: 평단문화사, 2005), 89-90.

151 KBS 다큐온, "감사가 뇌를 바꾼다", https://www.youtube.com/watch?v=WuqbPO7jxgI (2025년 5월 7일 접속).

152 론다 번, 김정한 역,《The Secret (비밀)》(서울: 평단문화사, 2005), 89-90.

153 최윤식,《빅체인지 한국교회》(서울: 생명의말씀사, 2021), 344-345.

154 맹자, 박경환 역《맹자》(서울: 홍익출판사, 2008), 32.

155 같은 책, 31.

156 같은 책, 33.

157 맹자, 박경환 역,《맹자》(서울: 홍익출판사, 2008), 318-319

158 박양규,《다니엘 수업》(서울: 샘솟는기쁨, 2025), 274.

159 대한예수교장로회총회,《재난 시대를 극복하는 한국교회》(서울: 킹덤북스, 2020), 148-149.

160 김영하,《단 한 번의 삶》(서울: 복복서가, 2025), 76.

161 프리드리히 니체, 어나니머스 역,《위버멘쉬》(서울: 떠오름, 2025), 150-151.

162 와타나베 이타루, 정문주 역,《시골 빵집에서 자본론을 굽다》(서울: 더숲, 2015), 206.

163 제임스 에머리 화이트, 김일우 역,《종교 없음》(서울: 베가북스, 2014), 289-290.

164 월터 브루그만, 김지철 역,《예언자적 상상력》(서울: 복 있는 사람, 2020), 52.

165 박윤성,《포스트 코로나시대의 리더십, 정의로운 교회》(서울: 글과길, 2022), 38.

166 같은 책, 38.

167 월터 브루그만, 김지철 역,《예언자적 상상력》(서울: 복 있는 사람, 2020), 53.

168 같은 책, 53-54.

169 루시 모드 몽고메리, 김양미 역,《빨간 머리 앤》(서울: 글담출판사, 2024), 518-519.

170 CTS 뉴스, "마닐라 새 생명교회 26주년 감사예배", 2024년 8월 19일.

171 보은사람들 보은 TV, "창립 100주년 맞은 보은교회 기념행사 풍성", 2015년 10월 15일.

172 데일리 굿 뉴스, "2024 교회재정세미나(교회재정건강성운동)", 2024년 11월 12일.

173 "넘어진 가정, 세우는 교회",「국민일보」, 2024년 11월 04일.

174 톰 레이너, 정성묵 역,《살아나는 교회를 해부하다》(서울: 두란노, 2022), 17.

175 같은 책, 18.

176 한스 크리스티안 안데르센, 햇살과 나무꾼 역,《안데르센 동화집 1》(서울: 시공주니어, 2017), 52

177 https://www.nvp.co.kr/news/articleView.html?idxno=313658 (2025년 5월 3일 접속).

178 윤다빈, 이기욱, "지구가 끓고 있다. 온난화 끝, 열대화 시대 경고",「동아일보」, 2023년 7월 28일.

179 호아킴 데 포사다, 레이먼드 조, 이의수 역,《바보 빅터》(서울: 한국경제신문, 2011), 139.

180 최윤식,《2020-2040 한국교회 미래지도 2》(서울: 생명의말씀사, 2015), 273.

181 https://namu.wiki/w/%ED%9D%AC%EB%A7%9D%EA%B3%A0%EB%AC%B8 (2025년 5월 5일 접속).

182 김형석,《기독교, (아직) 희망이 있는가?》(서울: 두란노, 2020), 32.

183 박영호,《마침내, 교회가 희망이다》(서울: 복있는사람, 2024), 191.

184 김경민,《세상을 바꾼 질문들》(서울: 을유문화사, 2015), 165.

185 최재천,《숙론》(서울: 김영사, 2024), 62.

186 피터 F. 드러커, 이재규 역,《프로페셔널의 조건》(서울: 청림출판, 2012), 301-304.

187 베르나르 베르베르, 이세욱 역,《신 1》(경기: 열린책들, 2008), 50.

188 김용택,《나는 당신이 어떤 사람인지 알면, 좋겠어요》(서울: 난다, 2019), 47.

189 이광호,《한국교회 무엇을 개혁할 것인가》(대구: 실로암, 1999), 60.

190 조유식,《정도전을 위한 변명》(서울: 휴머니스트, 2014), 93-94.

191 김송이, "번뇌 멈춰 극락도 락 불교박람회가 'MZ 핫플'이라고?",「경향신문」, 2025년 4월 7일.

192 Ministry Strategy Consulting,《'교회' 그 아름다운 유기적 공동체》(경기: 민컴, 2024), 33.

193 김동찬,《올 댓 코스메틱》(경기: 이담북스, 2018), 172-173.

194 이주헌,《난 이런 이야기 처음 들어》(서울: 죠이북스, 2024), 260-261.

195 같은 책, 261.

196 신성남,《어쩔까나 한국교회》(서울: 신앙과지성, 2014), 238.

197 김성진,《바로 그 교회》(서울: 쿰란출판사, 2015), 317.

198 김승섭,《아픔이 길이 되려면》(서울: 동아시아, 2017), 290.

199 폴 밀러, 이제롬 역,《우리 교회는 기도합니다》(서울: 생명의말씀사, 2024), 100.

200 조유식,《정도전을 위한 변명》(서울: 휴머니스트, 2014), 131-132.

201 같은 책, 133.

202 이건영 외 26인,《격차의 시대, 정이 있는 교회와 목회》(서울: 글과길, 2022), 49.

203 같은 책, 50.

204 사토 지에, 송은애 역,《스탠퍼드 9가지 위대한 법칙 인간을 탐구하는 수업》(경기: 다산북스, 2019), 6.

205 같은 책, 85.

206 민은정,《브랜드가 곧 세계관이다》(서울: 미래의창, 2024), 106.

참고자료

아트설교연구원 교회시리즈 1
세상이 원하는 교회, 교회가 그리는 교회

지은이	김도인 박윤성 권오국 이재영 석근대 하상훈 손병세 허진곤
발행일	초판 1쇄 발행 2025년 8월 20일
발행인	김도인
펴낸곳	글과길
출판사	등록 제2020 000070호[2020.5.29.] 서울특별시 송파구 삼학사로 19길 5 3층 wordroad29@naver.com
편집	박혜정
디자인	안영미
공급처	하늘유통 경기도 파주시 광탄면 분수리 350-3 전화 031—947-7777 팩스 0505-365-0691 ©2025, Kim Do In allrights reserved
ISBN	979-11-988511-8-5 03230
값	22,000원